城市轨道交通职业技能培训统编教材

城市轨道交通信号工

中国城市轨道交通协会　编

西南交通大学出版社
·成都·

图书在版编目（C I P）数据

城市轨道交通信号工 / 中国城市轨道交通协会编
.—成都：西南交通大学出版社，2018.7
ISBN 978-7-5643-6235-5

Ⅰ. ①城… Ⅱ. ①中… Ⅲ. ①城市铁路－铁路信号－信号系统－教材 Ⅳ. ①U239.5

中国版本图书馆 CIP 数据核字（2018）第 129686 号

城市轨道交通信号工 | 中国城市轨道交通协会 编

责任编辑 穆 丰
助理编辑 梁志敏
封面设计 何东琳设计工作室

印张：18.5 字数：452 千
成品尺寸：185 mm × 260 mm
版次：2018 年 7 月第 1 版
印次：2018 年 7 月第 1 次
印刷：四川森林印务有限责任公司
书号：ISBN 978-7-5643-6235-5

出版发行：西南交通大学出版社
网址：http://www.xnjdcbs.com
地址：四川省成都市二环路北一段 111 号
西南交通大学创新大厦 21 楼
邮政编码：610031
发行部电话：028-87600564 028-87600533
定价：49.80 元

课件咨询电话：028-87600533
图书如有印装质量问题 本社负责退换

城市轨道交通职业技能培训统编教材

编委会

《城市轨道交通信号工》

编写人员

主　编： 王春玲（北京市地铁运营有限公司）

卢丹蕾（北京市地铁运营有限公司）

张　方（北京市地铁运营有限公司）

副主编： 方　薇（北京市地铁运营有限公司）

杜洪伟（重庆市轨道交通（集团）有限公司）

孙磊磊（苏州高新有轨电车有限公司）

主　审： 施　聪（上海申通地铁集团有限公司）

参　编： 于　柯（北京市地铁运营有限公司）

田文建（北京市地铁运营有限公司）

王华颖（北京市地铁运营有限公司）

孙文溥（北京市地铁运营有限公司）

于　波（北京市地铁运营有限公司）

万　里（北京市地铁运营有限公司）

高伯翰（北京市地铁运营有限公司）

侯小铮（北京市地铁运营有限公司）

施正强（重庆市轨道交通（集团）有限公司）

蔡　华（苏州高新有轨电车有限公司）

序

sequence

城市轨道交通职业技能培训统编教材终于同广大读者见面了。这套教材是城市轨道交通行业第一部技能人才培养的统编教材，填补了城市轨道交通行业的空白，满足了人才培训的急需，对于正处在大规模快速发展时期的城市轨道交通而言具有重要意义。

（一）

进入21世纪以来，得益于经济高速发展、城镇化快速推进、国家政策的规范和完善、实施装备国产化带来的建设成本下降和建设周期的缩短，我国城市轨道交通开始进入快速发展时期：21世纪以来的头15年，每五年年均新建投运里程接连攀上80 km、200 km、400 km；“十三五”期间的2016年迈过了500 km，2017年更是迈上800 km大台阶。到2017年年底，我国内地共有34个城市开通城市轨道交通，运营线路里程5 033 km，客运量达到180亿人次，在建线路6 200多千米，62个城市规划线路7 300多千米。运营、建设和规划城市轨道交通的城市之多、规模之大、线路之长，世界少有。

在城市轨道交通快速发展的同时，人才资源的问题始终困扰着该行业。其中既有人才供给不足的问题，又有人才能力欠缺的挑战。仅“十三五”期间，我国就预计五年需新增城市轨道交通从业人员24万人，而现有教育能力仅能满足一半左右。人才能力方面，我们面临的现实是：一方面，乘客提出人性化、个性化、多样化等更高的服务需求；另一方面，城市轨道交通发展提出网络化、智能化等更高的技术需求。这对从业者提出了全新的要求。因此，大力加强人才培养和储备，提供更多更优的管理人员、技术人员和生产人员，已经成为行业上下共同关注的重要课题。

值此城市轨道交通大发展之际、城市轨道交通人才紧缺之时，统编教材的出版可以说生逢其时，将拥有广阔的应用空间。

（二）

2015年，国务院印发了《关于加快发展现代职业教育的决定》，将职业教育的重要性提升到了战略的高度。城市轨道交通技能型、操作型人才占整个人才队伍的85%左右，是行业发展的基础性人才，是职业教育的主要对象。国家对职业教育的重视，为城市轨道交通人才培养提供了难得的机遇和环境。2017年，国家发展和改革委员会、教育部、人力资源和社会保障部联合印发了《关于加强城市轨道交通人才建设的指导意见》，提出了加强城市轨道交通人才建设的总体思路和具体措施，是城市轨道交通人才队伍建设的纲领性、指导性文件，有力促进了行业人才培养工作的开展。中国城市轨道交通协会作为城市轨道交通行业唯一的国家一级协会，持续开展了行业人才培养的专题研究、规划制定、标准研制、师资培训等工作，夯实了工作基础，弥补了行业空白。这套教材就是协会人才培养工作的重要内容之一。北京、上海、广州、重庆、深圳等地的城市轨道交通业主单位，依据自身需求，建设了培训资源，摸索了工作体系，并培养了一批专业人才。北京交通大学、西南交通大学、广州城市轨道交通培训学院等教育机构纷纷设立城市轨道交通相关专业，以积极适应城市轨道交通快速发展的需要。

良好的政策环境和行业各方的高度重视，有效推动了城市轨道交通人才培养工作，也为统编教材的诞生奠定了坚实的基础。

（三）

这套统编教材由中国城市轨道交通协会组织，北京市地铁运营有限公司、上海申通地铁集团有限公司、广州地铁集团有限公司、重庆市轨道交通（集团）有限公司、深圳市地铁集团有限公司、苏州高新有轨电车有限公司等企业共同研究编制而成，最后由西南交通大学牵头统稿并出版，前后历时三年。这套教材立足实践，着眼行业，以各城市轨道交通企业优秀的专业岗位培训教材为蓝本，并广泛吸收高等院校、职业学校和培训机构的建议和意见，集各家之所长。

这套教材源于城市轨道交通一线实践，各项知识点、技能点的深度、难度、广度较好地匹配了企业的实际需求，具有较强的针对性。这套教材根据最新的国家技术标准和协会有关工种岗位标准编写内容，具有权威性、科学性、规范性。这套教材注重跟踪城市轨道交通最新发展趋势，内容包括了城市轨道交通新知识、新技术、新设备、新材料等方面的创新成果。这套教材针对技能型人才培养的特点，注重实践技能培养，做到了理论知识与技能训练一体化，能够有效满足初次上岗培训等的需要。

统编教材凝聚了编写组同志们的心血，是参编单位在协会统筹下，充分交流、分享、协同、共进的结果；是参编单位在协会大旗下，求同存异，在更高水平上实现规范统一的成果；是各家城市轨道交通企业人才培养优秀实践经验的凝练和总结。

最后，希望这套教材能够物尽其用，充分发挥好基础性、支撑性作用，促进城市轨道交通技能人才培养质量的提高，服务城市轨道交通持续健康发展。

包叙定

2018 年 5 月

前 言

PREFACE

随着城市轨道交通的快速发展和技术的不断进步，地铁行业的人才需求越来越显著，如何培养出理论知识扎实、实际应用水平高的技能人才成为地铁企业与相关职业技术院校从业者共同关心的问题，编写出科学、实用的教材是人才培养工作的基础。

为了适应我国城市轨道交通行业的现状和发展趋势，中国城市轨道交通协会组织编写了面向城市轨道交通信号专业的职业技能培训统编教材。此次教材编写以信号工岗位标准为依据，坚持理论联系实际的原则，各专业教材分为基础理论、业务操作和案例分析三部分，突出科学性、典型性与应用性，便于知识与技能的转化；结合目前新设备、新技术的应用，由浅入深，用图片、表格简洁、直观地为读者呈现教学目标与知识要点。本教材可作为城市轨道交通职业教育相关专业教材，也可作为相应工种的技能等级培训教材和员工自学教材。

为编写此教材，中国城市轨道交通协会与北京地铁相关部门深入研究教材定位与写作框架，选派相应专业岗位的技术骨干进行教材编写，并由中国城市轨道交通协会、北京市地铁运营有限公司、苏州高新有轨电车有限公司、重庆市轨道交通（集团）有限公司及西南交通大学等专业部门的领导与专家层层审核教材内容，力求尽善尽美。本次教材编写工作还得到了各城市地铁公司的大力支持和帮助，凝聚了广大作者的努力，在此表示衷心的感谢。

本书由王春玲、卢丹蕾、张方主编，全书共分十八章。其中卢丹蕾编写第一、二、三章；孙文溥编写第四、五、六、七章；高伯翰编写第八章和第十一章；田文建编写第九、十章；侯小铮编写第十二、十三章；王华颖编写第十四章；于波编写第十五章；万里编写第十六章；施正强编写第十七章；蔡华编写第十八章。全书由卢丹蕾统稿。在本书编写过程中，编者参阅了大量专业书籍和实训手册。书中列出了参考文献，在此向所有作者表示衷心感谢。

由于技术的不断进步以及编者的视野局限，本套教材难免有不足和值得推敲之处，恳请各位读者提出宝贵意见，以便在以后的教材编写中加以改正和完善，共同推进城市轨道交通人才培养水平的不断提升。

编　者

2018 年 5 月

目　录

CONTENTS

第一章　信号系统概述 …… 1

第一节　信号系统组成 …… 1

第二节　信号系统分类 …… 2

第三节　信号设备分类 …… 4

复习思考题 …… 4

第二章　信号机和信号表示器 …… 5

第一节　信号机概述 …… 5

第二节　信号机结构和工作原理 …… 8

第三节　信号显示制度与方式 …… 12

第四节　信号机设置 …… 15

第五节　信号表示器 …… 16

复习思考题 …… 17

第三章　道岔转换装置（转辙机） …… 18

第一节　电动转辙机概述 …… 18

第二节　ZD6 系列电动转辙机 …… 19

第三节　ZD（J）9 系列电动转辙机 …… 22

第四节　S700 K-C 系列电动转辙机 …… 28

第五节　ZYJ7 系列转辙机 …… 32

第六节　外锁闭装置及安装装置 …… 38

复习思考题 …… 53

第四章　信号继电器 …… 54

第一节　信号继电器概述 …… 54

第二节　继电器结构和工作原理 …… 56

第三节　继电器的电磁和接点系统……61
第四节　继电器技术指标及应用……63
复习思考题……65
第五章　计算机联锁控制系统……66
第一节　计算机联锁控制系统概述……66
第二节　计算机联锁控制系统构成……67
第三节　计算机联锁控制系统原理及功能……70
复习思考题……76
第六章　轨道电路设备……77
第一节　轨道电路……77
第二节　FS2500 无绝缘轨道电路……78
第三节　WXJ50 型微电子相敏轨道电路……94
复习思考题……98
第七章　计轴设备……99
第一节　AZS（M）350U 微机计轴设备……99
第二节　ACS2000 微机计轴设备……108
第三节　AZLM 微机计轴设备……117
第四节　TAZ-Ⅱ微机计轴设备……123
复习思考题……139
第八章　列车自动监控系统……140
第一节　列车自动监控系统概述……140
第二节　列车自动监控系统构成……142
第三节　列车自动监控系统原理及功能……144
第九章　列车自动防护系统……146
第一节　列车自动防护系统概述……146
第二节　列车自动防护系统构成……146
第三节　列车自动防护系统原理及功能……153
第十章　列车自动运行系统……160
第一节　列车自动运行系统概述……160
第二节　列车自动运行系统构成……161
第三节　列车自动运行系统原理及功能……163

第十一章 数据通信系统 …… 165

第一节 通信技术在信号系统中的应用 …… 165
第二节 有线网络子系统 …… 169
第三节 无线网络子系统 …… 171
复习思考题 …… 174

第十二章 微机监测系统 …… 175

第一节 微机监测技术系统概述 …… 175
第二节 微机监测系统构成 …… 175
第三节 微机监测系统原理及功能 …… 176
复习思考题 …… 184

第十三章 维修支持系统 …… 185

第一节 维修支持系统概述 …… 185
第二节 维修支持系统构成 …… 187
第三节 维修支持系统原理及功能 …… 188
复习思考题 …… 195

第十四章 信号电源系统 …… 196

第一节 信号电源系统概述 …… 196
第二节 CDT-HW 系列 UPS 电源 …… 196
第三节 DSXD/DT 型铁路信号电源 …… 200
第四节 鼎汉智能电源屏 …… 202
复习思考题 …… 204

第十五章 信号设备雷电防护 …… 205

第一节 雷电防护设备概述 …… 205
第二节 雷电防护设备构成 …… 207
第三节 雷电防护设备工作原理 …… 208
复习思考题 …… 210

第十六章 信号光电缆及配线 …… 211

第一节 信号光电缆及配线概述 …… 211
第二节 信号电缆 …… 211
第三节 信号光缆 …… 213
第四节 配　线 …… 215

复习思考题 …… 216

第十七章　跨座式单轨信号 …… 217

第一节　跨座式单轨信号设备概述 …… 217
第二节　跨座式单轨信号原理 …… 224
第三节　跨座式单轨信号设备维护 …… 226
第四节　跨座式单轨信号设备故障处理 …… 237
第五节　跨座式单轨信号故障抢修 …… 241
复习思考题 …… 246

第十八章　有轨电车信号 …… 247

第一节　有轨电车信号理论基础知识 …… 247
第二节　有轨电车信号工操作技能 …… 261
第三节　有轨电车信号专业故障案例 …… 270
复习思考题 …… 275

复习思考题答案 …… 276

参考文献 …… 281

附录　专业术语表 …… 282

第一章　信号系统概述

【学习目标】

1. 掌握信号系统的组成；
2. 掌握信号系统分类；
3. 掌握信号设备分类。

【知识要求与技能要求】

1. 掌握信号系统的组成、作用、发展和相关的信息技术；
2. 掌握固定闭塞、准移动闭塞、移动闭塞区别；
3. 掌握信号系统设备组成。

第一节　信号系统组成

城市轨道交通信号系统通常由列车自动控制系统（Automatic Train Control，ATC）组成，ATC 系统包括 4 个子系统，如图 1.1 所示。

（1）列车自动监控子系统（Automatic Train Supervision，ATS）。

（2）列车自动防护子系统（Automatic Train Protection，ATP）（包括地面 ATP 子系统和车载 ATP 子系统）。

（3）列车自动运行子系统（Automatic Train Operation，ATO）（包括地面 ATO 子系统和车载 ATO 子系统）。

（4）计算机联锁子系统（Computer Interlocking，CI）。

上述 4 个子系统通过信息交换网络构成闭环系统，实现地面控制与车上控制结合、现地控制与中央控制结合，构成一个以安全设备为基础，集行车指挥、运行调整以及列车驾驶自动化等功能为一体的列车自动控制系统。

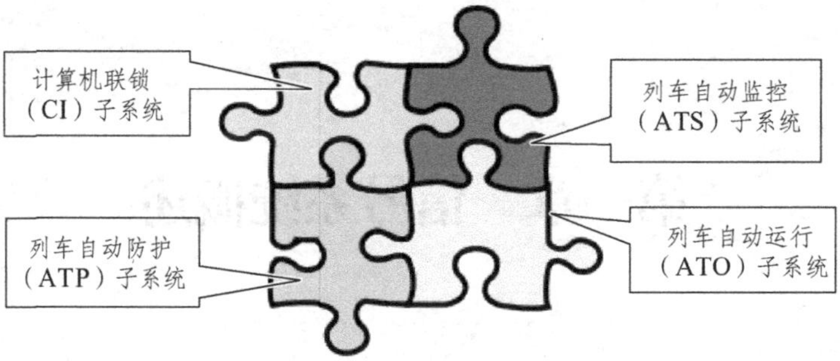

图 1.1 ATC 系统组成

第二节 信号系统分类

在城市轨道交通中，为了保证行车安全，并使线路具有一定的通过能力，需要把线路划分为若干个区间并按照一定的方法组织列车在区间运行，称为行车闭塞或闭塞。闭塞方式有固定闭塞、准移动闭塞和移动闭塞三种。按照闭塞方式分类，ATC 系统分为固定闭塞 ATC 系统、准移动闭塞 ATC 系统和移动闭塞 ATC 系统。

一、固定闭塞 ATC 系统

固定闭塞 ATC 系统是指基于传统轨道电路的自动闭塞方式，闭塞分区按线路条件经牵引计算来确定，一旦划定将固定不变。列车以闭塞分区为最小行车间隔，ATC 系统根据这一特点实现行车指挥和列车运行的自动控制。根据每个闭塞分区的限速命令，ATP 系统能够监控列车的运行速度。由于列车定位是以固定区段为单位，所以固定闭塞系统的速度控制模式通常是分级方式，即为多段式（阶梯式）速度-距离制动曲线，当列车运行速度超过限速指令时对列车实施制动控制，固定闭塞速度曲线如图 1.2 所示。

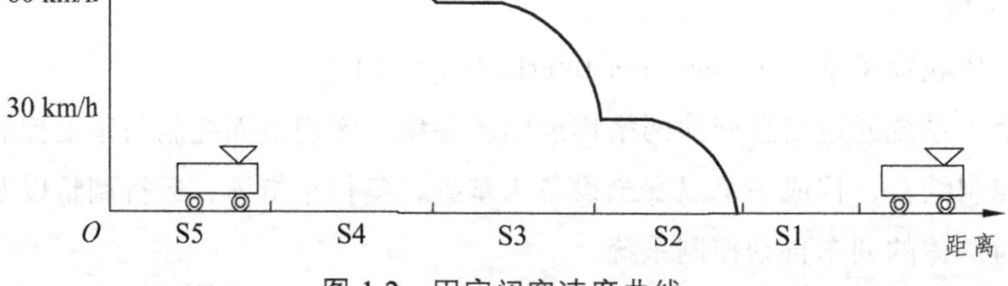

图 1.2 固定闭塞速度曲线

二、准移动闭塞 ATC 系统

准移动闭塞 ATC 系统本质上是一种固定闭塞系统，也要进行闭塞分区的划分。准移动闭塞在控制列车的安全间隔上比固定闭塞更灵活。它通过报文式轨道电路辅之环线或应答器来判断分区占用并传输信息，信息量较大；可以告知后续列车继续前行的距离，后续列车可根据这一距离合理地采取减速或制动，列车制动的起点可延伸至保证其安全制动的地点，从而改善列车速度控制，缩小列车安全间隔，提高线路利用效率。但准移动闭塞中后续列车的最大目标制动点仍必须在先行列车占用分区的外方，并没有完全突破轨道电路的限制。

它根据列车前方目标距离、线路状态、列车性能等因素所确定的速度-距离控制曲线，对列车的速度进行监控。当列车速度超过其速度-距离控制曲线限定的速度值时，对列车实施安全制动控制。准移动闭塞速度曲线如图 1.3 所示。

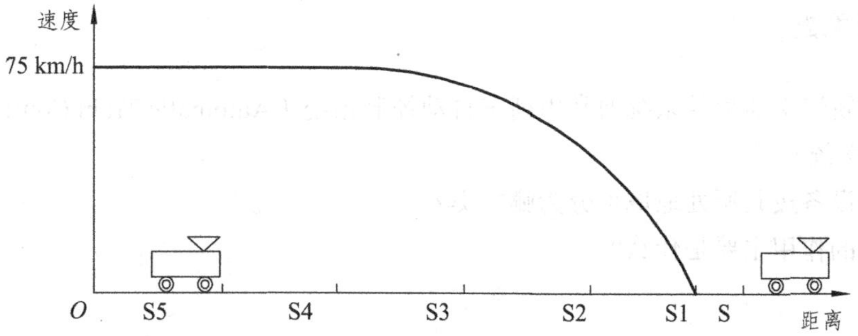

图 1.3　准移动闭塞速度曲线图

三、移动闭塞 ATC 系统

移动闭塞是基于通信技术的列车控制（Communication Based Train Control，CBTC）ATC 系统，该系统不依靠轨道电路向列控车载设备传递信息，而是利用通信技术实现车地通信，并实时地传递列车定位信息。移动闭塞速度曲线如图 1.4 所示。

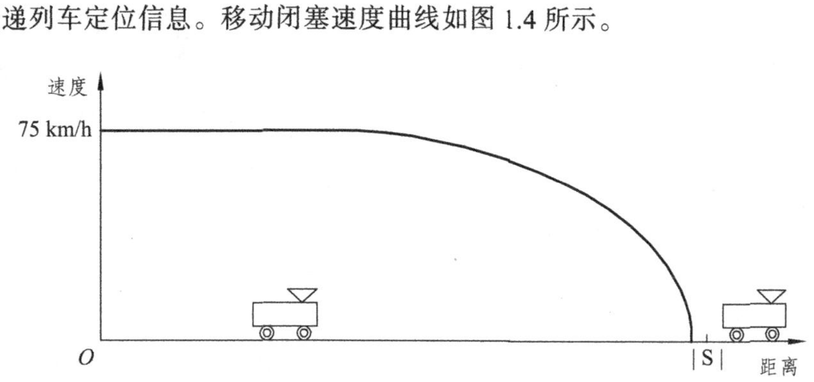

图 1.4　移动闭塞速度曲线图

第三节　信号设备分类

信号系统按其所处地域可分为控制中心设备、地面设备及车载设备。

控制中心设备主要包括中心 ATS 计算机系统、中心显示设备、调度员（长）工作站、时刻表/运行图工作站、培训/模拟设备、维修工作站、网络传输设备、绘图仪和打印机、电源设备。

地面设备主要包括信号机、转辙机、轨道电路（计轴）、计算机联锁、信号电源、无线传输系统（含应答器，无线天线）等。

车载设备主要包括车载主机、测速电机、天线、外部接口设备、模式转换设备、网络设备。

复习思考题

1. 城市轨道交通信号系统通常由列车自动控制系统（Automatic Train Control，ATC）包括哪 4 个子系统？

2. 信号设备按其所处地域可分为哪三类？

3. 信号的作用主要是什么？

第二章　信号机和信号表示器

【学习目标】

1. 了解信号的意义和种类；
2. 掌握信号机的作用和固定信号机的分类；
3. 熟悉信号机的工作原理和电路接通方式；
4. 掌握信号的颜色及其显示意义；
5. 熟悉地铁各信号机灯光配置及显示的对应关系。

【知识要求与技能要求】

1. 掌握信号的显示方式；
2. 掌握信号机与信号表示器的基本概念；
3. 掌握信号机控制电路原理。

第一节　信号机概述

一、信号的一般概念

（一）信号的意义

在地铁线路上装设信号，是为了迅速、准确地组织列车运行和保证调车作业的安全，从而提高运输效率，改善行车工作人员的劳动条件。利用各种信号机的显示，能向列车或调车车列发出指示运行条件、线路状况、列车车辆的位置等信息。由此可见，信号是一种指挥列车运行及调车工作的命令，有关行车工作人员必须严格执行，以便安全地按计划组织列车运行。

（二）信号机的作用

信号机是指挥列车运行、保障行车安全的重要设备。信号机受联锁关系的制约，通过不同色灯的显示为司机指示前方进路的运行条件、轨道区段状态及行车调度员的指令等。信号机的显示由信号联锁设备结合轨道、道岔、进路、列车位置等多种因素综合决定。

二、信号机的种类

信号从广义上可分为视觉信号和听觉信号两大类：听觉信号包括机车和轨道车的鸣笛；视觉信号包括信号机、信号灯、信号牌、信号旗等。视觉信号按其性质可分为固定信号、移动信号、手信号、信号表示器、信号标志等。固定信号是固定安装在一定位置的信号，移动信号是指在地面上临时设置的信号，手信号是指手提式信号灯、信号旗或直接用手臂发出的信号。

下面主要对固定信号机的详细分类进行说明，一般来说，固定信号机可以按用途、使用的光源类型和安装方式的不同划分为不同的种类。

（一）按用途分

目前，北京地铁所使用的信号机按用途一般可分为进站信号机、出站信号机、区间信号机、防护信号机、阻挡信号机，预告信号机，进段信号机、出段信号机、调车信号机等。

进站信号机：设置在车站入口处，为了防护车站并指示列车能否由区间进入车站而设置的信号机。

出站信号机：设置在车站列车运行方向的出口处，是为了防护区间，表示禁止或允许列车从车站出发进入区间而设置的信号机。

区间信号机：在区间分界点处设置的信号机。

防护信号机：为了防护道岔区段，在道岔前方设置的信号机。

阻挡信号机：为了阻挡进行折返作业的列车不能超越规定地点的信号机叫阻挡信号机。该信号机可分为顺向阻挡和反向阻挡两种。与列车运行方向一致的为顺向阻挡信号机，其定位显示为进行信号；与正线列车运行方向相反的为反向阻挡信号机，其显示为固定的禁止信号，即永远是红灯。

预告信号机：在主体信号机前方，为预告主体（进站）信号机的显示状态而设置的信号机。

进段信号机：设置在车辆段的入口处，为了防护车场并指示正线的列车能否由正线进入车场而设置的信号机。

出段信号机：设置在车辆段向正线运行方向的出口处，是为了防护正线，表示禁止或允许列车从车场出发进入正线而设置的信号机。

调车信号机：设置在车场内，为防护调车进路，指示调车车列能否进入调车进路而设置的信号机。

（二）按信号机使用的光源类型分

目前所使用的信号机，因使用的光源不同又可分为透镜式色灯信号机和 LED 小型信号机两种。现在 LED 小型信号机已应用于城市轨道交通的大部分线路，例如色灯信号机应用于北京地铁 1 号线、13 号线、八通线等线路。

（三）按安装方式分

信号机按安装的方式不同又可分为高柱型、半高柱信号机和矮柱型信号机。高柱型、半高柱型信号机一般用在车辆段进、出段处；矮柱型信号机一般用在正线上和车场内，其实物分别如图 2.1 ~ 图 2.6 所示。

图 2.1　高柱型信号机

图 2.2　半高柱型信号机

图 2.3　两显示矮柱型信号机

图 2.4　三显示矮柱型信号机和两显示矮柱型信号机

图 2.5　三显示矮柱型信号机

图 2.6　两显示矮柱型信号机

第二节　信号机结构和工作原理

一、信号机结构与组成

（一）信号机结构

高柱型信号机结构如图 2.7 所示。

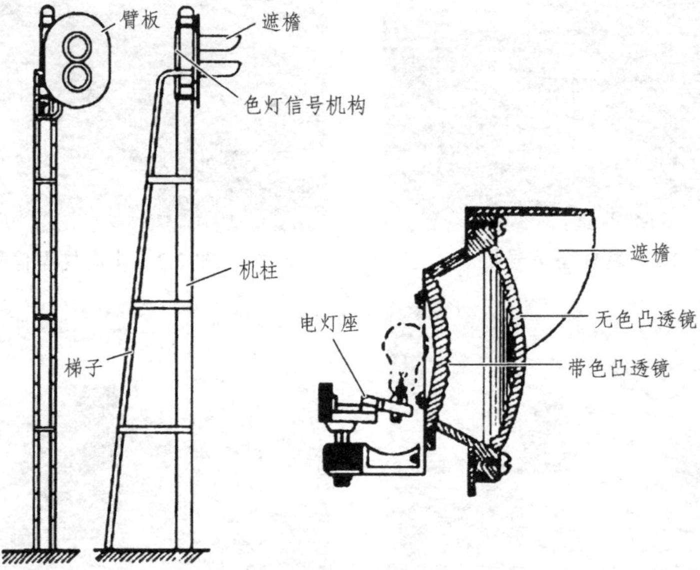

图 2.7　高柱型信号机结构

（二）信号机组成

目前，地铁各条运营线上所使用的信号机基本分为透镜色灯信号机和 LED 信号机两大类。

1. 透镜色灯信号机的组成

透镜色灯信号机都是由机柱、机构、基础或托架、遮檐、箱盒等（高柱还设有梯子）几部分组成。机构的每个灯位配有透镜组和灯泡，基础或托架的作用是将机构固定其上，电灯电线由箱盒通过蛇管引入机构中，遮檐用于防止外来光线干扰。

机构内部的主要部件由透镜组、灯座、灯泡和信号点灯单元（信号变压器、灯丝转换继电器）组成。透镜组由无色外透镜和有色内透镜组成。透镜框上有可调灯座，可调灯座在上下前后左右 6 个方向均可调整，灯泡的主丝灯位于透镜组主光轴的焦点上，灯丝光源发出的光经有色透镜和无色透镜前后两次折射，产生平行的有色光束射向前方，满足信号显示距离的要求。

2. LED 信号机的组成

LED 信号机是一种免维护、少维修的信号器材，其组成与色灯信号机基本一样，只是信号灯的光源是用 LED 发光二极管组制成的新光源取代了传统的双灯丝信号灯泡和透镜组，从而彻底消除了灯丝断丝这一多发性信号故障。图 2.8 和图 2.9 所示为两种 LED 信号机的实物图。

图 2.8 LED 两显示信号机

图 2.9 LED 三显示信号机

二、信号机控制电路原理

（一）色灯信号机工作原理

1. 工作原理（以调车信号机为例）

一般调车信号机所使用的电源采用集中供电方式，由设在机房的电源屏提供专用的交流 220 V 点灯电源。信号机灯泡一般采用 12 V/25 W 双灯丝专用灯泡。由于点灯电源是 220 V，在信号机机构后盖内的每个灯泡，分别对应设置了一个变压器（BX1-34 型），其初级电压为 220 V，次级电压为 13 ~ 14 V。这种供电方式可以减少线路压降，在保证控制点灯距离的基础上不增加电缆芯线。

两显示色灯信号机电路如图 2.10 所示。平时未办理调车时，调车信号机点红灯，DXJ↓

接通红灯点灯电路，红灯点灯变压器 HB 次级有输出，在初级线圈中串接的 DJ 在吸起状态，表示灯泡完好。假如此时红灯主、副灯丝都烧断而灭灯，那么 DJ 将因 HB 的次级没有输出，初级电路中的电流大大减少而落下。此时 DJ 的后接点使控制台相应的信号复式器闪红灯，及时反映出红灯灯丝烧断。在调车信号机开放时，DXJ↑，一方面断开红灯点灯变压器初级电路，另一方面把点灯电源接向允许灯光，接通白灯点灯电路，白灯点灯变压器 BB（A）次级就有输出，信号机点亮白灯，调车信号机开放，允许调车。

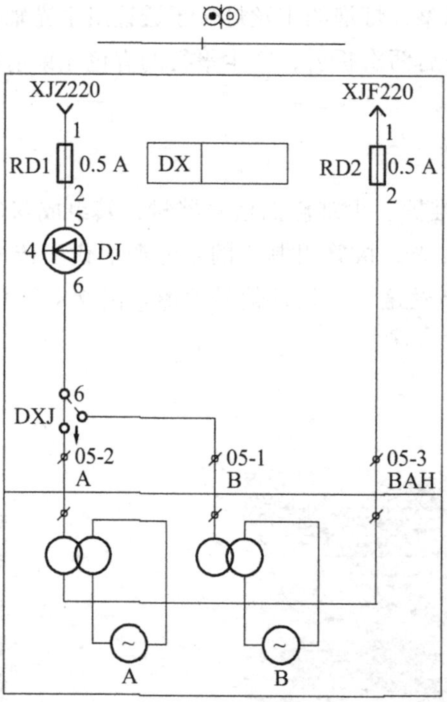

图 2.10 两显示色灯信号机电路图

2. 电路接通方式

调车信号机红灯点亮（因未办理调车进路或联锁条件不满足信号机开放时）：XJZ220→RD1→DJ5-6→DXJ61-63→05-1→HB（B）初级→BAH→05-3→RD2→XJF220。

在办理了调车作业且联锁条件满足时，调车白灯点亮：XJZ220→RD1→DJ5-6→DXJ61-62→05-2→BB（A）初级→BAH→05-3→RD2→XJF220。

（二）LED 小型信号机工作原理

1. 结构原理

LED 信号机光源是由多个发光二极管组成一个串并联结构的发光矩阵，排列成圆盘形状，如图 2.11 所示。在 LED 发光二极管前设一蜂房状透镜板。将透镜板上的小透镜一一对应地安放在 LED 发光二极管前面的光轴上，使所有 LED 发光二极管的散射光都聚焦成为方向一致的平行光束。

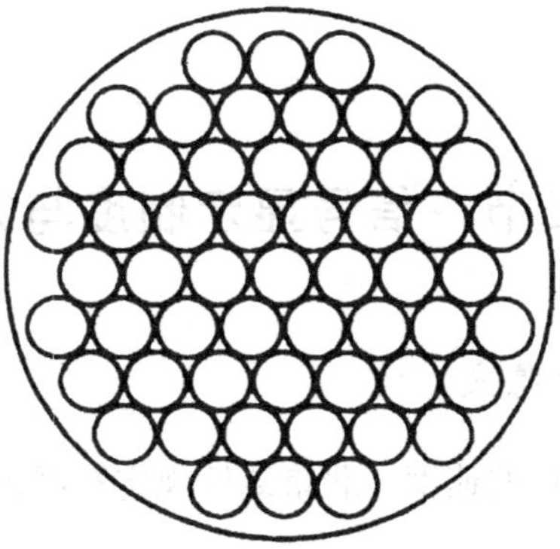

图 2.11　LED 发光二极管光盘

2. 电路原理

LED 小型信号的电路如图 2.12 所示。它由机房电源屏所供的 AC 110 V 交流电源(± 5%)供电，经室外的点灯单元转变为 LED 发光二极管所需的直流电源。因此，电路的基本模块为变压器降压和整流电路。LED 发光二极管电路为串联和并联相结合设计，将 7 个 LED 发光二极管与限流电阻串在一起，再将 8 组上述 LED 发光二极管组并联组成光源。根据 LED 发光二极管的光电特性和考虑 JZXC-H18 灯丝继电器的工作值，将每组 LED 发光二极管的管电流控制在 20 mA 左右，整个发光盘电流控制在 147 ~ 153 mA。当 LED 光源灭灯时，灯丝继电器回路电流小于 40 mA，保证 JZXC-H18 型继电器可靠落下，为联锁电路提供断丝条件。

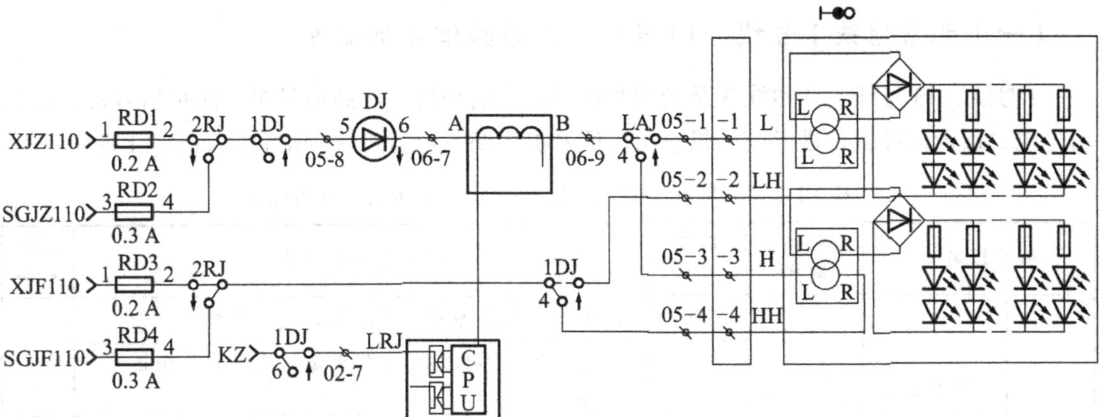

图 2.12　两显示 LED 小型信号机电路图

3. 报警原理

报警电路用监测点灯电路工作电流的大小进行判定，当电流低于设定的下限值或高于设定的上限值时，隔离调压报警单元（GTB）发出报警信号。

4. 电路接通方式

LED 信号机点灯电路的接通方式与色灯信号机一样，只是所使用的点灯光源有所区别，因此不再赘述。

第三节　信号显示制度与方式

一、信号颜色及其显示意义

信号颜色用于指示列车运行的速度，北京地铁规定有红色、黄色、绿色、月白色、白色五种基本颜色。

各种颜色具体表示意义如下：

红色●：表示要求停车。

黄色◍：表示限速运行，并准备在下一显示停车信号前方停车。

绿色○：表示可以按规定最高运行速度行驶。

月白色◎：用于调车信号时，表示可以调车；用于引导作业时，表示准许列车以不超过15 km/h的速度越过所被引导的且显示红色灯光的主体信号，随时准备停车。

白色⦶：用于进路表示器，表示防护信号机开放的侧向进路。

二、信号机灯光配置及显示意义的对应关系

（一）北京地铁1号线、13号线、八通线信号机配置

1号线、13号线、八通线3条老线共设有进站信号机、出站信号机、防护信号机、阻挡信号机、预告信号机、进段信号机、出段信号机和调车信号机8种配置，如表2.1所示。

表2.1　北京地铁1号线、13号线、八通线的信号机配置

信号机名称		显示制度	信号显示	信号显示的意义	定位显示
进站信号机	不防护道岔进站信号机	红绿两显示带引导	●	红色灯光表示停车，不准越过该信号机	
			○	绿色灯光表示出站信号机开放，准许列车由区间进入车站	○
				红色灯光与引导月白灯同时点亮，表示进站信号机因故不能正常开放，准许列车以不超过15 km/h的速度引导进站，并随时停车	
	防护道岔进站信号机	红绿两显示带引导带侧向表示器	●	红色灯光表示停车，不准越过该信号机	●
			○	绿色灯光表示准许列车由区间进入车站	
				红色灯光与引导月白灯同时点亮，表示进站信号机因故不能正常开放，准许列车以不超过15 km/h的速度引导进站，并随时停车	
				绿色灯光与侧向进路表示器同时点亮，表示进站信号机开通的是侧向	

续表

信号机名称		显示制度	信号显示	信号显示的意义	定位显示
出站信号机	不防护道岔出站信号机	红绿两显示	●	红色灯光表示不准列车越过该信号机	
			○	绿色灯光表示进路空闲，准许列车出站	○
			¤	绿色闪光表示出站正在办理站间闭塞	
	出站兼防护信号机	红绿两显示带侧向表示器	●	红色灯光表示停车，不准列车越过该信号机	●
			○	绿色灯光表示进路空闲，准许列车出站	
			○ ◎	绿色灯光与白色进路表示器同时点亮，表示准许列车出站并驶向侧向进路	
防护信号机		红绿两显示	●	红色灯光表示停车，不准越过该信号机	●
			○	绿色灯光表示可以按规定速度运行	
阻挡信号机	顺向阻挡	红绿两显示	●	做折返进路终端时，显示红灯	
			○	绿色灯光表示可以按规定速度运行	○
	反向阻挡	红绿两显示	●	永远显示红灯	●
			⊗	绿色灯封闭	
预告信号机		红黄绿三显示	●	红色灯光表示信号机内方第一或第二区段有车占用，不准列车越过该信号机	
			◍	表示信号机内方有两个区段空闲，但进站信号机在关闭状态或进站信号机开放引导信号，准许列车减速越过该信号机	
			○	绿色灯光表示信号机内方区段空闲，并进站信号机在开放状态	
进段信号机	高柱型	红绿两显示带引导	●	红色灯光表示停车，不准越过该信号机	●
			○	绿色灯光表示正线列车可以越过高柱型信号机正常回段	
			●◎	红色灯光与引导月白灯同时点亮，表示进段信号机因故不能正常开放，准许列车以不超过 15 km/h 的速度引导进段，并随时停车	
出段信号机	高柱型	红绿两显示	●	红色灯光表示停车，不准越过该信号机	●
			○	绿色灯光表示出段列车可以越过该信号机出段进入正线车站	
调车信号机		红白两显示	●	红色灯光表示停车，不准越过该信号机	●
			◎	白色灯光表示可以越过该信号机进行调车作业	

（二）其他新线信号机配置

目前除北京地铁 1 号线、13 号线、八通线以外的其他线路，取消了进站信号机和预告信号机，增设了区间信号机。在这些线路上一般设有出站信号机、区间信号机、防护信号机、阻挡信号机，进段信号机、出段信号机、调车信号机 7 种配置，如表 2.2 所示。

表 2.2　北京其他线路信号机配置

信号机名称		显示制度	信号显示	信号显示的意义	定位显示
出站信号机	出站信号机	红绿两显示	●	红色灯光表示停车，不准列车越过该信号机	●
			○	绿色灯光表示进路空闲，准许列车出站	
	出站兼防护信号机	红黄绿三显示	●	红色灯光表示停车，不准列车越过该信号机	●
			◍	黄色灯光点亮，准许列车出站并驶向侧向进路	
			○	绿色灯光点亮，准许列车出发并驶向直股进路	
区间信号机		红绿两显示	●	红色灯光表示停车，不准越过该信号机	●
			○	绿色灯光表示可以按规定最高速度运行	
防护信号机		红黄绿三显示	●	红色灯光表示停车，不准越过该信号机	●
			○	绿色灯光表示可以按规定最高速度运行	
			◍ ●	红色灯光与黄色灯光同时点亮，表开放引导信号，准许列车以不超过 25 km/h 的规定速度引导通过该架信号机，并随时停车	
阻挡信号机	顺向阻挡	红绿两显示	●	做折返进路终端时，显示红灯	
			○	绿色灯光表示可以按规定最高速度运行	
	反向阻挡	红绿两显示	●	永远显示红灯	●
			⊗	绿色灯封闭	
进段信号机	高柱或半高柱型	红黄绿三显示带引导	●	红色灯光表示停车，不准越过该信号机	●
			○	绿色灯光表示正线列车可以越过该进段信号机正常回段	
			◍ ●	红色灯光与黄色灯光同时点亮，表示进段信号机开放引导信号。准许列车以不超过 25 km/h 的规定速度引导通过该架信号机，正常回段	
出段信号机	高柱或半高柱型	红绿两显示	●	红色灯光表示停车，不准越过该信号机	●
			○	绿色灯光表示出段列车可以越过该信号机出段进入正线车站	
调车信号机		红白两显示	●	红色灯光表示停车，不准越过该信号机	●
			◎	白色灯光表示可以越过该信号机进行调车作业	
		蓝色显示	⊙	蓝色灯光表示禁止调车作业	

第四节　信号机设置

一、信号机设置原则

（1）目前所使用的信号机原则上要求安装在线路的右侧。因地形和特殊需要也可安装在线路的左侧，但必须经设计同意且运营公司设备部批准。

（2）为确保行车安全，安装时不许侵入限界。

（3）信号机（含表示器）的信号显示应使接近的列车或车列容易辨认，并不致误认为邻线的信号机。

（4）曲线上的信号机，应使接近的列车能不间断地看到显示（因地形、地物限制的除外）。

（5）各种信号机（调车信号机除外）的直线显示距离不得小于 400 m；调车信号机的直线距离不得小于 200 m。

（6）在曲线区段，信号机的显示距离应满足列车在该区段最高大度制动距离的要求。各种信号机及表示器显示距离不得小于 200 m。

（7）因地形、地物影响视线的地方，进站、预告、防护信号机的显示距离不得小于 200 m。

（8）信号机两处钢轨绝缘的设置一般与信号机设在同一坐标线处。当不能设在同一坐标时：进站、调车、防护、阻挡信号机处的钢轨绝缘可装在信号机前方或后方 1 m 的范围内；出站信号机处的钢轨绝缘可装在信号机前方 1 m 或后方 6.5 m 的范围内，如图 2-13 所示。在平交道口处，绝缘距道口路边不小于 2 m。

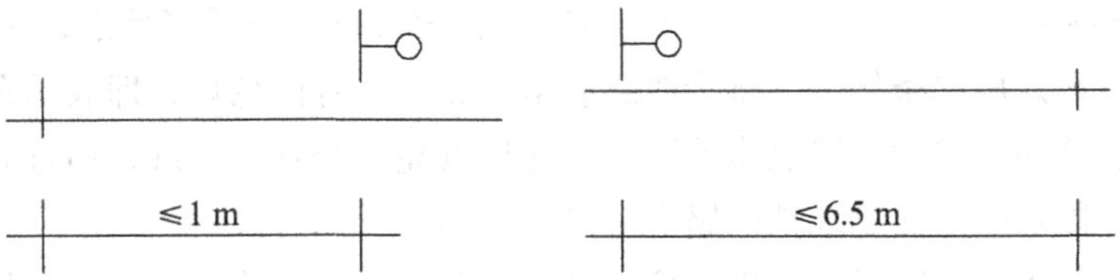

图 2.13　出站信号机处的绝缘设置

二、信号机基本要求

（1）色灯信号机灯泡的端电压为额定值的 85% ~ 95%。

（2）信号机、各种透镜不得有裂纹和影响显示的剥落。

（3）光源需调在透镜组的焦点上。

（4）色灯信号机双丝灯泡的自动转换设备，若主丝断丝应自动转换至副丝，并报警。

（5）信号机的透视孔应完好，灯室互不窜光，并不因外光反射而造成错误显示。

（6）LED 小型信号机每个灯位的发光二极管组损坏率不得超过 1/3。LED 小型信号机设有故障检测和报警电路，当检测到发光二极管损坏过多时应提供报警信息。

（7）信号机应符合”故障-安全”原则。当信号设备发生故障时，信号机应能自动降级显示。

第五节　信号表示器

信号表示器也是一种信号装置，但它没有防护意义，而是用来表示与行车有关设备的位置和状态，或表示信号显示的某种附加含义。

常见的信号表示器有进路表示器、线路表示器、发车表示器、道岔表示器等。

一、进路表示器

进路表示器只用于出站信号机上。当出站信号机给出绿色灯光，准许向区间发车，但前方区段有 2 个或 3 个发车方向时,需要附加说明所给出的准许发出信号是向哪个方向发车的，进路表示器会亮一个月白色灯，指示发车方向。如出站信号机亮一个绿灯，进路表示器亮左边的月白色灯，指示准许向前方左边的那个区间发车；同样，出站信号机亮一个绿灯，进路表示器亮右边的一个月白色灯，指示准许向前方右边的那个区间发车。目前北京地铁 1 号线、13 号线、八通线的线路上装有侧向进路表示器。

二、线路表示器

线路表示器用于设有编组线群出站信号机的地方。在编组线群外方，设有线群共用的出站信号机，叫作线群出站信号机，而在每一发车线群警冲标内方适当地点，设有线群表示器。线群出站信号机在开放的条件下，哪个线路表示器亮一个月白色灯，即表示在该线路停留的列车可以发车。这些并排的线路表示器同时只允许点亮一个月白色灯，而且只有在线群出站信号机开放后才能点亮。北京地铁线路上一般不使用。

在铁路上，列车发车除了要看出站信号外，还要确认是否给出准许发车的手信号。由于大弯道或旅客多的大站上，司机往往看不到准许发车的手信号，这时需要在列车停车位置前适当地点装设一个发车表示器。发车表示器受值班员和车长的双重控制，在出站信号机开放的条件下，当值班员和车长都按下同意发车按钮时，发车表示器即亮一个月白色灯，司机便可遵照指令发车。北京地铁线路上一般不使用。

三、道岔表示器

在接发车进路的手动道岔上以及由非联锁区向联锁区的入口处的电动道岔上，均装有道岔表示器，用以反映道岔所处的状态，以方便行车人员办理调车作业。联锁区域内的电动道岔由于可利用调车信号机调车，所以不设道岔表示器。北京地铁线路上使用的均为联锁区域内的电动道岔，所以不设道岔表示器。

复习思考题

1. 视觉信号的基本颜色及其基本意义是什么？
2. 透镜式色灯信号机的每个灯位由什么组成？
3. LED 色灯信号机的优点包括哪些？
4. 信号机的作用是什么？
5. 信号机显示“一个黄色灯光及其下侧方一个白色灯光”表示什么？
6. 当有 4 个或 5 个出站方向时，如何设置进路表示器？

第三章　道岔转换装置（转辙机）

【学习目标】

1. 掌握转辙机的分类以及作用；
2. 掌握转辙机的结构以及基本指标；
3. 熟悉转辙机的工作原理。

【知识要求与技能要求】

1. 了解转辙机控制电路的基本原理；
2. 掌握 ZD6、ZDJ9、S700 K 系列电动转辙机的技术指标；
3. 掌握三种型号电动转辙机的结构组成。

第一节　电动转辙机概述

道岔转换装置顾名思义是用于可靠地转换道岔位置，改变道岔开通方向，锁闭道岔尖轨，反映道岔位置。转辙机是重要的信号基础设备，它对于保证行车安全，提高运输效率，改善行车人员的劳动强度，起到非常重要的作用。为满足列车的行车安全和提高运输效率的要求，转辙机必须高安全、高可靠、长寿命、少维护。

一、转辙机的分类

转辙机按照传动方式、供电种类、动作速度、锁闭的方式、是否可挤可分为不同类型。

按动作能源和传动方式可以分为电动 ZD、电动液压 ZY、电空转辙机 ZR 三种。

按供电电源的种类可以分为直流和交流两种。直流：ZD6 系列直流 220 V，电空系列 24 V，由于存在换向器和电刷，易损坏，故障率高；交流：单相或三相电源，有 S700 K、ZYJ7 系列交流 380 V。交流转辙机采用感应式交流电动机，不存在换向器和电刷，因此故障率低，而且单芯电缆控制距离远。

按动作速度可分为普通动作和快动两种。普通动作：3.8 s 以上，大多数转辙机属于此类；快动：0.8 s 以下，驼峰调车场。

按锁闭道岔的方式可分为内锁闭和外锁闭两种。内锁闭：依靠转辙机内部的锁闭装置锁闭道岔的尖轨，是间接锁闭方式；外锁闭：依靠外锁闭装置直接将基本轨与尖轨密贴，将斥离轨锁于固定位置，是直接锁闭方式，锁闭可靠，列车对转辙机几乎无冲击。

按是否可挤可分为可挤型和不可挤型转辙机。可挤型：设有道岔保护（挤切或挤脱）装置，道岔被挤时，动作杆解锁，保护整机。不可挤型：道岔被挤时，会挤坏动作杆与整机的连接结构，需整机更换。

二、转辙机的作用

（1）转换道岔的位置，根据需要转换至定位或反位。

（2）道岔转换到所需的位置并密贴后，实现锁闭，防止外力转换道岔。

（3）正确反映道岔的实际位置，道岔尖轨密贴于基本轨后，给出相应的表示。

（4）道岔被挤或因故处于“四开”位置时，及时给出报警和表示。

第二节　ZD6 系列电动转辙机

一、ZD6 系列电动转辙机介绍

（一）电动转辙机概述

电动转辙机作为电气集中站场的主要控制设备之一，在全路得到广泛的应用。ZD6 系列电动转辙机在我国应用较多。

在现场，道岔转换设备运用一定时间后，由于可动部分的磨耗及电气元部件的老化等一系列物理的变化，会引起器材的机械特性和电气特性变化，引发器材故障，严重时会危及行车安全。而器材机械特性和电气特性的变化，仅依靠现场日常养护维修是难以修复的，必须对这类设备按周期或运用状态实行入所维修，对其进行整修、补强和恢复工作，以保证电气性能和机械强度符合技术标准，保证信号设备安全可靠、不间断地运用。

ZD6 系列电动转辙机入所修周期一般为 5 ~ 10 年，根据现场的实际情况，可具体制定。

（二）ZD6 系列电动转辙机工作环境

（1）环境温度为 – 40 ~ +60 °C；空气相对湿度不大于 90%（+25 °C）。

（2）周围环境中无发生爆炸的危险，无足以腐蚀金属以及破坏绝缘的有害气体或导电尘埃。

（三）ZD6 系列电动转辙机接通电源后的动作过程

（1）切断原表示电路。

（2）解锁道岔。

（3）转换道岔。

（4）锁闭道岔。

（5）接通新表示电路。

（四）ZD6 系列电动转辙机型号组成及表示意义

图 3.1 对 ZD6 系列电动转辙机的型号组成及表示意义进行了说明。

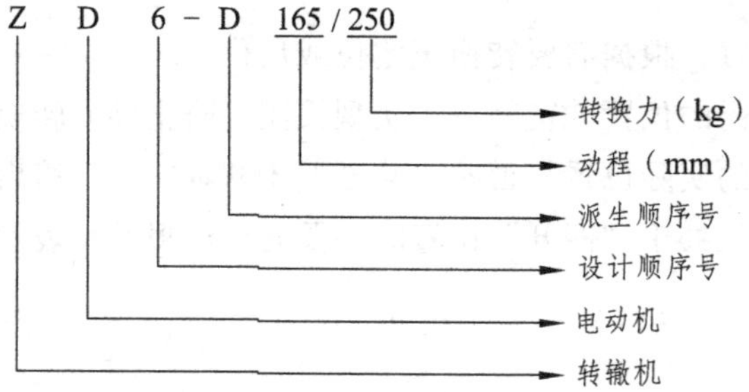

图 3.1　ZD6 系列电动转辙机型号组成及表示意义

二、ZD6 系列电动转辙机技术指标

ZD6 系列电动转辙机的主要技术指标如表 3.1 所示。

表 3.1　ZD6 系列电动转辙机主要技术指标

型号	额定负载	动作杆动程/mm	额定电压/V	额定电流/A	转换时间/s	摩擦电流/A
ZD6-D	3 432 N（350 kg）	165 + 2	160	2.0	≤5.5	2.3 ~ 2.9
ZD6-E	5 884 N（600 kg）	190 − 2	160	2.0	≤9.0	2.6 ~ 2.9
ZD6-F	4 413 N（450 kg）	130 + 2	160	2.0	≤6.5	2.6 ~ 2.9
ZD6-J	5 884 N（600 kg）	165 + 2	160	2.0	≤9.0	2.0 ~ 2.5
ZD6-G	5 884 N（600 kg）	165 + 2	160	2.0	≤9.0	2.6 ~ 2.9

三、ZD6 系列电动转辙机主要结构

ZD6 系列电动转辙机由电动机、减速器、自动开闭器、主轴、动作杆、表示杆、移位接触器、底壳及机盖等组成，其结构外形如图 3.2 所示。底壳是 ZD6 系列电动转辙机的基础部件，电动转辙机的主要零部件都固定在底壳上。ZD6 系列电动转辙机的底壳有 D、E、F 三种类型，其中 E、F 型为 E、F 型电动转辙机专用（E 型底壳两侧有明显的凸台，F 型底壳有两个挡桩安装孔），其他型号的电动转辙机均用 D 型底壳。

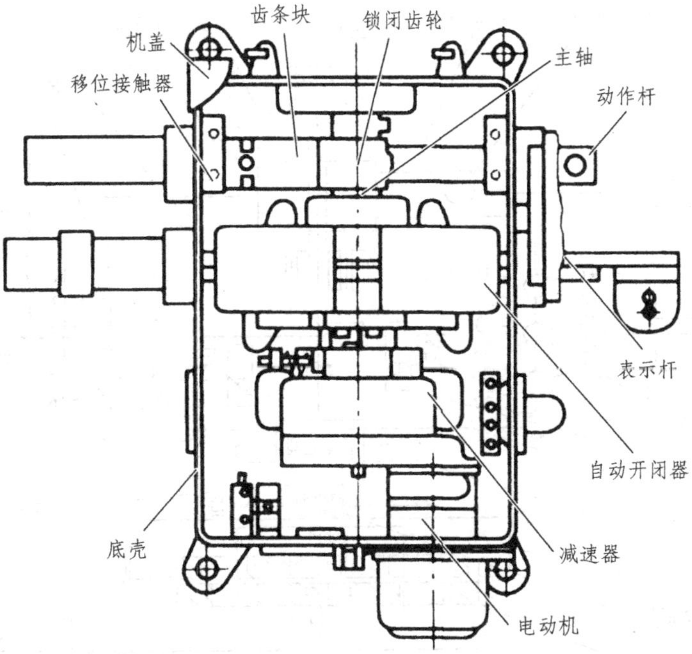

图 3.2 ZD6 系列电动转辙机结构

四、ZD6 系列转辙机工作原理

ZD6 系列电动转辙机传动原理如图 3.3 所示。图中各机件所处的位置是动作杆由右向左移动后的停止状态。此时自动开闭器的第 1、3 两排接点闭合。为了使动作杆向右移动，其传动过程如下：

（1）来自道岔控制电路的电流经由图 3.3 中自动开闭器的第 1 排接点接至电动机，使电动机按逆时针方向旋转（从电机后端看）。

（2）电动机通过齿轮 1 带动减速器，使其输出轴按逆时针方向旋转。

（3）输出轴与主轴通过起动片连接在一起。因此输出轴带动主轴一起旋转。

（4）在主轴旋转过程中，可完成电路的转接及机械的解锁、转换、锁闭等动作。

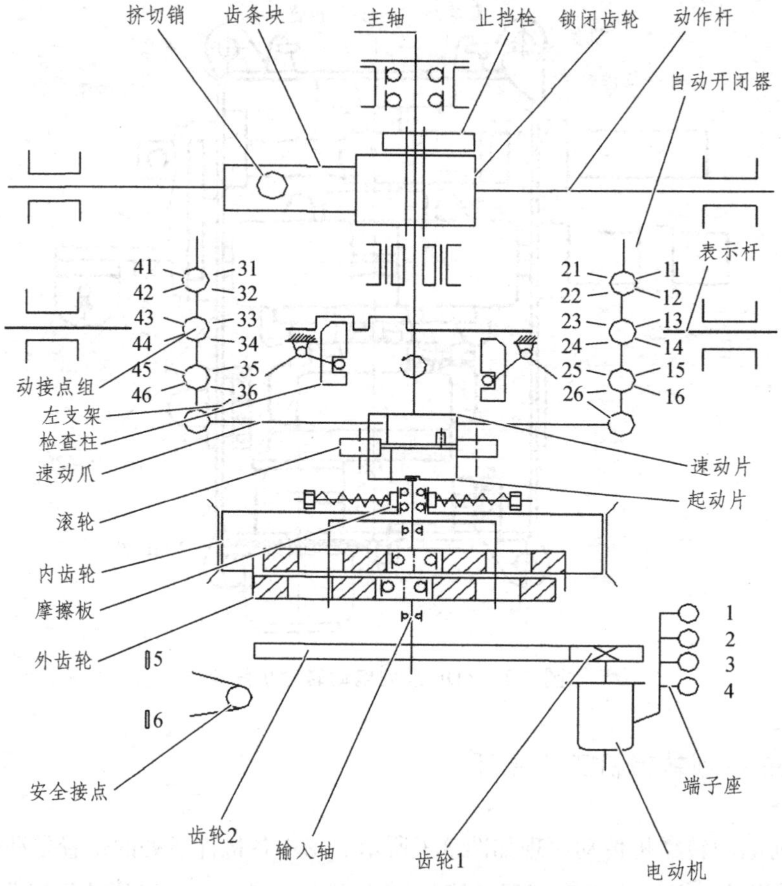

图 3.3　ZD6 系列电动转辙机传动原理图

第三节　ZD（J）9 系列电动转辙机

一、ZD（J）9 系列电动转辙机介绍

（一）ZD（J）9 系列电动转辙机概述

ZD（J）9 系列电动转辙机是一种能适应交、直流电源的转辙机（目前北京地铁正线主要使用交流电源）。它有着安全可靠的机内锁闭功能，因此既可适用于联动内锁道岔，又可适用于分动外锁道岔，既适用于单点牵引，又适用于多点牵引，安装时，既能角钢安装，又能托板安装。其外观和内部结构分别如图 3.4 和图 3.5 所示。

图 3.4　ZD（J）9 系列电动转辙机外观

图 3.5　ZD（J）9 系列电动转辙机内部

（二）ZD（J）9 系列电动转辙机型号组成及表示意义

图 3.6 对 ZD（J）9 系列电动转辙机的型号组成及表示意义进行了说明。

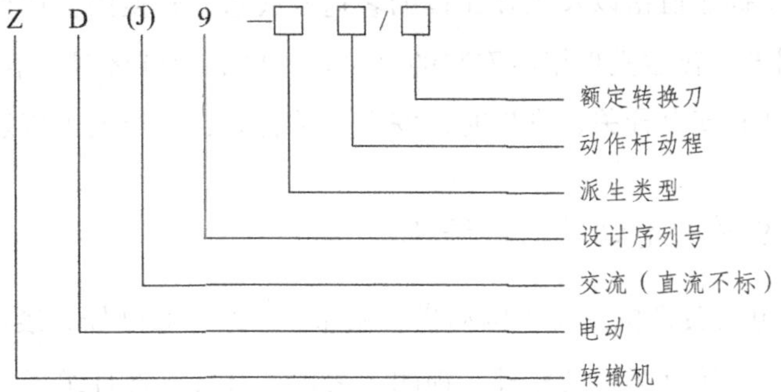

图 3.6　ZD（J）9 系列电动转辙机型号组成及表示意义

二、ZD（J）9 系列电动转辙机技术指标

表 3.2 列出了 ZD（J）9 系列电动转辙机的技术参数。

表 3.2 ZD（J）9 系列电动转辙机技术参数

型　号	ZDJ9-170/4 K	ZKJ9-A220/2.5 ZDJ9-C220/2.5	ZDJ9-B 150/4.5 K ZDJ9-D150/4.5 K
电源电压（AC 三相）/V	380	380	380
额定转换力/kN	4	2.5	4.5
动作杆动程/mm	170	220	150
锁闭杆动程/mm	152	160	75
工作电流/A	≤2.0	≤2.0	≤2.0
动作时间/s	≤5.8	≤5.8	≤5.8
单线电阻/Ω	≤54	≤54	≤54
挤脱力 2/kN	28±2	—	28±2
摩擦力/kN	6×(1±10%)	3.8×(1±10%)	6.8×(1±10%)
质量/kg	180	182	177
适用范围	尖轨动程 152 mm 以下的道分，双杆内锁	双机牵引第一牵引点，不可挤，双杆内锁	双机牵引第二牵引点，可挤，单杆内锁

ZD（J）9 系列电动转辙机有交流和直流两种类型，可适用不同的供电种类。另外，还能满足转换不同类型道岔的要求，比如单机牵引、双机牵引、多点牵引等，既可适用与普通道岔转换，又可适用于提速道岔以及正在建设的客运专线道岔转换的使用要求。

ZD（J）9 系列电动转辙机根据所安装的牵引点不同分为可挤型、不可挤型。

转辙机专门设计有安全开关，维护时，安全开关打开，不经人工恢复转辙机不能动作。

三、ZD（J）9 系列电动转辙机结构

ZD（J）9 系列电动转辙机主要由电动机、减速器、摩擦联结器、滚珠丝杠、推板套、动作板、锁块、锁闭铁、接点座、动作杆、锁闭（表示）杆等零部件组成，结构采用模块化设计，便于维护和维修，图 3.7 ~ 图 3.8 为转辙机的整体及部件图。

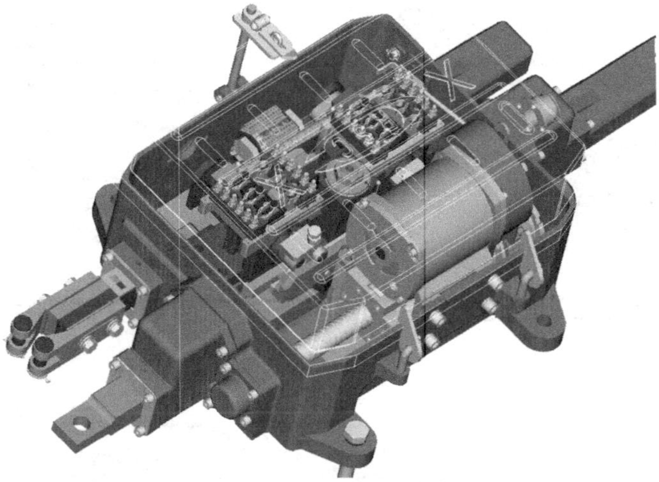

图 3.7　转辙机整体图

图 3.8　机盖

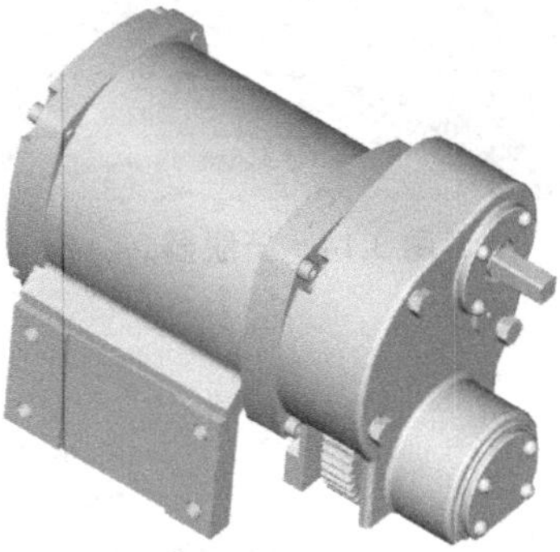

图 3.9　电机减速器

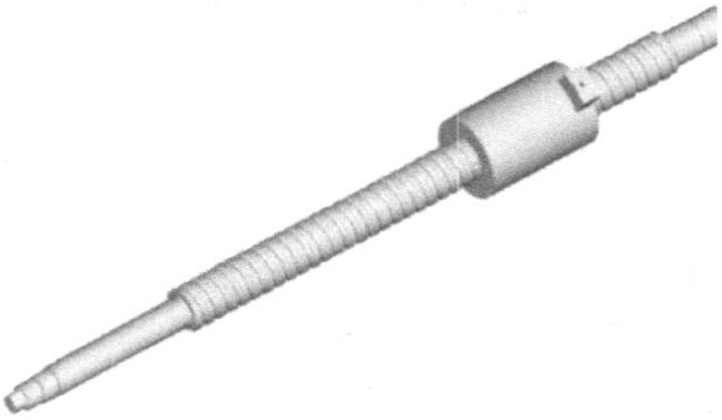

图 3.10　滚珠丝杠

图 3.11　摩擦连接器

图 3.12　接点座

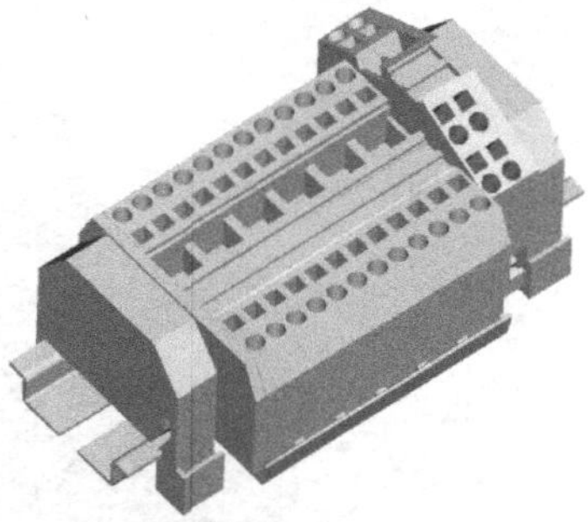

图 3.13　接线端子

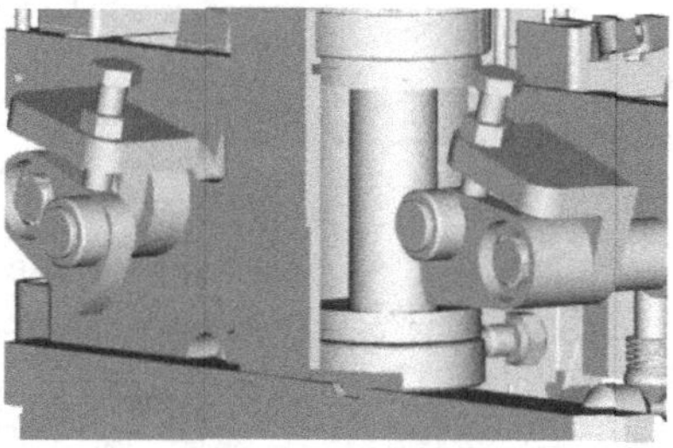

图 3.14　挤脱器

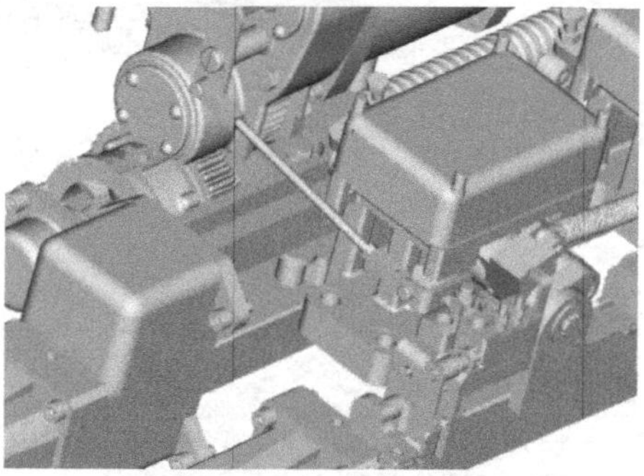

图 3.15　安全开关组

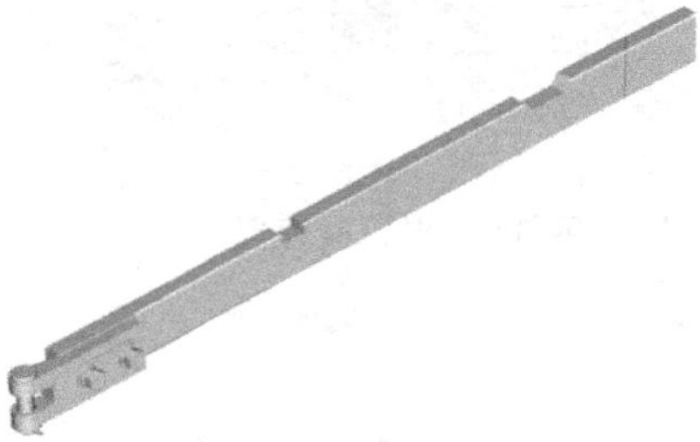

图 3.16　锁闭杆

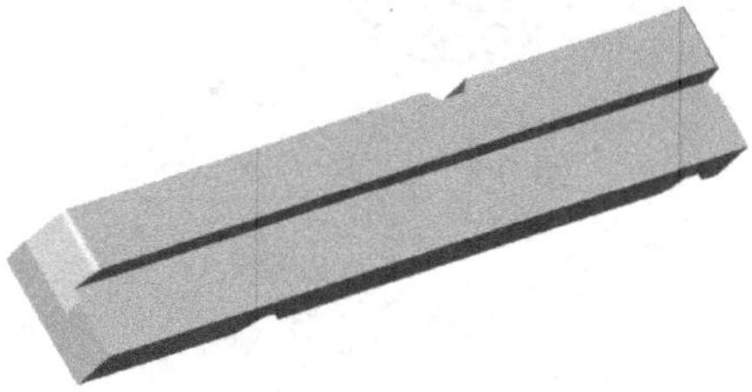

图 3.17　可挤型锁闭铁

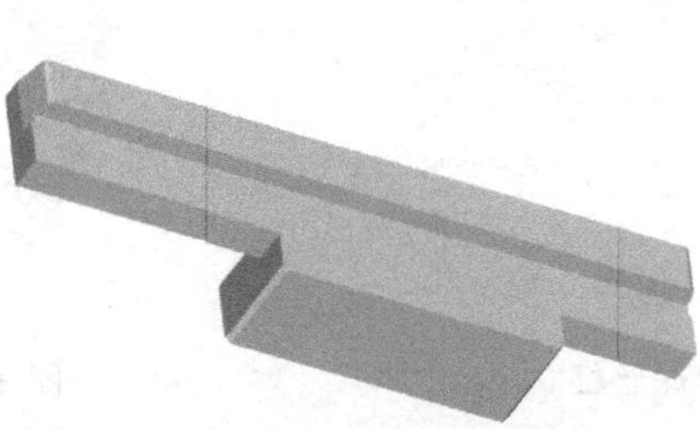

图 3.18　不可挤型锁闭铁

以上的主要零部件中，电机减速器中的电机可根据需要直接更换成交流或直流电机，更换过程方便。主要传动部件滚珠丝杠具有寿命长、传动效率高的特点。摩擦联结器采用片式粉末冶金摩擦方式，在正常的维护下可以保证转换力的稳定。接点座和锁闭铁根据转辙机安装的牵引点位置不同分可挤型和不可挤型，静接点片采用铍青铜片，动接点环为铜钨合金，耐磨损、使用寿命长。接线端子采用德国 WAGO 专用端子，电气性能稳定可靠。机盖采用热镀锌，防锈能力强。

四、ZD（J）9 系列转辙机的工作原理

电动机接通电源后，电机上的小齿轮通过齿轮箱中的传动齿轮进行两级减速把动力传递到摩擦联结器的齿轮上。图 3.19 为转辙机的传动原理图。

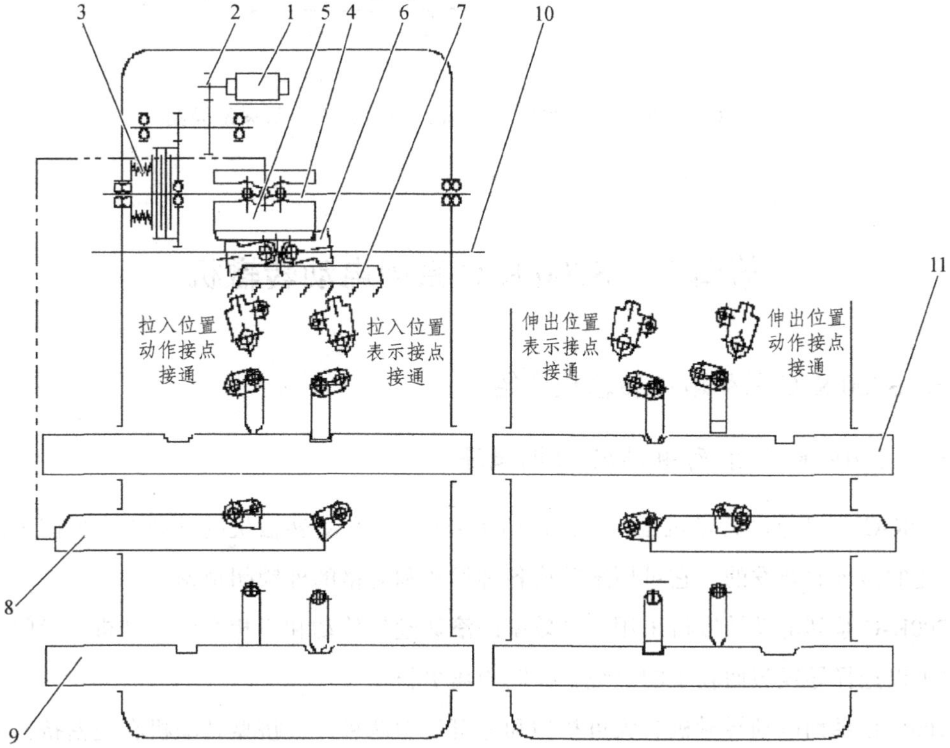

图 3.19　ZD（J）9 系列转辙机的传动原理图

1—电机；2—减速器；3—摩擦连接器；4—滚珠丝杠；5—推板套；6—锁块；7—锁闭铁；8—动作板；9—锁闭杆；10—动作杆；11—锁闭杆

通过摩擦联结器中的内外摩擦片的摩擦作用，齿轮的旋转运动传递到滚珠丝杠上。滚珠丝杠把传动齿轮的旋转运动转换为与丝杠联结的推板套的水平运动。

推板套水平运动，推动安装在动作杆上的锁块，在锁闭铁的辅助下使动作杆水平运动，完成道岔的锁闭功能。

从图 3.20 可以看出，ZD（J）9 系列转辙机有着安全可靠的内锁功能，在两个终点位置时锁块在推板套和锁闭铁的共同作用下实现了转辙机对道岔的锁闭。

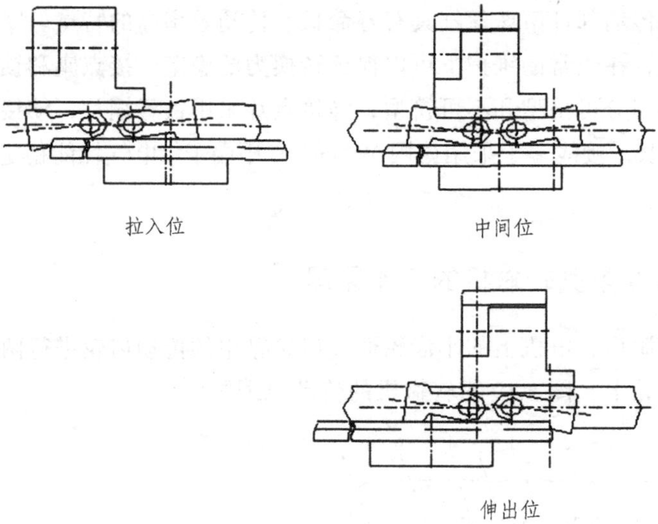

图 3.20　推板套、动作杆、锁块、锁闭铁的运动关系简图

第四节　S700 K-C 系列电动转辙机

一、S700 K-C 系列电动转辙机介绍

（一）S700 K-C 系列电动转辙机概述

S700K-C 系列电动转辙机是在德国西门子公司 S700 K 转辙机的基础上，面向中国轨道交通提速的需求而开发的。它可用来转换各种形式和规格的外锁闭道岔。

S700K-C 系列电动转辙机采用了高效率的滚珠丝杠传动和三相交流电动机，专门的设计使用户可以选择导线截面较小的电缆，控制距离更长。

S700K-C 系列电动转辙机分为可挤型和非可挤型两种。可挤型转辙机在道岔挤岔后能够给出挤岔表示，非可挤型完全能满足高速轨道交通的要求。独特的精密滚珠丝杠传动能保证转辙机动作可靠。在动作中途，转辙机的转换方向可以逆返。停电时可以打开开关锁后手摇操作转辙机来转换道岔，此时遮断开关切断三相电源中的一相，以防电动操作道岔，恢复时须提起锁闭销并反向关闭开关锁后才能重新接通电源。

S700K-C 系列电动转辙机可以根据用户的需要在道岔的左侧或右侧安装、设置或不设置检测杆。它很少需要维修保养，其安装后的总高不超过钢轨平面。外部电缆线引入机内的电缆插头上，插头具有优良的抗震性。

（二）S700 K-C 系列电动转辙机型号组成及表示意义

图 3.21 对 S700 K-C 系列电动转辙机型号组成及表示意义进行了说明。

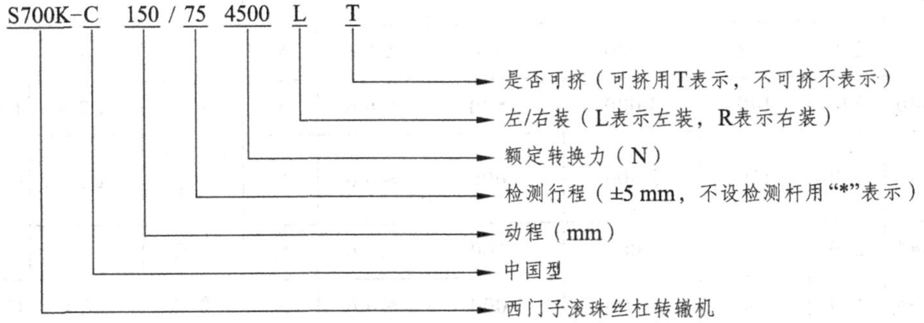

图 3.21　S700 K-C 系列电动转辙机型号组成及表示意义

二、S700 K-C 系列电动转辙机技术指标

表 3.3 列出了 S700 K-C 系列电动转辙机的技术指标。

表 3.3　S700 K-C 系列电动转辙机技术参数

型号		动程 /mm	检测行程 /mm	额定转换力 /N	最大转换力 /N	动作时间 /s	是否可挤	用于	检测精度 /mm	检测杆
左装	右装									
A05	A06	220	100	6 000	6 900	≤6.6	N	单机	±1.5	C41/C42
A07	A08	220	160	6 000	6 900	≤6.6	N	单机	±1.5	C45/C46
A09	A10	220	120	6 000	6 900	≤6.6	N	第一牵引点	±1.5	C47/C48
A13	A14	220	160	3 000	3 500	≤6.6	N	第一牵引点	±1.5	C45/C46
A15	A16	150	75	4 500	5 000	≤6.6	Y	双机	±2.0	C73/C74
A17	A18	220	120	3 000	3 500	≤6.6	N	多机	±2.0	C119/C120
A19	A20	220	110	3 000	3 500	≤6.6	N	多机	±2.0	C71/C72
A21	A22	220	100	2 500	3 000	≤6.6	N	第一牵引点	±1.5	C41/C42
A23	A24	150	85	4 500	5 000	≤6.6	N	多机	±2.0	C81/C82
A27	A28	220	75	3 000	3 500	≤6.6	N	多机	±2.0	C73/C74
A29	A30	150	85	4 500	5 000	≤6.6	Y	双机	±2.0	C81/C82
A31	A32	220	100	3 000	3 500	≤6.6	N	多机	±2.0	C123/C124
A33	A34	150	65	4 500	5 000	≤6.6	N	多机	±2.0	C91/C92
A35	A36	150	/	6 000	6 900	≤6.6	N	多机	—	—

续表

型号		动程/mm	检测行程/mm	额定转换力/N	最大转换力/N	动作时间/s	是否可挤	用于	检测精度/mm	检测杆
左装	右装									
A37	A38	220	152	3 000	3 500	≤6.6	Y	单机	±1.5	C127/C128
A39	A40	220	140	3 000	3 500	≤6.6	N	多机	±2.0	C117/C118
A41	A42	220	110	2 500	3 000	≤6.6	N	第一牵引点	±1.5	C121/C122
A43	A44	220	—	3 000	3 500	≤6.6	N	多机	—	—
A45	A46	150	100	4 500	5 000	≤6.6	N	多机	±2.0	C123/C124
A47	A48	150	75	4 500	5 000	≤6.6	N	多机	±2.0	C73/C74
A49	A50	220	120	2 500	3 000	≤6.6	N	第一牵引点	±1.5	C47/C48
A61	A62	220	152	3 000	3 500	≤6.6	Y	单机	±1.5	C127/C128
A63	A64	220	130	3 000	3 500	≤6.6	N	第一牵引点	±1.5	C165/C166
A65	A66	220	160	3 000	3 500	≤6.6	N	第一牵引点	±1.5	C45/C46
A67	A68	150	75	4 500	5 000	≤6.6	Y	多机	±2.0	C73/C74
A69	A70	220	140	4 500	5 000	≤6.6	N	第一牵引点	±1.5	C167/C168
A71	A72	220	85	3 000	3 500	≤6.6	N	第一牵引点	±1.5	C169/C170
A73	A74	150	75	4 500	5 000	≤6.6	N	多机	±2.0	C73/C74
A75	A76	220	110	2 500	3 000	≤6.6	N	第一牵引点	±1.5	C121/C122

注：（1）监测精度为±2.0的转辙机不能用于单机牵引或第一牵引点。

（2）可挤型挤岔力为24 kN。

（3）电源电压：三相交流380 V；单线电阻最大：54 Ω。

（4）动作电流：≤2A（54 Ω线阻）。

三、S700 K-C系列电动转辙机结构

S700 K-C系列电动转辙机主要由铸铁底壳、电机、带摩擦联结器的滚珠丝杠驱动装置、保持器、动作杆、检测杆、速动开关组、锁闭块、遮断开关、开关锁、插座和可锁的机盖等零部件组成，各部件配置如图3.22所示。

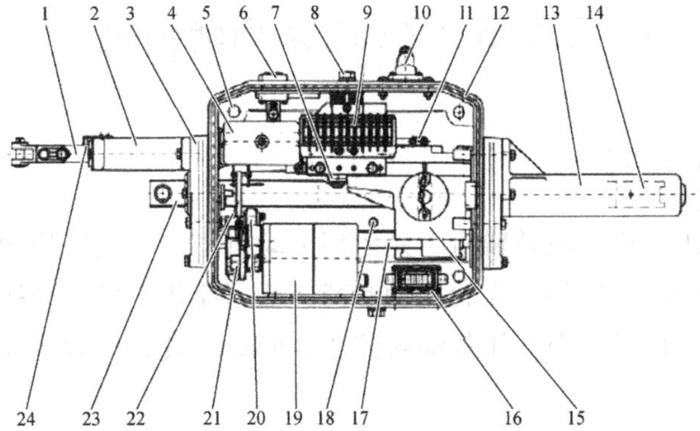

图 3.22　S700 K-C 系列电动转辙机结构

1—检测杆；2—导向套筒；3—导向法兰；4—遮断开关；5—底脚孔；6—开关锁；7—锁闭块；8—接地螺栓；9—速动开关组；10—电缆密封装置；11—指示标；12—底壳；13—动作杆罩筒；14—止挡片；15—保持器；16—插座；17—滚珠丝杠；18—排水塞；19—电机；20—摩擦联结器；21—摇把齿轮；22—连杆；23—动作杆；24—标尺

四、S700 K-C 系列电动转辙机的工作原理

电机的驱动力通过电机齿轮、中间齿轮和摩擦联结器上的大齿轮传递到滚珠丝杠驱动装置上，该装置通过限制丝母的旋转将电动机的旋转运动转换为直线运动。转辙机转换力可通过调整摩擦联结器来限定。操纵板在丝母的作用下，推动锁闭块克服弹簧的弹力回退，从而使表示接点转换，切断表示电路；锁闭块进一步回退，实现转辙机的解锁。丝母继续通过推动保持联结器带动动作杆运动，实现转辙机的转换。当动作杆运动至另一终端位置时，另一侧的锁闭块在弹簧的作用下探出，将保持联结器锁闭，并使得另一侧的接点转换，切断电动机电源并接通新的表示电路，完成转辙机的锁闭。S700 K-C 系列电动转辙机的工作原理如图 3.23 所示。

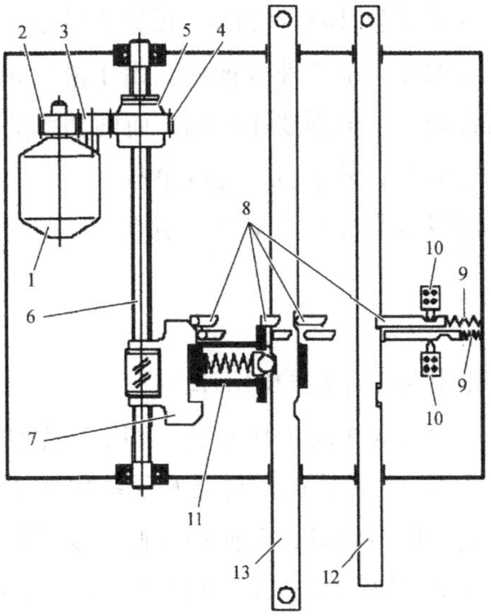

图 3.23　S700 K-C 系列电动转辙机的工作原理

1—电机；2—电机齿轮；3—中间齿轮；4—大齿轮；5—摩擦联结器；6—滚珠丝杠驱动装置；7—操纵板；8—锁闭块；9—弹簧；10—接点组；11—保持器；12—检测杆；13—动作杆

第五节　ZYJ7 系列转辙机

一、电液转辙机概述

电动液压转辙机（简称电液转辙机）是采用电动机驱动、液压传动方式来转换道岔的一种转辙装置。液压式转辙机取消了齿轮传动和减速器，简化了机械结构，将机械磨损减至最低程度，减少了维修工作量。但液压传动对液压介质要求较高，对元件要求也高，传动效率较低。

（一）液压传动原理

液压传动是以液体为工作介质来传送能量的。油压传动是液压传动的一种，是利用油液的压力来传递能量的。液压传动借助处于密闭容器内的液体压力来传递能量和动力。液体虽然没有立体的几何形状，却有几乎不变的容积，当它被容纳于密闭的系统之中时，就可以将压力由一处传递到另一处。高压液体在管道、油缸中流动时可传递机械能。

液压传动的优点有：

（1）易于获得很大的力或力矩，并且易于控制。使用油泵容易获得较高的压力（7～35 MPa），油缸的有效承压面积较大，可获得很大的力或力矩，这是其他传动方式难以做到的。

（2）易于实现直线的往复运动，直接推动工作机构，适合牵引道岔尖轨移位。

（3）易于调整调速比。如用节流阀调速时，流量变速若由 0.02 L/min 变为 100 L/min，调速比达 5 000，这是其他传动方式无法比拟的。输出功率大，体积小。油泵的外形尺寸仅为同功率电机的 12%～13%，质量仅为 10%～20%，操纵力较小，传动平稳、均匀，在往复和旋转运动中，可以经常快速而无冲击地变速和换向。由于液压机构质量轻，惯性小，可获得高速反应。中等功率的电机启动，一般需要 1～2 s，而同功率的液压机不超过 0.1 s。

（4）易于获得各种复杂的动作。易于防止过载事故。

（5）易于布局及操纵，根据需要可增设多个牵引点。

液压传动的缺点有：

（1）容易出现泄漏。

（2）油的黏度随温度变化引起工作结构的不稳定。

（3）空气渗入液压系统后会引起系统工作不良，如发生振动、窜动、爬行、噪声等都是由于空气渗入液压系统而造成的。尤其是在密封或液压系统设计不合理时，空气很容易渗入。对元件精度要求高，不易加工，价格较贵，对使用维修的要求较高。

（4）液压油易受污染，从而加剧元件的磨损和堵塞，使整机性能下降，寿命缩短甚至损坏。

（二）ZYJ7 型电液转辙机构成

ZYJ7 型电液转辙机由主机和 SH6 型转换锁闭器（副机）两部分组成，分别用于第一牵引点和第二牵引点。也可以在第一牵引点和第二牵引点均采用一台主机，而不用副机。

1. 电动液压转辙机主机结构

ZY（J）7 型电动液压转辙机主要由动力机构、转换和锁闭机构、锁闭表示机构等组成，主机结构如图 3.24 所示。

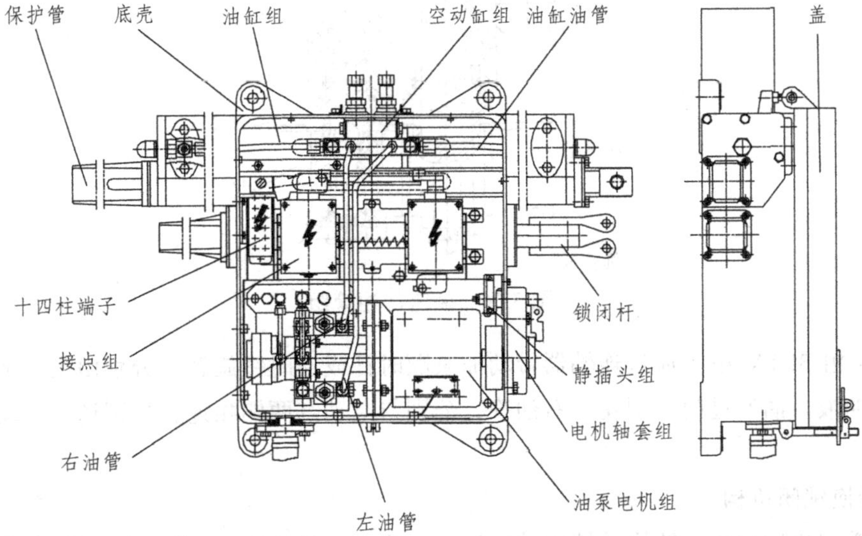

图 3.24　主机结构

1）动力机构

动力机构即电机油泵组（见图 3.25），作用是将电能变为液压能，主要由油箱盖组、左右溢流板组、连轴器、油泵支架、电机、惯性轮组、安装底板、油箱磁钢组、油泵、油泵回油管（润滑油）组、溢流回油管组（见图 3.26）等组成。

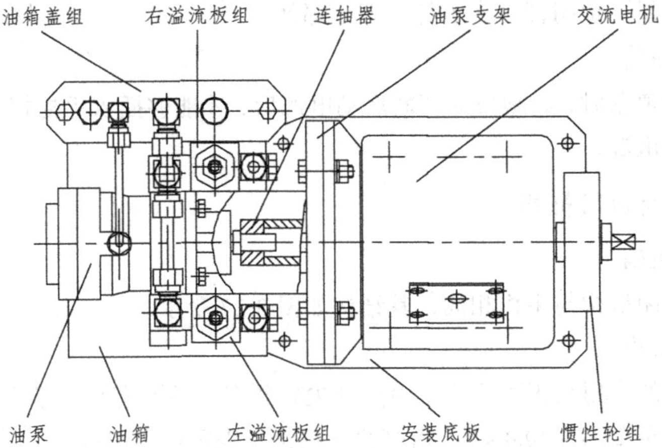

图 3.25　电机油泵组

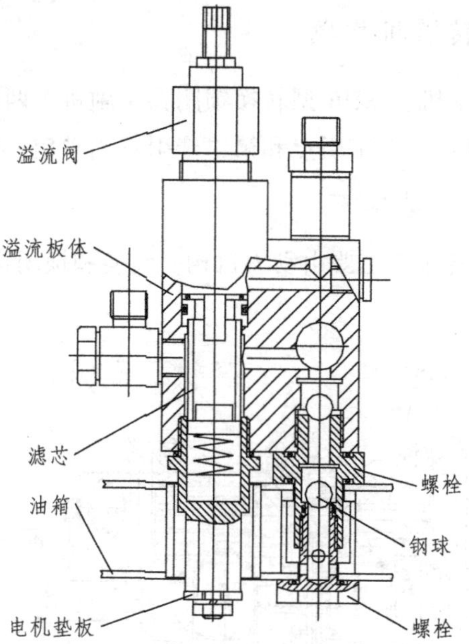

图 3.26　溢流回油管组

AC 三相 380 V 电机通过连轴器带动油泵顺时针或逆时针旋转，分别由上、下两侧高压油口输出油液。油通过门字型左、右油管，分别与空动缸两侧相连，分别送给空动缸、主副机油缸。

2）转换锁闭机构

转换锁闭机构作用是转换并锁闭动作杆于定位或反位位置。动作杆锁闭后能承受 100 kN 的轴向锁闭力，它主要由油缸、动作杆组、锁闭铁等零件组成。

液压油带动油缸向左或向右动作，带动动作杆左右移动。油缸上推板将动作杆锁在定或反位位置。

3）表示锁闭机构

表示锁闭机构的正确反应尖轨位置。锁闭杆锁闭后，能承受 30 kN 以上的轴向力。

主要包括接点组、锁闭杆（表示杆）等零部件。

4）手动安全机构

手摇电机扳动道岔时，必须可靠切断启动电源后，才能够插入手摇把。且非经人工恢复，不能接通电机启动电源。

2. SH6 型转换锁闭机构

1）转换锁闭机构

SH6 型转换锁闭机构与主机相同，其结构如图 3.27 所示。

2）挤脱表示机构

挤脱表示机构的作用是正确反应牵引点处尖轨状态，并且有挤岔端表示功能，出厂时动作杆轴向挤脱力调至 27.4 ~ 30.4 kN。由挤脱接点组、表示杆等组成。

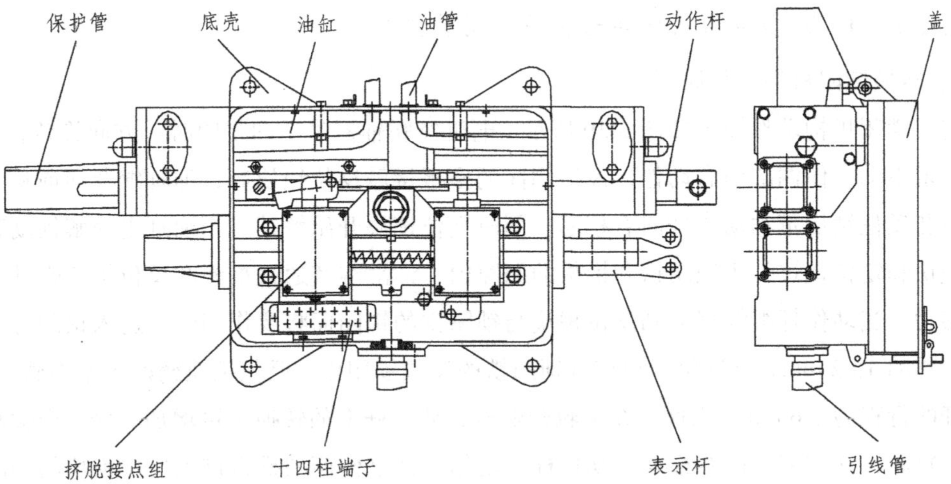

图 3.27　副机结构

3. 油路系统工作原理

油路系统为闭式系统，当电机带油泵逆时针旋转时，油泵从油缸右侧腔吸入油，泵出的油使油缸左腔体积膨胀，油缸（主、副）向左侧移动。当油缸到位停止动作时，接点系统断开启动电源，接通新的表示电路。当因故不能到位时，泵从油箱经右边单向阀吸入油，泵出的油经左侧的滤油器和溢流阀回到油箱。

反之，电机顺时针旋转时，动作情况与上述相反。为改善交流电机的启动特性，油缸并联了启动缸。另外，主机、副机进出油缸之处加装了流量调节阀，用于调节主机和副机在转换道岔时实现近似同步动作。油路系统构成如图 3.28 所示。

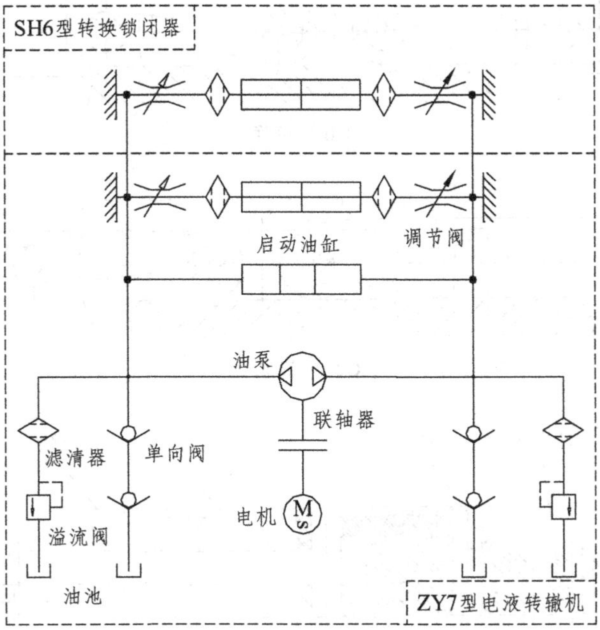

图 3.28　油路系统

4. ZY（J）7 型电动液压转辙机机械动作原理

1）转换锁闭机构动作原理

转换锁闭机构动作原理如图 3.39 所示。电机经联轴器带动油泵顺时针方向旋转，由于活塞杆固定不动，使油缸向右动作，油缸侧面的推板接触反位锁块后，油缸继续向前移动时通过推板和反位锁块带动动作杆向右移动，同时定位锁块开始解锁。当油缸走完解锁动程后，反位锁块和定位锁块处于锁闭铁和推板的间隙内，油缸继续通过推板和反位锁块带动动作杆向右移动，当动作杆继续移动到反位锁块与锁闭铁的锁闭面将要作用时，进入锁闭过程，继续向右移动 15.2 mm，将反位锁块推入锁闭铁的反位锁闭面，反位尖轨密贴于基本轨，此时，动作杆的行程为 7.6 mm。因此，在尖轨密贴时，动作杆上的转换力可增加一倍，当尖轨密贴于基本轨后，油缸继续向右移动，动作杆不动作，油缸侧面的推板进入反位锁块的锁闭面，进入锁闭状态。

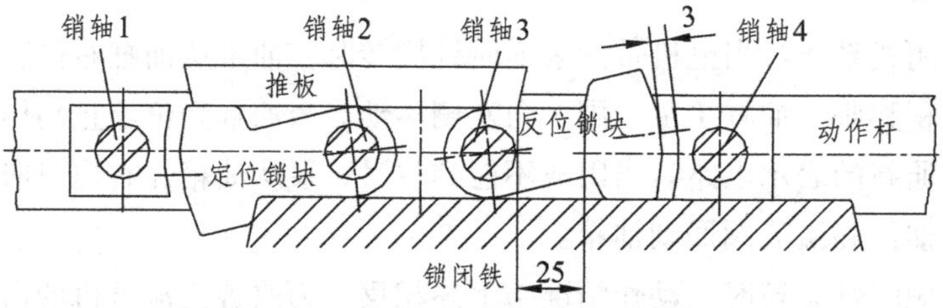

（a）定位锁闭

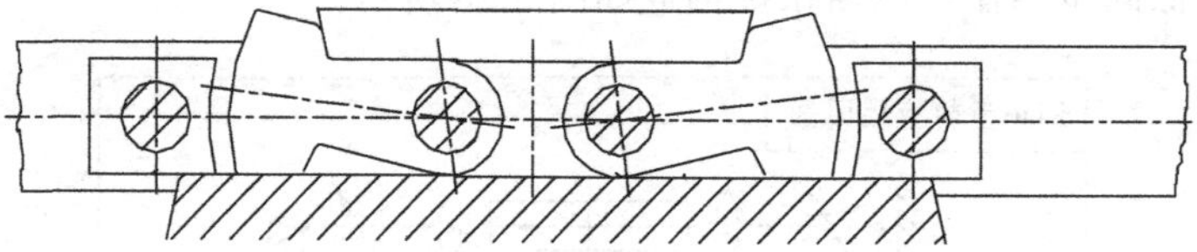

（b）转换

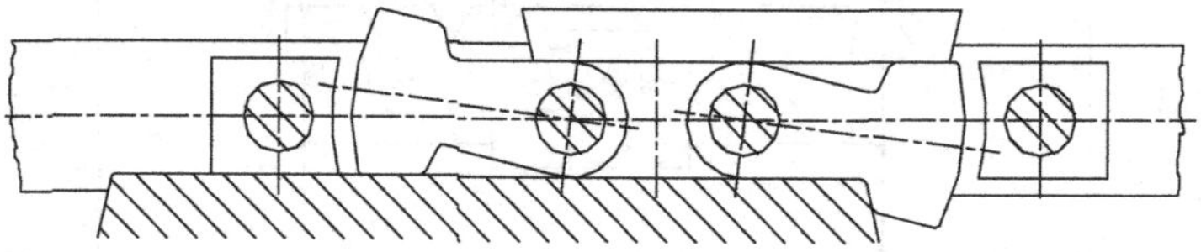

（c）反位锁闭

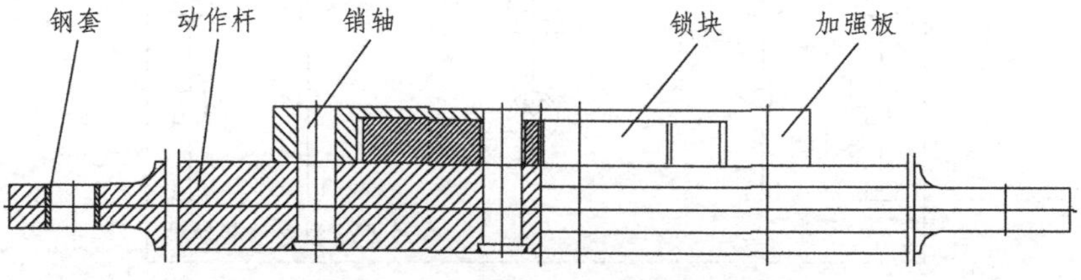

图 3.29　转换锁闭机构动作原理图

2）表示锁闭机构动作原理

表示锁闭机构动作原理如图 3.30 所示。当油缸向右移动，动作板的斜面推动接点组转换，断开原表示接点。当尖轨密贴于基本轨后，油缸继续向前移动接近锁闭时，接点组的启动片在接点组拉簧的动作下快速掉入动作板上速动片圆弧内，快速切断电源，接通反位表示，同时锁闭柱插入锁闭杆缺口内，锁闭尖轨。

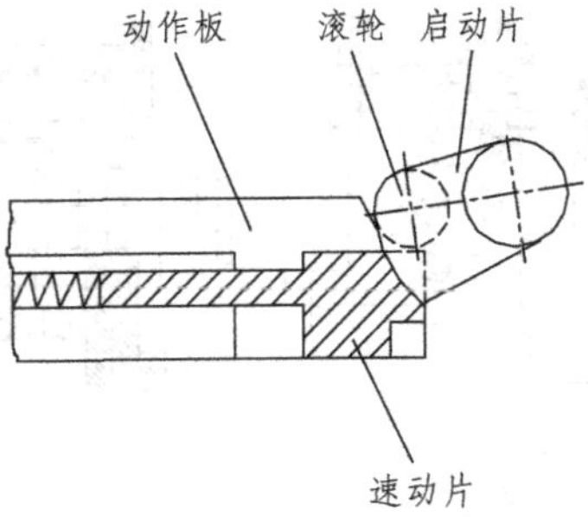

（a）定位表示

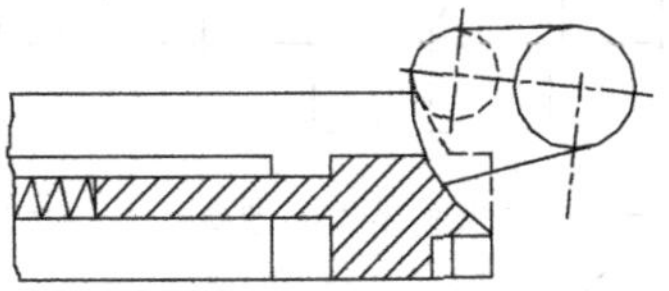

（b）接点转换中

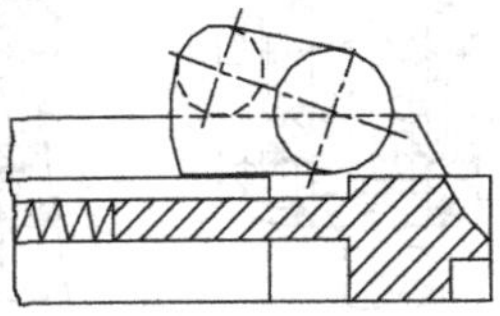

（c）接点在动作位

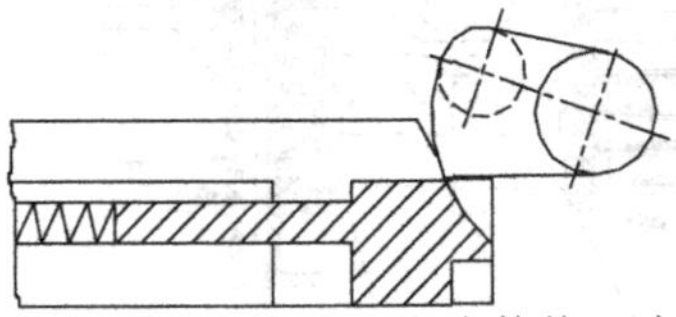

（d）接点即将由动作位快速转换至表示位

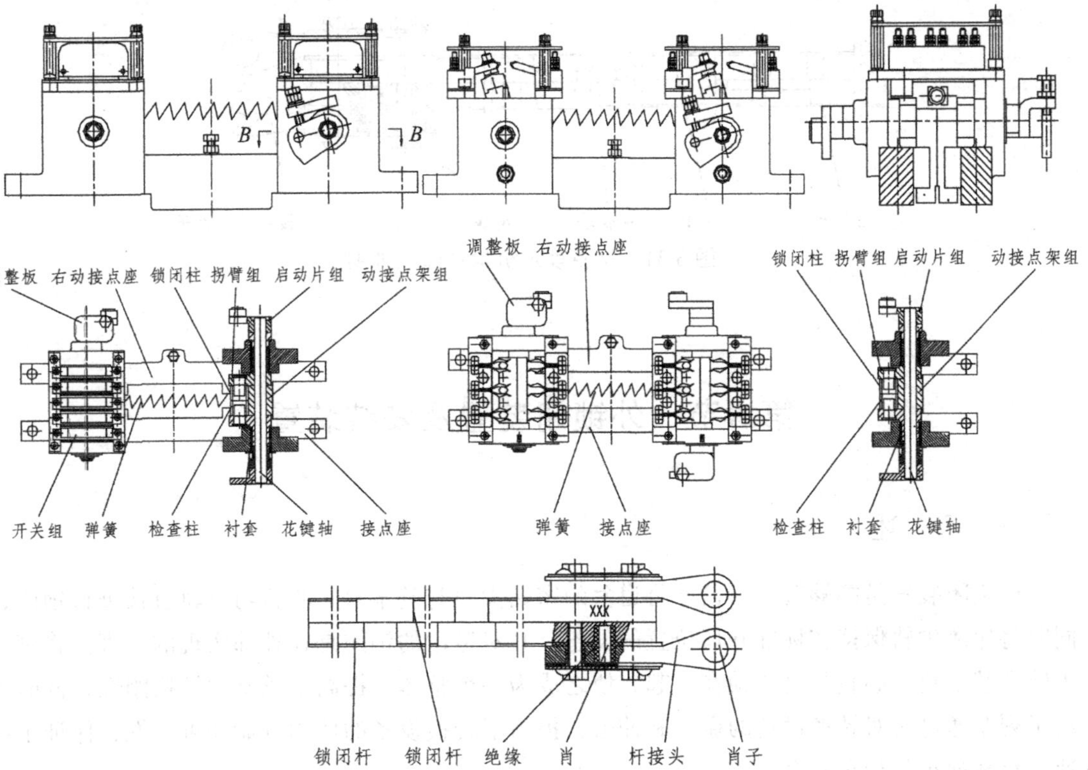

图 3.30　表示锁闭机构动作原理图

3）挤脱表示机构动作原理

挤脱表示机构动作原理如图 3.31 所示。挤脱表示机构的表示部分的工作原理与锁闭表示机构的表示部分的工作原理相同。当电液转辙机处于锁闭位时，若油缸不动，尖轨带动动作杆和表示杆向左移动时，动作杆通过锁块推动锁闭铁一起向左移动，锁闭铁顶起挤脱块，同时表示杆斜面推动检查柱向上移动，从而断开表示接点，实现挤脱断表示功能。

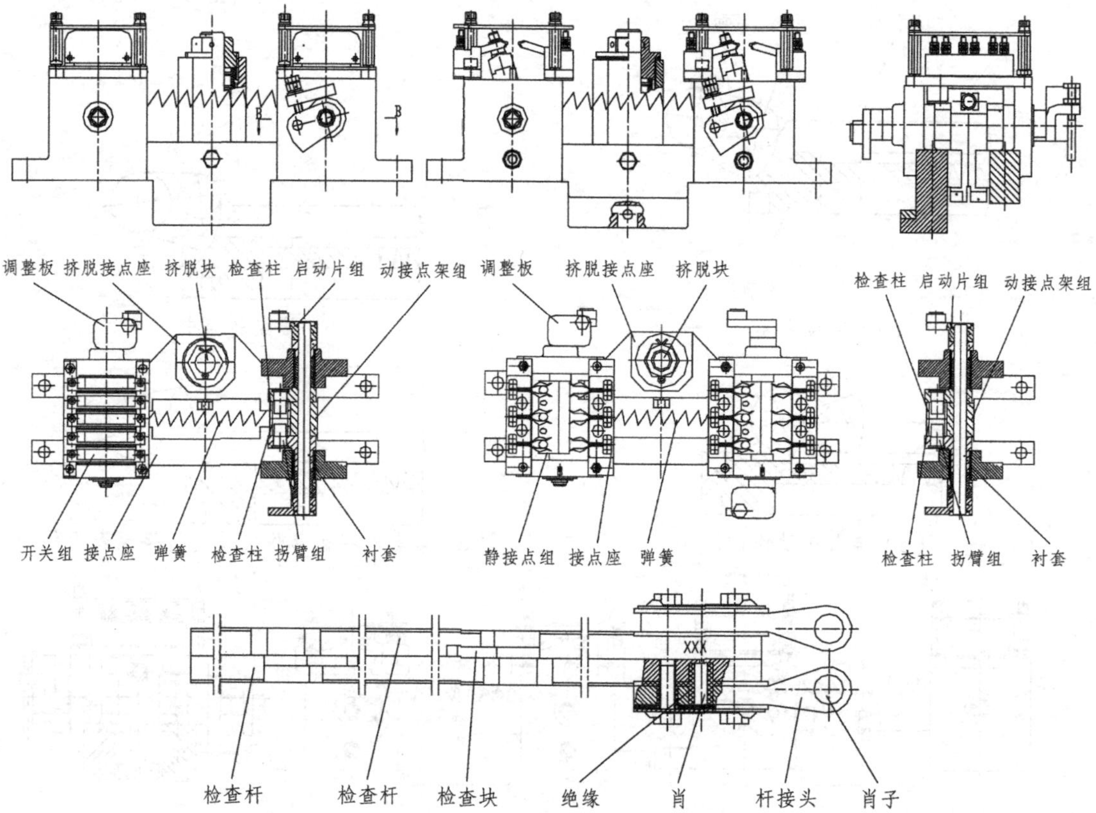

图 3.31　挤脱表示机构动作原理图

第六节　外锁闭装置及安装装置

一、概　述

外锁闭装置是能够转换道岔并将道岔的密贴尖轨与基本轨、心轨与翼轨直接进行锁闭，同时将斥离尖轨保持在标准开口位置的设备。其对道岔的锁闭是在外部实现的，直接将密贴尖轨和基本轨、心轨与翼轨锁在一起，使之成为一个整体，提高了道岔的结构刚性，同时隔离了列车通过时对转换设备的振动和冲击，提高了转换设备的使用寿命和可靠性，保证了高速、重载列车的行车安全。

安装装置将电转机与外锁闭装置连接起来，辅助道岔实现转换、锁闭，并表示尖轨和心轨的正确位置。转辙机的安装形式分为基础角钢（多用于木枕道岔、地铁线路）和转辙机托板（多用于提速道岔、客运专线）。

二、外锁闭装置及安装装置构成

（一）外锁闭装置的构成

各牵引点外锁闭装置由锁闭杆组件、锁钩组件、锁闭框组件、尖轨连接铁组件 4 部分组成，如图 3.32 所示。

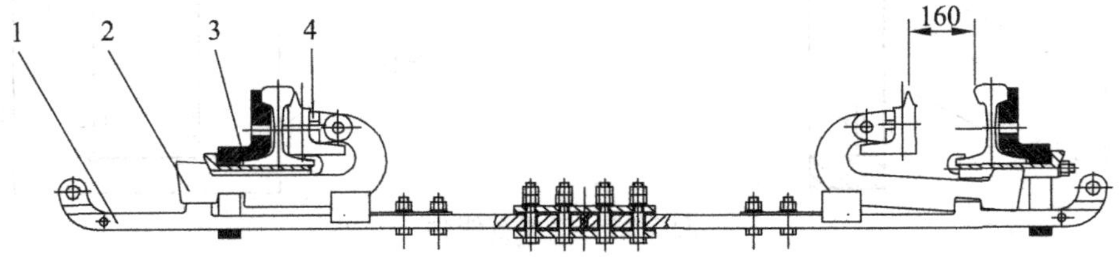

图 3.32　外锁闭装置的构成

1—锁闭杆组件；2—锁钩组件；3—锁闭框组件；4—尖轨连接铁组件

1. 锁闭杆组件

锁闭杆通过安装装置与转辙机动作杆相连，利用锁闭杆凸台和锁钩凹槽作用，带动两侧尖轨到达要求的位置，如图 3.33 所示。

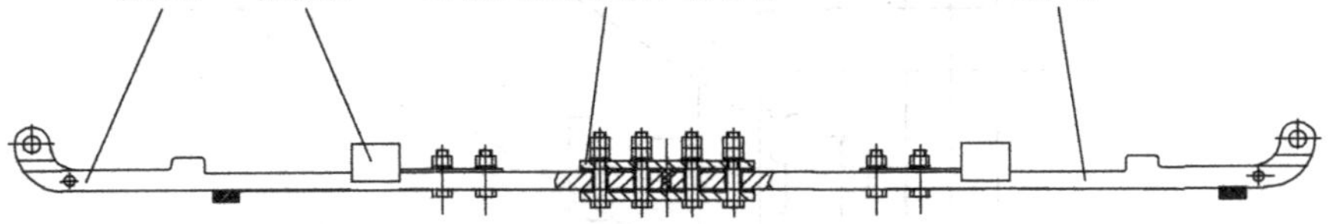

图 3.33　锁闭杆组件

2. 锁钩组件

锁钩组件如图 3.34 所示。

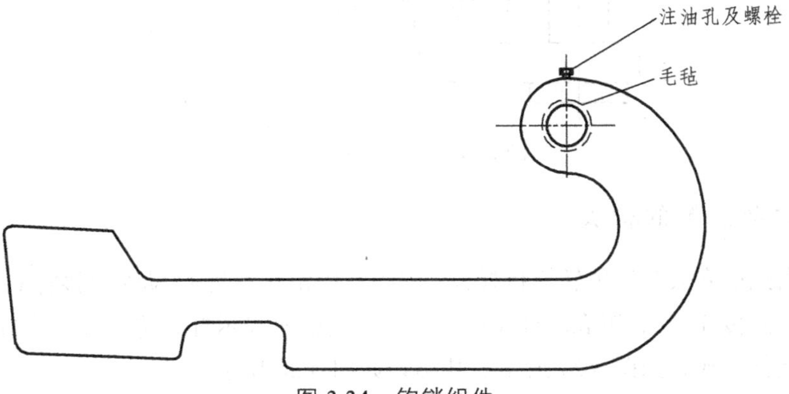

图 3.34　钩锁组件

3. 锁闭框组件

锁闭框组件如图 3.35 所示。

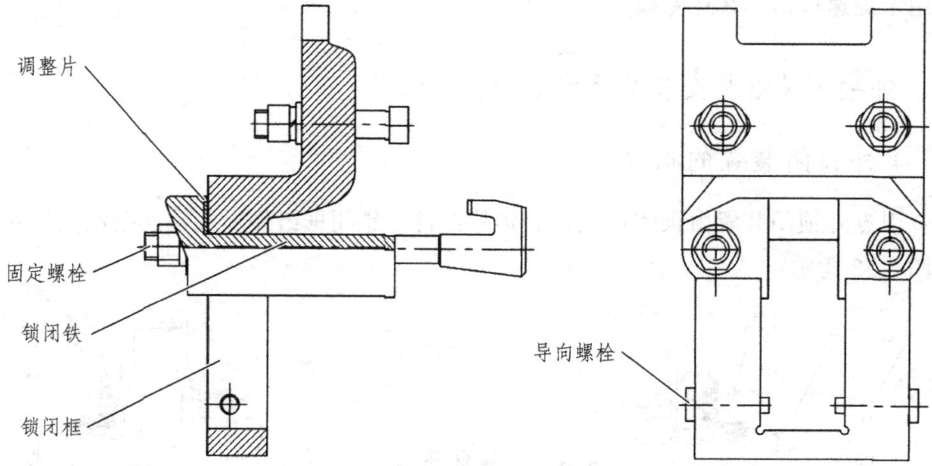

图 3.35 锁闭框组件

4. 尖轨连接铁组件

尖轨连接铁组件如图 3.36 所示。

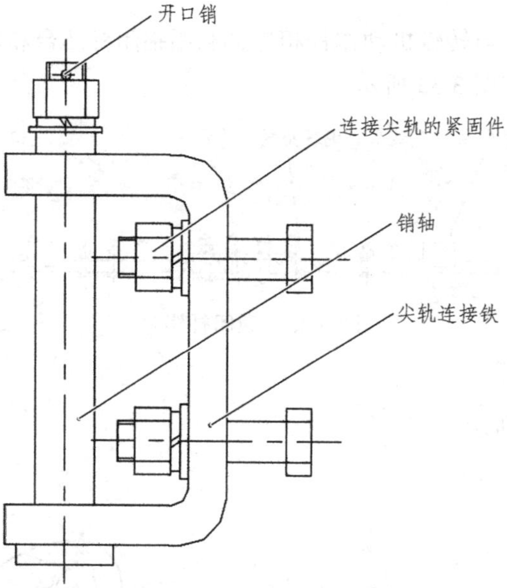

图 3.36 尖轨连接铁组件

（二）安装装置的构成

每个牵引点的安装装置由转辙机托板（支撑和固定转辙机）、动作连接杆（连接转辙机动作杆和锁闭杆并传递力）、短表示杆（连接尖轨和转辙机表示杆，传递尖轨位置）、长表示杆以及紧固连接件组成，如图 3.37 所示。其实物如图 3.38 所示。

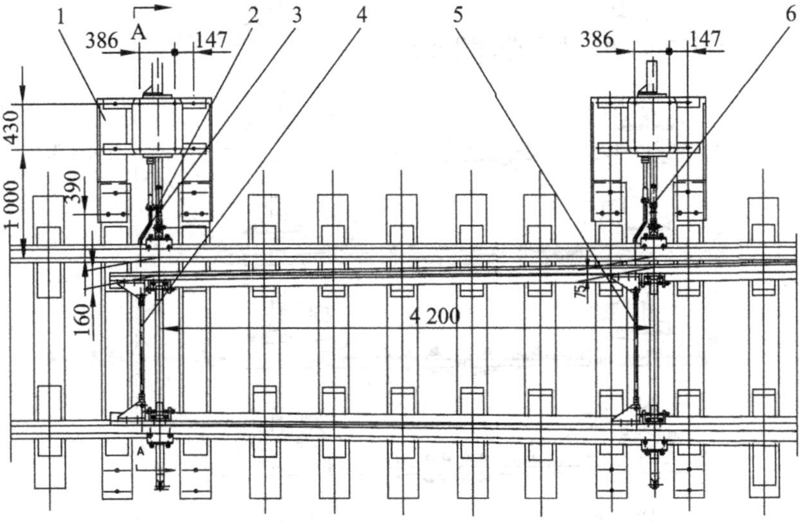

图 3.37　安装装置俯视图

1—转辙机托板（支撑和固定转辙机）；2—动作连接杆（连接转辙机动作杆和锁闭杆并传递力）；3—短表示杆（连接尖轨和转辙机表示杆，传递尖轨位置）；4—长表示杆以及紧固连接件

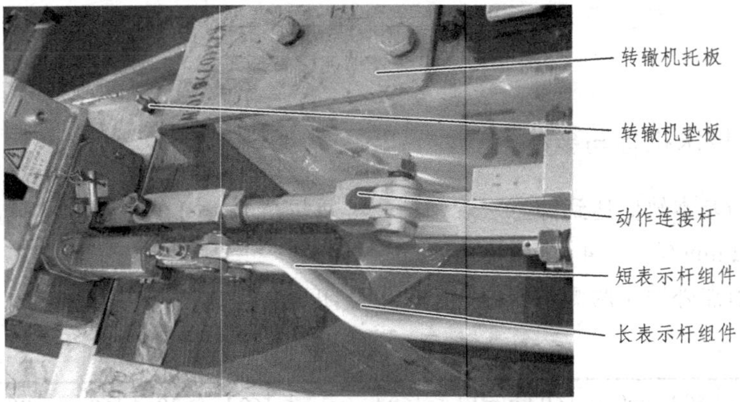

图 3.37　安装装置实物图

三、钩型外锁闭装置动作原理

钩型外锁闭装置动作原理如图 3.39 所示。锁闭杆向斥离轨方向运动，带动锁钩并通过尖轨连接铁使斥离尖轨向密贴方向运动，当密贴尖轨侧锁闭杆凸台运动滑入锁钩缺口时，锁钩落下，密贴尖轨解锁。两侧尖轨均处于解锁状态并同时向原斥离轨方向运动，原斥离尖轨与基本轨密贴，锁钩头部向上抬起，锁闭杆凸台从锁钩缺口中滑出来，原斥离尖轨开始锁闭，原密贴尖轨继续运动至标准开口位置后停止，密贴尖轨变为斥离轨。锁闭杆继续运动，原斥离尖轨侧锁闭杆凸台在锁钩下面移动到标准的锁闭位置。外锁闭完成了一个解锁、转换、锁闭过程。

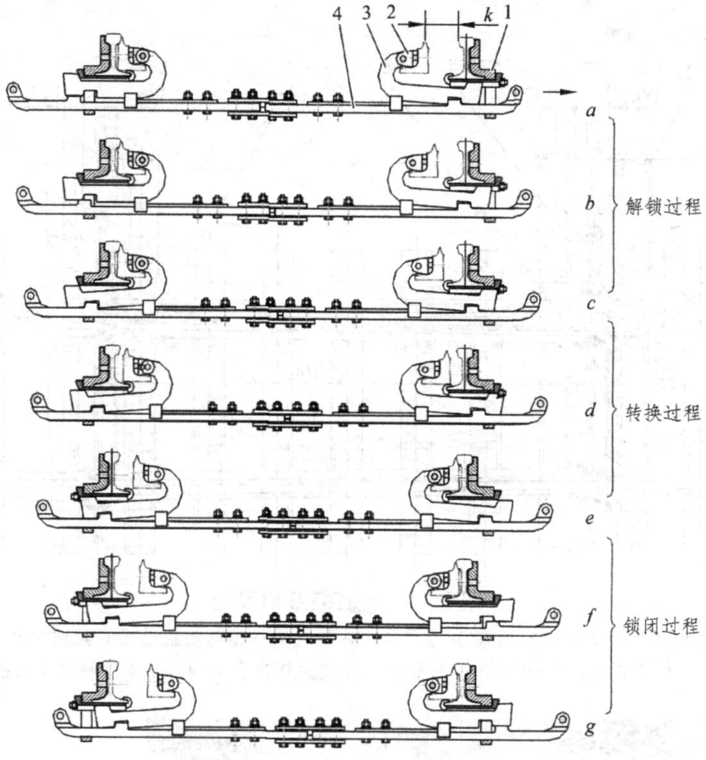

图 3.39 钩型外锁闭装置原理图

四、主要技术指标与要求

（1）尖轨与基本轨应达到静态宏观密贴，尖轨与基本轨间在外锁闭处不应有密贴力，并保证各牵引点 2 mm 锁闭，4 mm 不锁闭。

（2）各牵引点外锁闭两侧（定位、反位）锁闭量应符合表 3.4 的规定。

表 3.4 锁闭量表

位置		60 kg/m9 号	60 kg/m12 号	60 kg/m18 号	60 kg/m30 号	60 kg/m38 号	60 kg/m42 号
		锁闭量/mm	锁闭量/mm	锁闭量/mm	锁闭量/mm	锁闭量/mm	锁闭量/mm
尖轨	第 1 牵引点	≥35	≥35	≥35	≥35	≥35	≥35
	第 2 牵引点	≥20	≥20	≥20	≥35	≥35	≥35
	第 3 牵引点			≥20	≥35	≥35	≥35
	第 4 牵引点				≥35	≥35	≥35
	第 5 牵引点				≥20	≥20	≥20
	第 6 牵引点				≥20	≥20	≥20
心轨	第 1 牵引点			≥35	≥35	≥35	≥35
	第 2 牵引点			≥20	≥20	≥20	≥20
	第 3 牵引点				≥20	≥20	≥20

（3）各牵引点尖轨开程、转辙机动程应符合设计要求。道岔开程测量点在锁闭杆中心处。

（4）在尖轨各牵引点间任意一点上，尖轨与基本轨之间插入 5 mm 厚、20 mm 宽的铁板，不得接通转辙机内的表示接点。

【案例一】

一、案例经过

1. 信息获得

维修部接太平湖车辆段信号楼行车值班员电话，告知 20＃道岔红闪，15 s 后挤岔报警，入库进路排不出来，已经改排其他进路入库。

2. 先期故障预判及准备内容

电动转辙机控制电路如图 3.40 所示。检修人员根据值班员反映的情况，先期预判断有下列 4 种情况：

（1）根据故障现象首先确定是 20＃道岔反位故障。

（2）根据 20＃道岔反位无表示，15 s 后有挤岔报警的现象判断，联锁机驱动正常，15 s 后不重新点亮原定位表示，证明 1DQJ↑、2DQJ 转极，可能是道岔启动电路故障或表示电路故障。

（3）如果向反位单扳 20＃道岔，HMI 上的电流表指针指示正常（室内微机监测动作电流曲线正常），就可以判断是表示电路故障。

（4）如果向反位单扳 20＃道岔，HMI 上的电流表指针不动，就可以判断是启动电路故障。

准备内容：图纸、工具、钥匙、MF-14 型万用表一块等。

3. 故障现象确认及初步诊断

太平湖维修部人员去行车值班室进行单扳试验，先从故障状态扳回定位，随即给出定位表示，说明室外道岔尖轨一直在定位。继电器的动作过程是：联锁机驱动→SJ↑、DCJ↑→1DQJ↑→2DQJ 转极→1DQJ↓（缓放落下）→DBJ↑给出定位表示，再由定位向反位单扳，定位表示灯灭，道岔位置灯红闪，电流表指针不动，15 s 后给出挤岔报警，由此现象可进一步确定为反位启动电路故障。

4. 故障实际查找过程及确认

经过对故障现象确认及初步判断可以确定是 20＃道岔反位启动电路故障。

一人留行车值班室准备向反位单扳道岔，另一人去机房在分线柜端子 X2、X4 上测量启动电压，当扳动道岔时测量不到 DZ/DF220，说明故障在室内。

5. 故障排除方法及结果

将 20＃道岔放在故障状态下，选择万用表直流 250 V 电压挡，正表笔接 BHJF11，负表笔接 BHJF22 测量电压为 0。正常情况下 DZ220 与 BHJF11 接通，DF220 与 BHJF22 接通，如图 3.40 所示：DZ220→RD3→1DQJ1-2 线圈→BHJF11、DF220→RD2→2DQJ123-121→BHJF22。正表笔不动，往回测量找到 DF220，将负表笔接 2DQJ121 电压为 0，再将负表笔接 2DQJ123 上有电压，说明 2DQJ121-123 接点不通。更换 2DQJ 继电器，重新单扳试验定反位，都能正常转换并给出表示，故障消失。

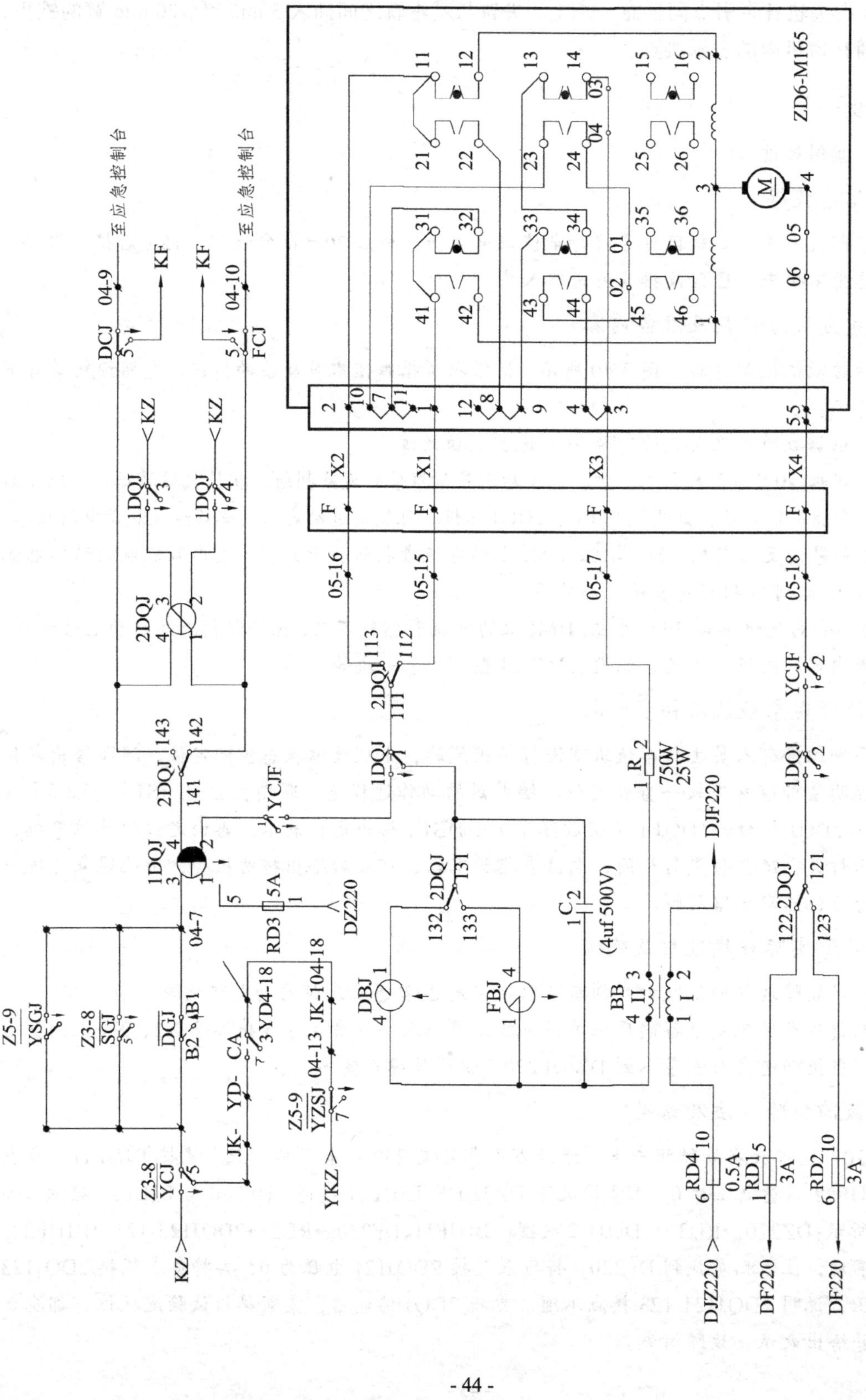

图 3.40 电动转辙机控制电路图

二、案例解析

1. 故障产生的直接原因与逻辑分析

（1）故障产生的直接原因是 2DQJ121-123 接点不通，观察该接点有烧黑和表面不平整的现象。

（2）接点烧黑和表面不平整产生的原因是该道岔启动瞬间电流较大，启动接点存在电气、机械性能缺点，所以在接点动作的瞬间产生较大火花，而且 20＃道岔使用比较频繁，所以加快了接点的老化进程，直至接点不通造成故障。

2. 故障直接原因产生因素分析

2DQJ 继电器型号是 JYJXC-135/220（有极加强接点），其中第一组和第二组接点用于道岔启动电路中，由于道岔启动电源是直流电 DZ/DF220，在接点转换时很容易产生电火花，这也是直流电路中克服不了的缺点。如果启动接点又存在电气、机械性能缺点，那么在长期（更换周期内）的频繁使用中，很容易发生接点烧黑、电阻加大的现象，造成启动电路故障。

3. 案例处理优化分析

1）本案例检修人员在前期处理过程中的不妥之处

当判断出是室内启动电路故障后，可以先到组合架查看 20＃道岔组合内每个器件的状态，检查电源空开是否落下，继电器插接是否牢固，1DQJ、2DQJ、BHJF 继电器接点是否有变黑老化的现象，如果发现问题应及时更换，观察故障是否消失，这样能在很大程度上缩短故障处理的时间。如果故障仍未修复，再采取逐点测量的方法排除故障。

2）故障处理优化解决方案

单扳道岔电流表指针不动，说明是启动电路故障。

在分线柜 X2、X4 端子测出室外启动回路正常，说明是室内启动电路故障。

查看道岔组合内各个器件，发现 2DQJ 继电器接点有变黑现象，进行更换处理，故障消失。

4. 专家提示

判断室内外启动电路故障时，可以直接在分线柜端子 X2、X4 上测量室外反位启动回路上的电阻，如果电阻无穷大，说明是室外开路故障。如果有电阻（电机定转子电阻+电缆电阻），说明是室内故障。采用这种方法，可以缩短故障判断的时间。

对于联锁机驱动的道岔控制电路来说，联锁机在规定时间内采集不到相应的表示继电器励磁吸起条件，就会持续驱动 SJ、DCJ 或 FCJ，直到超过规定时间（15 s），才会停止驱动。

当 1DQJ 励磁吸起后，2DQJ 如果因故障不能转极，1DQJ 也会保持励磁吸起 15 s，15 s 后 1DQJ 经缓放落下，才会重新点亮原表示灯。此点不同于 6502 道岔控制电路。

5. 预防措施

此次故障发生在太平湖车辆段，如果是发生在正线上，它的影响是可想而知的。所以在今后的日常维修中要经常查看1DQJ、2DQJ、BHJF启动电路接点有无变黑、异常等问题，如果有明显变黑迹象，说明电气性能已经下降应及时更换，不要等设备发生故障后再去抢修，确保道岔畅通无阻。

【案例二】

一、案例经过

1. 信息获得

维修部接用户申告：T2站21#道岔无法操纵到反位，挤岔报警。

2. 先期故障预判断及准备内容

可以预先判断故障的成因为以下几种：

（1）主备电源停电，电池供电（机场线UPS为220 V）。

（2）智能电源屏D2模块故障。

（3）联锁机驱动板故障，造成SJ或D/FCJ无法励磁。

（4）多机牵引道岔中个别转辙机无法转换或转换不到位。

（5）多机牵引道岔中个别转辙机表示电路故障。

（6）道岔主组合反位表示继电器FBJ励磁电路故障。

准备内容：个人工具、数字万用表及配件等。

3. 故障现象确认及初步诊断

进行道岔操作试验，观察道岔组合中继电器动作情况和断相保护器工作状态及JDF道岔表示灯显示。同时查看系统维护诊断台SDM记录的道岔启动电流曲线。故障现象为21J1、21J2转换正常，21X1电动转辙机启动后13 s停止工作，JDF道岔表示灯红灯点亮。系统维护诊断台SDM记录的道岔启动电流曲线显示21X1电动转辙机无法实现锁闭，动作电流持续13 s后回零。

因此，预先判断故障的成因中只有多机牵引道岔中个别转辙机无法转换不到位是故障的原因。

4. 故障实际查找过程及确认

接T2报21#道岔挤岔报警，信号人员赶至现场后发现，21#道岔心轨定位往反位搬动过程中搬到一半时卡阻，13 s后转辙机电路保护报警，切断启动电路。反复搬动试验，发现是室外外锁闭装置（见图3.41）反位锁闭铁不能顶到位置，最初怀疑是锁闭力大，将反位密贴片分部撤出1 mm和2 mm后不能顺利转换。后将连接体全部拆下，还是不能转换到位。后发现尖轨爬行，动作杆外杆动作不顺畅，将锁闭框卸松，左右来回找位置，道岔依旧不能正常转换。此时，行调要求给出单边位置，遂给出反位表示，行车加钩锁器后，正常跑车。后经专家再次下现场查看故障现场，决定减一片1 mm的密贴片临时恢复，缓解了转换不到位现象，随即向行调销点。安排维护人员在道岔旁现场保障，遇有转换不到位现象，人为进行拨动。17：00 后道岔转换良好，至末班车时一直未发生转换不到位现象。8：50 至 17：00 间共发生过 19 次心轨转换不到位现象。

5. 故障排除方法及结果

当夜信号维修人员及线路公司人员对发生故障的心轨道岔进行全面的检查和测试，信号维修人员在厂家的指导下对外锁闭装置进行拆装和调整，并在滑床板加注机油。线路公司人员对顶铁与尖轨底部有磨卡的部位，在滑床板加注大量机油，道岔转换阻力明显下降，基本保证了道岔的正常转换。

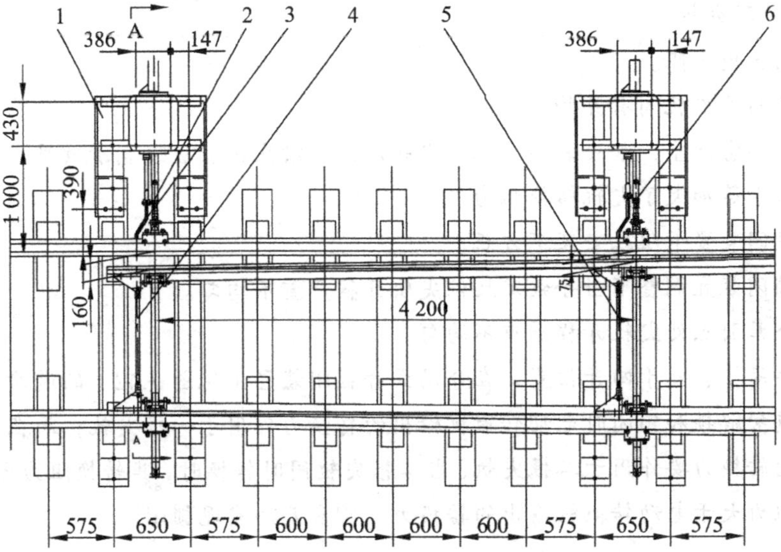

图 3.41　转辙机室外锁闭安装图

1—基础托板；2—动作连接杆组件；3—表示杆组件；4—检测杆；
5—尖 2 检测杆；6—尖 2 表示杆组件

二、案例解析

1. 故障产生的直接原因

从当晚测试数据和整治情况看，测试心轨道岔转换力伸出 1 280 N、拉入 2 720 N，查看道岔性能发现滑床板吊板比较严重，顶铁与尖轨底部有磨卡的痕迹，道岔安装严重不方正。在滑床板加注大量机油后测试道岔转换力有了显著下降，道岔转换力伸出 640 N、800 N、拉入 2 080 N，由此看出滑床板的性能对道岔转换力的影响是非常大的。

2. 故障直接原因产生因素分析

道岔转换不到位有两方面的原因：电气故障和机械故障。

1）电气故障分析

通过多次搬动试验，基本排除了电气回路开路的可能性。

（1）如果是断相保护器 DBQ 故障，根据五线制转辙机电机动作电路分析 A 相三相交流电源，检查 DBQ11-21 和 1DQJ12-11 是否接通电动机 6-1 绕组。B、C 相三相交流电源检查分别检查 DBQ31-41、1DQJF12-11、2DQJ111-113 和 DBQ51-61、1DQJF22-21、2DQJ121-123 与绕组 8-1 和 7-1 的接通情况：当 1DQJ 吸起，只接通 6-1 绕组，电动机不能转动；当 1DQJ 吸起、2DQJ 转极时，电动机由定位向反位转换；当 1DQJ 再次吸起、2DQJ 再次转极时，电动机由反位向定位转换。因此只有当定反位均无法操纵时，断相保护器 DBQ 表示灯闪动时间明显低于 5.5 s 时才应怀疑断相保护器 DBQ 故障。另外，如果是断相保护器 DBQ 表示灯闪动时间明显低于 5.5 s 时，定反位操纵都不能使道岔再次转换，道岔处于四开位置。

（2）如果是回路开路或电动机配线接触不良，抑或是遮断开关 K 和速动开关组接点接触不良，也不能呈现无法操纵到反位这种明显的规律性。

2）机械故障分析

（1）机内出现卡阻。

（2）尖轨与基本轨间有异物。

（3）道岔病害严重，如安装不方正、尖轨反弹、滑床板调板或润滑效果不佳、尖轨顶铁与尖轨底部摩卡等加大了尖轨转换阻力。

（4）外锁闭装置卡阻或安装不方正。

（5）外锁闭装置调整不当导致定反位尖轨开程严重不均匀。

（6）两个牵引点处尖轨开程严重不均匀。

道岔无法转换、处于四开位置，在分动式外锁闭装置（见图 3.42）的道岔比较常见，主要是由于在道岔解锁和锁闭时电动转辙机输出的转换力作用于一根尖轨，而在转换中途电动转辙机输出的转换力要作用于二根尖轨，当二根尖轨同时转换时，其转换阻力无疑是最大的。当尖轨转换阻力大于电动转辙机输出的转换力，道岔无法实现锁闭。

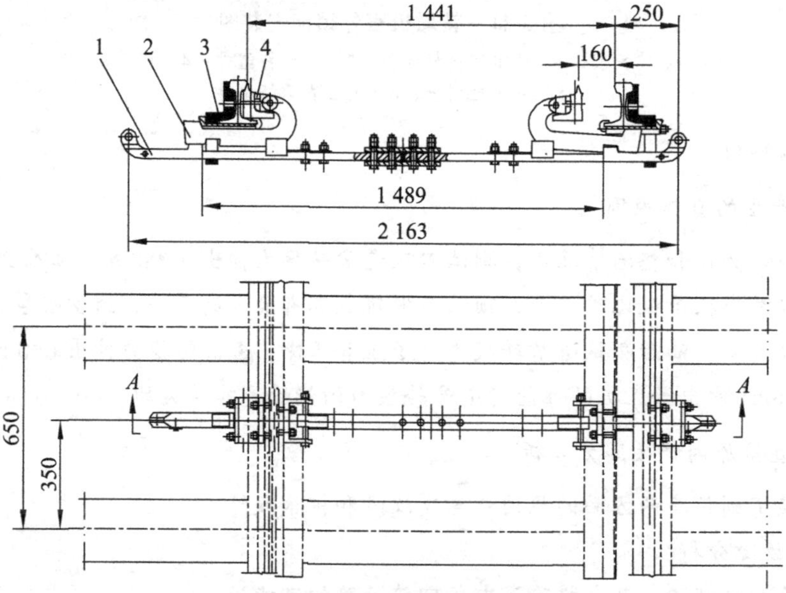

图 3.42　外锁闭装置安装图

1—锁闭杆；2—锁钩；3—锁闭铁；4—调整片

以上分析中提到的安装不方正，使电动转辙机输出的转换力出现了分力，其沿直线作用于尖轨的力要低于电动转辙机输出的转换力。尖轨转换阻力是由多方面因素决定的，除明显的卡阻、尖轨反弹、滑床板调板或润滑效果不佳、尖轨顶铁与尖轨底部摩卡以及外锁闭装置调整不当外，对电动转辙机动程和尖轨开程均设定标准的道岔，会增加尖轨反弹力，也会造成尖轨转换阻力增大，造成尖轨无法正常转换到位。

3. 案例处理优化分析

1）本案例检修人员在前期处理过程中的不妥之处

（1）分析判断此故障可借助系统维护诊断台 SDM 记录的道岔启动电流曲线。

（2）查找故障没有看全故障现象，尖轨停留的位置很重要。道岔在解锁、转换、锁闭三个过程中出现故障，其故障原因有极大的不同。

（3）此类故障应对道岔进行拉力测试。

（4）影响道岔转换阻力的因素是多方面的，同样，降低道岔转换阻力的手段也是多种多样。只拘泥于调整外锁闭装置，不如找一些更易检查、更易操作的部位消除故障，分别降低某个部位的阻力，道岔转换阻力这个合力必然下降。

2）故障处理优化解决方案

（1）通过整治道岔故障减小道岔转换阻力。

（2）通过调整摩擦连接器，增大电动转辙机输出的转换力。

4. 专家提示

1）此类故障正确处理方式方法及关键步骤

（1）通过进行道岔操作试验，观察道岔组合中继电器动作情况和断相保护器工作状态及 JDF 道岔表示灯显示。同时查看系统维护诊断台 SDM 记录的道岔启动电流曲线很容易判断 21X1 不能转换到位。

（2）21X1 电动转辙机启动后 13 s 停止工作，尖轨停留在转换中途是因为道岔转换阻力超过了电动转辙机的输出转换力。

（3）有效地降低道岔转换阻力或人为调整增加电动转辙机的输出转换力均是处理此类故障的方法。

2）其他提示

（1）分析判断故障要由故障现象入手。

（2）可借助观察继电器组合中继电器动作情况、断相保护器工作状态、JDF 道岔表示灯显示、系统维护诊断台 SDM 记录分析判断故障。

5. 预防措施

定期进行拉力测试，出现道岔转换阻力超标时，排查造成道岔转换阻力增大的原因并配合线路部门人员和综控员联合整治。

【案例三】

一、案例经过

1. 信息获得

接行调报延吉中路 14#岔定位失表（ZYJ7 轨枕式电液转辙机），值班人员要求车站操动道岔加以确认，车站不同意，此时行调发布抢修令并通知车站值班员准备下道手摇道岔接发列车。

2. 先期故障预判及处置

故障发生后，延吉中路值班人员入机房查看继电器状态（THALES 信号系统无微机监测）判断故障现象，发现 DBJ 落下；电流表指针动作，说明 1DQJ↑、2DQJ 转极；抢修点申请成功，再次电操后定、反位都有表示，判断为室外偶有机械卡阻故障。要求定位预留大交路运行，正线恢复大交路运行，同时增加保驾人员，申请临修点夜间下线检查。

3. 故障确认及查找

当晚对 14#道岔进行全面检查，发现锁闭杆接头铁与表示杆反位横向连接螺栓有松动迹象，如图 3.43 所示。在由反位向定位方向操动时，碰到转辙机机壳，而造成道岔转换不到位或是卡缺口故障，紧固反位锁闭铁与表示杆连接螺栓并调整好定位缺口，并且反复试验道岔各项指标及参数，均在正常值。

图 3.43　锁闭杆接头铁与表示杆连接螺栓松动

隔天运营结束，对 14#道岔进行回检，发现锁闭杆接头铁与表示杆反位横向连接螺栓又有松动，遂更换了连接螺栓的弹簧垫圈并加以紧固，经反复试验，确认良好后交付车站使用。并安排好人员隔日运营结束后继续观察道岔状态。

第三日运营结束后，对 14#道岔回检，发现同样的问题，锁闭杆接头铁与表示杆反位横向连接螺栓又有松动。遂怀疑道岔状态是否会影响此连接螺栓的状态，联系工务对 14#道岔进行了全面的工电联检，发现14#道岔反位尖轨虽然技术参数都在标准以内，但是存在假密贴现象（即尖轨与基本轨轨面均已经密贴，但是尖轨下部与基本轨有间隙），导致折返列车经过道岔时，轮对作用力于尖轨，使尖轨有一定的跳动，一天折返132次，导致连接螺栓松动。与工务沟通后，将本来在道岔第四块滑床板后的拉杆换装到第三块滑床板后，并且在第五块滑床板处加装一根拉杆，保持框距及尖轨与基本轨的密贴稳定性，如图3.44所示。后经调整密贴及缺口，并反复试验确认道岔状态良好后，交付车站使用。

图3.44　加装拉杆

其后连续三日对14#道岔进行回检，没有发现此连接螺栓松动，状态保持良好。

二、案例解析

1. 故障原因分析

综上分析，14#道岔失表的真正原因就是工务尖轨假密贴，造成锁闭杆接头铁与表示杆反位横向连接螺栓松动，导致道岔由反位操至定位过程中，连接螺栓和转辙机外壳卡阻，影响了定位缺口，造成定位卡缺口。

2. 整改措施

故障后增派保驾力量（轨旁副班组长及以上及专业工程师），运营结束后对14#道岔进行回检；举一反三，对其他道岔联合工务部门进行专项检查，确保尖轨无假密贴现象；加强值守人员维护、故障判断和处置能力培训。

3. 事故点评

本次故障暴露出：现场维护人员道岔维护质量、故障判断和处置能力还需进一步提高，故障处置流程还需进一步优化；特别是工电联检作业没有做实做细，导致了尖轨假密贴现象。

【案例四】

一、案例经过

1. 信息获得

接行调报迪士尼站上行13#道岔（ZYJ7侧式电液转辙机）反位失表，单操未恢复，定位表示正常。

2. 先期故障预判及处置

客运人员下线手摇道岔至反位并加钩锁器，行调安排迪士尼折四线折返。

故障发生后，值班人员入机房查看微机监测判断故障现象，发现FBJ落下，电流表指针动作，说明1DQJ↑、2DQJ转极。

抢修点申请成功，下线检查。经检查发现表示杆缺口调整螺丝松动导致表示杆卡缺口，如图3.45所示，紧固螺丝并调整缺口后表示恢复。

图3.45 表示杆缺口调整螺丝

3. 故障确认及查找

当晚对13#道岔进行全面检查，单操定、反位表示正常，经检查道岔工作压力（定位4.5～5 MPa 反位4～5 MPa），溢流压力（定位12.5 MPa 反位12.6 MPa），调整表示缺口至（前机定位2 mm，反位2 mm，后机定位4 mm，反位4 mm），锁钩松紧程度适当，动静接点接触良好，油管无漏油，各部件螺丝无松动，各部件加油后反复操动道岔多个来回道岔表示都显示正常。

二、案例解析

1. 故障原因分析

综上分析，13#道岔后机外表示杆的内螺母与外螺母间因为调整不当造成内外螺母间存在间隙，造成表示杆窜动、转辙机内表示缺口与检查柱卡阻，动接点不完全打下导致反位失表。

2. 整改措施

针对本次故障，要求针对转辙设备各部螺丝加强检查，密切关注缺口变化及时进行调整，避免类似情况的发生，后续加强员工处置流程的学习和业务强化训练。

3. 事故点评

本次故障，中央指挥与现场处置沟通不畅，信息传递沟通还有待加强；现场处置过程中未贯彻先通后复的理念，纠结于故障原因的查找，影响运营。

复习思考题

1. 转辙机的作用是什么？
2. ZD6 型电动转辙机主要由哪些部件构成？
3. ZD（J）9 型电动转辙机利用什么部件进行减速？
4. ZD（J）9 型电动转辙机采用什么电机进行驱动？
5. ZY（J）7 型转辙机主要由哪几部分组成？
6. 简述 ZY（J）7 型转辙机油路系统工作原理。

第四章　信号继电器

【学习目标】

1. 掌握继电器检修的目的；
2. 掌握继电器的类型；
3. 掌握继电器的组成及各部位名称；
4. 熟悉继电器的工作原理；
5. 熟悉继电器的应用。

【知识要求与技能要求】

1. 掌握继电器代号识别；
2. 掌握不同种类继电器分类；
3. 掌握不同种类继电器工作原理。

第一节　信号继电器概述

一、信号继电器特点

信号继电器是信号设备中的主要器件之一，它在运用中的可靠和安全是保证各种自动控制、远程控制信号设备正常使用的必要条件。因此，铁路信号对继电器提出了严格的要求：继电器必须动作可靠、准确；使用寿命长；有足够的闭合和断开电路的能力；在周围介质温度和湿度差异很大的情况下，均能保持很高的电气绝缘强度；有稳定的时间和电气参数。

信号继电器可按照工作特征、动作原理、工作电流的种类、接点的结构等分类。

按照工作特征可分为无极继电器、整流继电器、有极继电器、偏极继电器、时间继电器。

按照动作原理分为电磁继电器、感应继电器、热力继电器。北京地铁信号用的是电磁继电器，其原理是通过继电器线圈中的电流在电磁铁中产生的吸力驱使衔铁及可动部分动作，来改变接点系统的工作状态。

按照工作电流的种类分为直流继电器、交流继电器。直流继电器工作在直流电路中，大部分信号继电器属于此类。交流继电器工作在交流电路中，如交流灯丝转换继电器以及整流式继电器。

按照接点的结构分为普通接点继电器、加强接点继电器。普通接点继电器具有开断功率较小的接点，满足一般信号电路的要求。加强接点继电器具有开断功率较大的接点，满足电压较高与电流较大的信号电路的要求。

二、继电器构成

安全型继电器为直流 24 V 系列的重弹力式直流电磁继电器，其典型结构为无极继电器，其他各型继电器均由无极继电器派生而出，因此，绝大部分零件都能通用。继电器分为插入式和非插入式两种，北京地铁信号电路用的都是安全型插入式。在信号设备中，插入式多单个使用，带有透明性很好的外罩，可以密封防尘；同时，为了与插座配合使用，插入式继电器安装在胶木底座上。

三、信号继电器常用技术名词及继电器代号

1. 常用技术名词

额定值：继电器工作时所接入的电源系统的电压或电流值。

工作值：供给继电器，使其前接点全部闭合，并满足规定的接点压力的电压或电流值。

释放值（或落下值）：向继电器线圈供以过负荷值的电压或电流，使前接点闭合后逐渐降低电压或电流，至前接点断开时的电压或电流值。

转极值：向继电器线圈供以规定极性的电压或电流，使有极衔铁转极，而相应位置的接点（定位接点或反位接点）闭合，并满足规定的接点压力的电压或电流值。

过负载值：继电器允许接入的最大电压或电流值（此值一般为工作值的 4 倍）。接入过负载值后，线圈不受损伤，电气特性亦无变化。

吸起时间：向继电器线圈通以规定的电压或电流起至全部前接点闭合的时间。

缓放时间：向继电器线圈通以规定的电压或电流后，切断电源，从断开电源时起至全部动接点离开前接点的时间。

前接点：当线圈有电时，动接点与之闭合的接点，又称动合接点。

后接点：当线圈无电时，动接点与之闭合的接点，又称动断接点。

定位接点：当线圈通以规定的正方向电源，有极动接点与之闭合的接点。

反位接点：当线圈通以与规定正方向相反的电源时，有极动接点与之闭合的接点。

2. 继电器代号

J（在开头第一个字母）：继电器。

J（在后面）：加强接点。

W：无极。

X：信号。

Z：整流。

Y：有极。

P：偏极。

B：半导体。

C：插入。

S：时间。

Q：前接点。

H：后接点、缓放。

D：定位接点。

F：反位接点。

1：8 组接点。

2：6 组接点。

3：4 组接点。

例如，JWXC1-1700 为安全型无极插入式继电器，有 8 组前后接点，线圈电阻为 1 700 Ω。

四、继电器检修目的

继电器在长期运用过程中，由于接点的烧损，可动部分的磨耗，线圈因受潮而绝缘性能降低，金属零件的氧化、龟裂、变形，永久磁铁的变化等，引起机械与电气特性的逐渐变化，如果不进行定期的预防性检修，就有可能因特性变坏而造成设备故障。因此，继电器检修的目的就是要克服继电器运用中产生的缺点，恢复其电气、机械特性，保证其可靠安全地工作。

第二节　继电器结构和工作原理

一、无极继电器

目前，北京地铁使用的无极继电器有 JWXC-1700、JWXC-2000、JWXC-H340、JWXC-500/H300 4 种。

（一）无极继电器结构

无极继电器由直流电磁系统和接点系统两大主要部分组成，如图 4.1 所示。

电磁系统包括线圈、铁心、轭铁和衔铁。线圈水平安装在铁心上，分为前圈和后圈，采用双线圈是为了增强控制电路的适应性和灵活性，可根据电路需要单线圈控制、双线圈串联控制。衔铁靠蝶形钢丝卡固定在轭铁的刀刃上，动作灵活。在衔铁的传动部分铆有重锤片，以保证继电器衔铁靠重力可靠返回，其安装的重锤片的数量则由继电器接点系统的结构而定，并能保证继电器可靠释放的需要。在衔铁与铁心闭合处安装止片，保证继电器磁路的最小空气间隙，防止磁路的铁磁零件磁化，保证继电器可靠落下。继电器的铁心、轭铁和衔铁由电磁纯铁制成，具有较高的导磁率和较小剩磁。

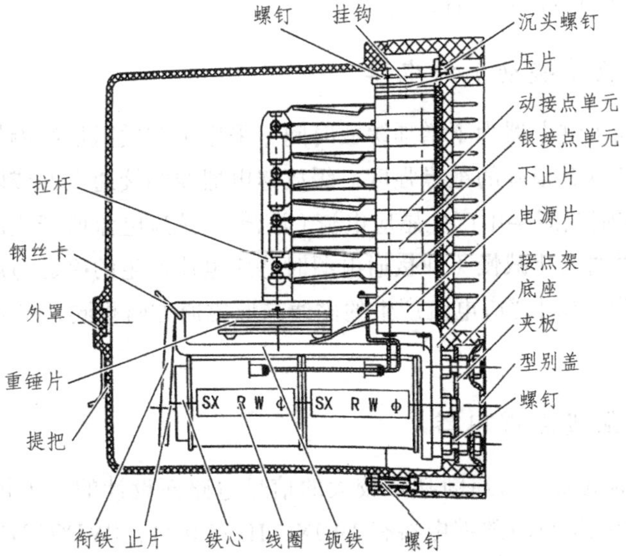

图 4.1　无极继电器的典型结构

接点系统处于电磁系统的上方，通过接点架、螺钉紧固在轭铁上，两者成为一个整体。用螺钉将下止片、电源片单元、银接点单元、动接点单元以及压片按顺序组装在接点架上。继电器通过挂钩、夹板和螺钉固定在底座上，阻燃外罩通过螺钉固定在底座上。为防止继电器错误插接设有型别盖。

（二）无极继电器工作原理

无极继电器的磁路系统为无分支磁路，如图 4.2 所示。

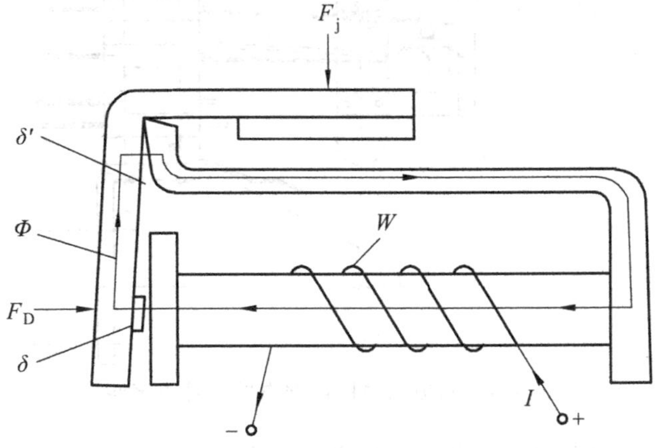

图 4.2　无极继电器磁路

以无极继电器的磁路为例，无极继电器的磁系统为无分支磁路，在线圈上加上直流电压后，线圈中的电流 I 使铁心磁化，在铁心内产生工作磁通Φ，它由铁心极靴处经过主工作气隙δ进入衔铁，又经过第二工作气隙δ'，而进入轭铁，然后回到铁心，形成一闭合回路。在工作气隙δ处，由于Φ的作用，铁心与衔铁间产生电磁吸力 F_D，当 F_D 大到足以克服机械负载的阻力 F_j 时，衔铁即与铁心吸合。

（三）无极缓放（缓动）继电器

无极缓放（缓动）继电器为了增加缓放时间，采用了铜质阻尼线圈架，表面用环氧粉末进行绝缘封闭，使其具有很好的绝缘强度。缓放继电器线圈接通电源或断开电源时，铁心中的磁通发生变化，在铜线圈架中产生感应电流（涡流）。感应电流所产生的磁通阻止原磁通的变化，使铁心中的磁通变化减慢（即接通电源时感应电流产生的磁通与原磁通方向相反，使磁通增长减慢；切断电源时感应电流产生的磁通与原磁通方向相同，使磁通减小变慢），从而使继电器缓吸缓放。

（四）无极加强接点继电器

无极加强接点继电器是为通断功率较大的信号电路而设计的。无极加强接点继电器有 JWJXC-480，无极加强接点缓放继电器有 JWJXC-H125/0.44、JWJXC-H125/80。

无极加强接点继电器的接点系统如图 4.3 所示。它的普通接点与无极继电器相同，加强接点组由加强动接点单元和带熄弧器的加强接点单元组成。为了防止接点组间的飞弧短路，在两组加强接点间安装既耐高温、又具有良好绝缘性能的云母隔弧片，隔弧片铆在拉杆上。为保证加强接点的安装空间，增加了空白单元。图 4.3 中熄弧磁钢用虚线表示。

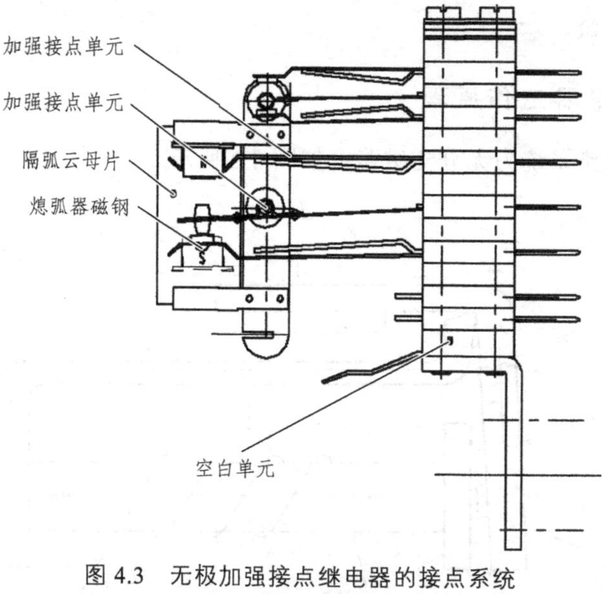

图 4.3　无极加强接点继电器的接点系统

由于磁钢吹弧的方向与极性有关，熄弧磁钢极性的安装有特定的要求，主要考虑下列原则：磁钢的极性与接点电流方向相配合，使电弧向接点外侧吹；接点电流产生的磁场方向与永久磁钢的磁场方向一致，这样保证接点在断开大电流时，不会产生使熄弧磁钢去磁的作用。

无极继电器接点熄弧器安装与接点电流方向如图 4.4 所示，以 JWJXC-480 为例。

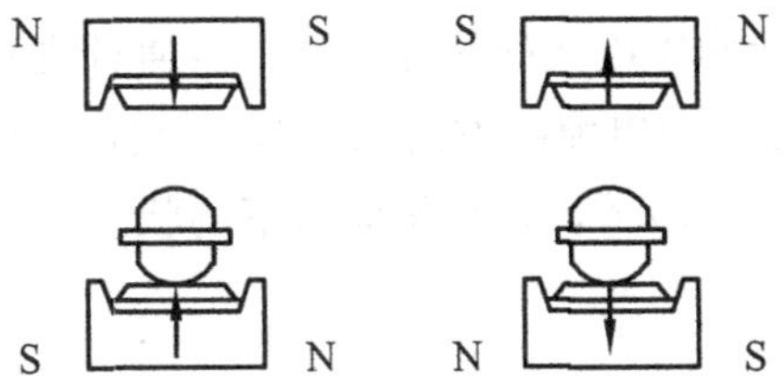

JWJXC-480

图 4.4　熄弧磁钢的极性安装

二、整流继电器

（一）整流继电器结构

整流继电器有 JZXC-480、JZXC-H18、JZXC-H62，其典型结构如图 4.5 所示。

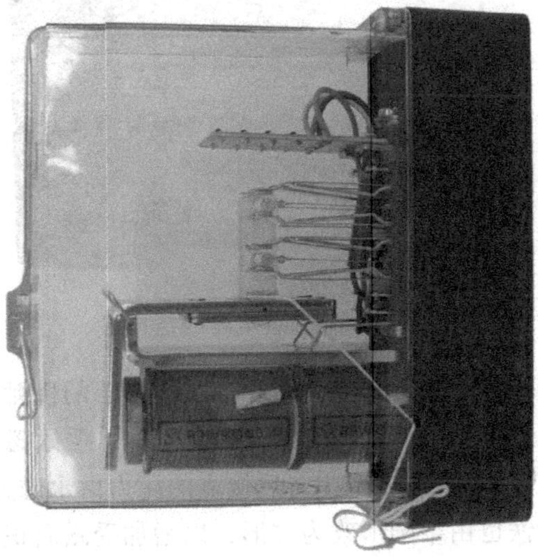

图 4.5　整流继电器的典型结构图

整流继电器的电磁系统与无极继电器相同，只是磁路结构参数有所不同，主要是在接点组上方安装由二极管组成的半波（JZXC-0.14）或全波整流电路。

（二）整流继电器工作原理

整流继电器用于交流信号电路，交流电通过半波或全波整流电路变为直流电，以驱动直流电磁继电器。脉动直流通过继电器线圈在铁心内产生磁通，由于磁通的作用，铁心与衔铁间产生电磁吸力，当电磁吸力大到足以克服接点负载与衔铁的重量时，衔铁吸向铁心。衔铁动作时，通过拉轴推动拉杆，使前接点闭合，后接点断开。

三、偏极继电器

JPXC-1000 型偏极继电器是为了满足信号电路中鉴别电流极性的需要设计的。它与无极继电器不同，衔铁的吸起与线圈中电流的极性有关，当通过线圈的电流为规定的方向（1 端正、4 端负）时，衔铁才吸起；而电流的方向相反时（反向电压小于 200 V），衔铁保持不动（处于落下位置）。继电器断电会落下，始终偏向落下的状态，这是因为永磁保持力是单方向的缘故。

（一）偏极继电器结构

偏极继电器的结构如图 4.6 所示。

图 4.6　偏极继电器的结构图

偏极继电器的电磁系统与无极继电器基本相同。但铁心的极靴是方形的，在方极靴上用两个螺钉固定永久磁钢，使衔铁处于极靴和永久磁钢之间，受永磁力的作用偏于落下位置。由于永磁力的存在，衔铁只安装两片重锤片，后接点的压力由永磁力和重锤片共同作用产生。由于铁心为方形极靴，衔铁也由半圆形改为方形，以增加受磁面积，降低气隙磁阻。永久磁钢由铝镍钴材料制成，其上部为 N 极，下部为 S 极。线圈和接点系统与无极继电器完全相同，即两个线圈串联连接，并具有 8QH 接点组。

（二）偏极继电器工作原理

偏极继电器的磁路系统由永磁磁路与电磁磁路两部分组成，分别如图 4.7 和图 4.8 所示。

永磁的磁通 Φ_M 从 N 极出发，经第三工作气隙 $\delta_{Ⅲ}$ 进入衔铁后分为两条并联支路：一部分磁通 Φ_{M1} 经第一工作气隙 $\delta_{Ⅰ}$ 进入方形极靴，然后直接返回 S 极；另一部分磁通 Φ_{M2} 穿过第二工作气隙 $\delta_{Ⅱ}$ 进入轭铁，再经铁心至方形极靴，返回 S 极。由于 $\delta_{Ⅰ} > \delta_{Ⅱ}$，所以 $\Phi_{M2} > \Phi_{M1}$，而 $\Phi_M = \Phi_{M1}+\Phi_{M2}$，故 $\Phi_M \gg \Phi_{M1}$。这样，$\delta_{Ⅲ}$ 处由 Φ_M 产生的永磁力 F_M 远大于 $\delta_{Ⅰ}$ 处由 Φ_{M1} 产生的永磁力，使衔铁处于稳定的落下位置。

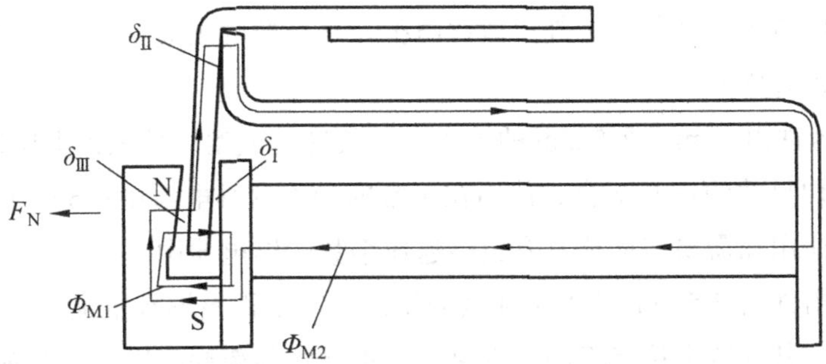

图 4.7　永磁磁路

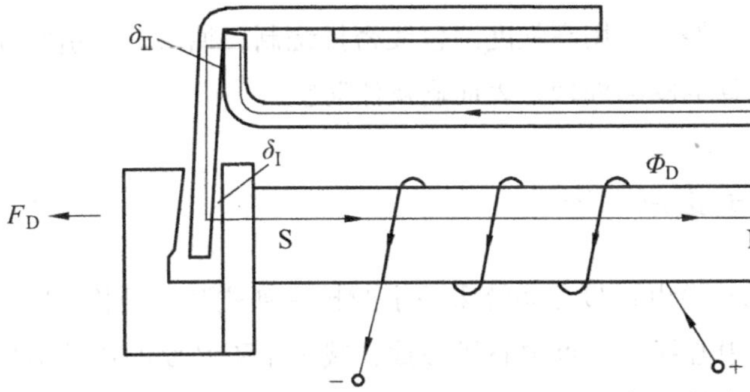

图 4.8　电磁磁路

线圈通电后，铁心中产生电磁通Φ_D，Φ_D的磁路与无极继电器相同，若线圈中电流方向使电磁通在极靴处为 S 极，则Φ_D从铁心的 N 极出发，经轭铁→$\delta_{Ⅱ}$→衔铁→$\delta_{Ⅰ}$→S 极。

第三节　继电器的电磁和接点系统

一、无极继电器的电磁系统

无极继电器的电磁系统由铁心、L 形轭铁、角形衔铁、线圈等组成，如图 4.9 所示。

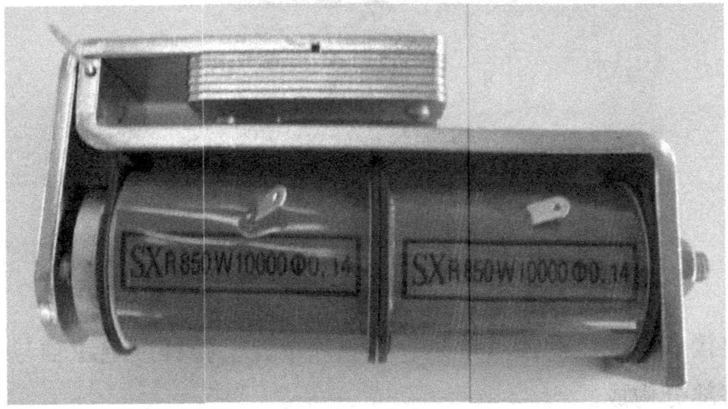

图 4.9　无极继电器的电磁系统

铁心：铁心由电工纯铁制成，外层镀锌防护。在极靴的正面钻有两个圆孔，用于组装和检修时，紧固和拆装铁心。

L 形轭铁：轭铁由 4 mm 或 5 mm 的电工纯铁板冲压成型，外表镀多层铬防护。4 mm 厚的轭铁与正常结构尺寸的铁心配合，使用在正常的动作的继电器中；5 mm 厚的轭铁则与加粗的铁心配合，使用在需要缓动或具有较高返还系数的继电器中。

角形衔铁：衔铁由 3.5 mm 的电工纯铁冲压成型。衔铁上铆有重锤片，重锤片由 2.5 mm 厚的薄钢板制成，其片数由接点组的多少决定，重锤片与衔铁间嵌入了拉轴，将它们铆接成整体。

线圈：线圈绕在线圈架上，用高强度漆包线密排绕制，抽头焊有引线片，外层用尼龙线捆扎。线圈绕制后进行真空浸漆处理，表面刷灰漆防护。

二、无极继电器的接点系统

如图 4.10 所示，无极继电器接点系统采用了两排纵列式联动结构，因此，接点组数只能成偶数增减。拉杆传动中心线与接点中心线一致，减少了不必要的传动损失。同时，为了减少接点组组装时的积累公差，将接点片与托片组合压在酚醛塑料内以形成单元块，单元块之间为平面接触，易于控制公差。这种做法对插入式继电器非常重要，同时提高了接点组之间的绝缘强度。

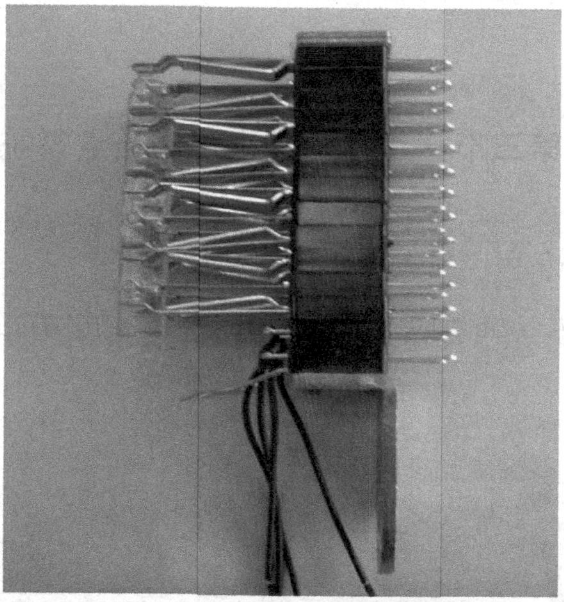

图 4.10　无极继电器的接点系统

接点系统由银接点单元、动接点单元、电源片单元、拉杆、绝缘轴与动接点轴、压片、下止片与接点架等部分构成。

银接点单元：由 0.37 mm 厚的锡磷青铜带制成的接点片与由 1 mm 厚的黄铜制成的拖片组成，两者对称压在胶木内，胶木块上有与动接点单元配合安装的定位孔。在接点簧片的端部，有一条 0.5 mm 宽的细长槽口，在槽的两边用点焊机各焊一个银接点，这样形成了一个簧片上有两个接触点的并联接触方式，从而大大提高了触头接触的可靠性。

动接点单元：由 0.25 mm 的锡磷青铜带制成的动接点簧片与 1 mm 黄铜板制成的补助片压制在酚醛塑料胶木内。胶木块上凸出的圆柱是配合银接点组装时定位用的。动接点簧片端部焊有动接点，动接点由厚 0.5 mm 的银氧化镉制成。银氧化镉是一种银镉合金，基本物质为银，起导电作用，而氧化镉则起导热作用，这样就获得了导电和导热性能的良好结合，在高温下氧化镉以爆炸方式分解为镉和氧的蒸气，形成一种自动吹弧作用，提高了接点的熄弧性能，特别是它与银接点配合使用时，具有防粘连、接触电阻小等特点，因此是一种理想的接点材料。

电源片单元：由 1 mm 的黄铜制成的电源片压在胶木内，胶木上同样有定位孔。

拉杆：拉杆是由耐磨与耐热性能均较好的聚碳酸酯材料压塑而成。为了消除动接点组装时不完全一致而产生的扭力，不影响继电器的灵活动作，拉杆的中间轴孔采用扁长形，而上下两个轴孔为圆形，起定位作用。拉杆的下端有一槽口，使拉杆与衔铁上的拉轴作铰链连接。

绝缘轴与动接点轴：绝缘轴用冻石磁料制成，作为继电器的动接点传动零件，它的强度是足够的，并且采用热塑铸造制成，尺寸上也保证了继电器的技术要求。动接点轴由 1.5 mm 粗的锡磷青铜制成。

压片：压片由 1.5 mm 的弹簧板冲压成弓形，组装时分上、下两片。其作用是保证接点组的稳固性。

下止片与接点架：下止片由 1 mm 锡磷青铜板制成，外层镀亮镍，它在衔铁落下时起限位作用。接点架由 4 mm 厚的 A3 钢板制成，板上留有 1.5 mm 稳钉孔两个，在接点架与轭铁装好后，在轭铁上贴同样的两孔，打进稳钉，以保证接点架不变位。接点架的安装尺寸是否标准，角度是否准确，对继电器的调整有很大影响，故在检修中要特别注意。无极继电器均为普通接点，应满足在直流 24 V、1A 的电阻负荷电路中，动作 100 万次后接点电阻仍符合标准，接点压力允许变化 20%，电气特性允许变化 10%。

第四节　继电器技术指标及应用

一、继电器技术指标

表 4.1 ~ 表 4.3 分别为无极继电器、整流继电器和偏极继电器的规格与型号。

表 4.1　无极继电器规格与型号

序号	继电器名称	继电器型号	鉴别销号	接点组数	线圈连接	电源片连接方式	
						连接	使用
1	无极继电器	JWXC-1700	11，51	8QH	串联	2，3	1，4
2		JWXC-2000	12，55	2QH			
3	无极加强接点继电器	JWJXC-480	15，15	2QH 2QHJ			
4	无极缓放继电器	JWXC-H340	12，52	8QH			
5		JWXC-H500/H300	12，53		单独	—	1，2 3，4
6	无极加强接点缓放继电器	JWJXC-H125/0.44	15，55	2QH 2QHJ			
7		JWJXC-H125/80	31，52				

表 4.2　整流继电器规格与型号

继电器名称	继电器型号	鉴别销号	接点组数	线圈连接	电源片连接方式	
					连接	使用
整流继电器	JZXC-480	13，55	4QH，2Q	串联	1，4	7，8
	JZXC-H62	13，53	4QH			5，6
	JZXC-H18					

表 4.3　偏极继电器规格与型号

继电器名称	继电器型号	鉴别销号	接点组数	线圈连接	电源片连接方式	
					连接	使用
偏极继电器	JPXC-1000	14，51	8QH	串联	2，3	1，4

二、安全型继电器在继电信号电路中的用途

JWXC-1700：应用于通用及继电半自动闭塞电路中。

JWXC-500/H300：通用继电器。

JWXC-2000：交流计数电码轨道电路中的轨道复示继电器，使用在 12 V 直流电路中。

JZXC-H18：信号灯丝监督继电器。

JZXC-480：交流轨道及交流事故继电器。

JWJXC-480：大站 180 V、200 V、127 V 电源转换继电器。

JWJXC-H125/0.44：三线制或四线制道岔启动继电器。

JYXC-660：通用有极继电器。

JYJXC-135/220（JYJXC-160/260）：道岔电路中的控制继电器。

JPXC-1000：鉴别电流极性，一般用在道岔表示电路以及半自动闭塞电路中。

JSBXC-850：时间继电器，通过不同的接线可获得 180 s、30 s、13 s、3 s 等 4 种延时，以满足信号电路的需要。

复习思考题

1. 按照动作原理，可以将继电器分为哪几类?
2. 按照动作时间，可以将继电器分为哪几类?
3. 请解释继电器的“释放值”参数含义。
4. 继电器的接点接触形式有哪几种?

第五章　计算机联锁控制系统

【学习目标】

1. 了解计算机联锁控制系统技术基础；
2. 掌握计算机联锁控制系统原理；
3. 掌握计算机联锁控制系统的应用。

【知识要求与技能要求】

1. 掌握联锁系统构成；
2. 掌握计算机联锁主要功能。

第一节　计算机联锁控制系统概述

城市轨道交通由站场、车辆、铁路线路、桥梁和隧道等基础设施组成，是一个庞大而复杂的系统，在这个系统中必须有集中、统一的系统来保证其安全可靠。信号系统是城市轨道交通运输中保证行车安全、提高区间和车站通过能力，依据行车计划或运力需求组织列车安全、高效、正点运行的重要设备系统，具有下达行车控制指令、办理列车进路、开放信号并指挥行车的基本功能。

为了保证机车车辆和列车在进路上的安全，有效利用站内线路，高效率地指挥行车和调车，改善行车人员的劳动条件，利用机械、电气自动控制和远程控制、计算机等技术和设备，使车站范围内的信号机、进路和进路上的道岔相互具有制约关系，即联锁关系。为完成联锁关系而安装的技术设备称为联锁设备。联锁设备是保证行车安全的重要设备，是城市轨道交通信号系统中保证车站内列车和调车作业安全，提高车站通过能力的一种关键信号设备，主要应用于车站及与行、调车作业直接相关的区间和编组场等。联锁控制经历了机械联锁控制、电气集中（以 6502 为代表）联锁控制、计算机联锁加继电器执行控制三个大的发展阶段。

现在普遍使用的计算机联锁是利用计算机对车站作业人员的操作命令及现场设备状态表示的信息进行逻辑运算，从而实现对信号机及道岔、进路等进行集中控制。实现联锁功能以保证行车安全的车站联锁设备，也称为微机集中联锁。

联锁的基本内容包括：防止建立会导致机车车辆相冲突的进路；保证列车或调车列经过的所有道岔均锁闭在与进路开通方向相符合的位置；保证信号机的显示与所建立的进路相符。

进路上各区段空闲时才能开放信号，这是联锁最基本的技术条件之一。如果进路上有车占用，却能开放信号，则会引起列车、调车车列与原停留车冲突。这是绝对不允许的。

进路上有关道岔在规定位置才能开放信号，这是联锁最基本的条件之二。如果进路上有关道岔开通位置不对却能开放信号，则会引起列车、调车车列进入导线或挤坏道岔。信号开放后，其防护的进路上的有关道岔必须锁闭在规定位置，而不能转换。

敌对信号未关闭时，防护该进路的信号机不能开放，这是联锁最基本的条件之三。否则列车或调车车列可能造成正面冲突。信号开放后，与其敌对的信号必须被锁闭在关闭状态，不能开放。

第二节　计算机联锁控制系统构成

一、计算机联锁控制系统的可靠性

计算机联锁控制系统的可靠性一般是指系统在规定时间内、规定条件下完成规定功能的能力。计算机联锁系统一般用系统的平均故障间隔时间（MTBF）来衡量系统的可靠性能。为提高系统的可靠性，计算机联锁系统一般采用双机或多机冗余结构，可满足计算机联锁系统的可靠性要求。

二、计算机联锁控制系统的安全性

计算机联锁系统的安全性一般是指当系统的任何部分发生故障时，其后果不会导致人身伤亡或者财产的重大损失的性能。通常用系统产生不安全性输出的平均间隔时间来度量系统的安全性技术指标。对于计算机联锁系统，一般要求产生不安全性输出的平均间隔时间为 1 011 h 以上。

为使计算机联锁系统的安全性指标达到要求，往往采用双机同步工作并进行频繁比较的工作方式。双机比较结构的原理是在极短的时间间隔内，两台计算机同时出错且呈现同一种模式错误的概率几乎等于零。从这个原理出发，要求两台计算机的校核频率要相当高，亦即校核的时间间隔要足够短，最好短到可以用计算机的机器周期来计算的程度。

三、计算机联锁系统的可靠性与安全性冗余结构

计算机技术可以提高联锁系统的可靠性和安全性，但这并不是说计算机自身固有这些优点，而是说以计算机为核心，综合利用有关技术可以达到这些目的。就提高系统的可靠性而

论，目前仅依靠一台工控机是不能满足系统要求的，所以必须采取提高可靠性的措施，即用一般可靠性的设备，构成高可靠性的系统。当前采用多台工控机构成高可靠的联锁机，当其中一台计算机发生故障时，联锁机仍能保持正常工作。这种技术称为容错技术。

由于通用电子器件本身并不具有故障状态的不对称性，所以由通用电子器件构成的计算机也不具有故障状态的不对称性，即通用的电子计算机并不具有故障-安全性能。所以，如果仅仅采用通用的方法来利用计算机，而不采取必要的技术措施，是不能使联锁计算机具有故障-安全性能的。

为使联锁计算机具有故障-安全性能，还要采取一系列的硬件和软件技术措施，例如：涉及行车安全的信息代码在输入、传输、存储、处理以及输出过程中，能够检测出来因为故障或干扰发生的畸变，或者能在大概率上完成自动纠错；涉及行车安全的信息代码，在传输过程中，不至于因故障或干扰而到达错误的目的地，或这种错误到达的代码能够被检测出来；代码畸变或错误传输时，系统不得产生危险侧输出。

计算机联锁系统的安全性主要是由计算机的联锁软件实现的。要保障联锁软件的功能质量，必须做好多方面的工作：参考既有的联锁技术条件和当前电气联锁系统的功能，总结计算机联锁系统应实现的联锁需求或算法；按照软件工程的要求编写联锁软件；对联锁软件的执行进行详尽的测试；联锁软件应是标准化的，以适应各种场合的要求；联锁软件应是模块化的，以适应不同的功能需求。

计算机联锁系统的执行控制电路，国外系统多采用固态电子电路。在我国，目前的监控电路结构基本与6502系统的监控电路一样，有的仅仅做了局部的变革，如用电子器件取代道岔操纵继电器和道岔表示继电器。由于控制电路和室外设备相连，必须考虑如何解决故障-安全和防雷害等问题。

总之，根据安全功能和故障-安全的需求，必须采取必要和有效的技术措施，才能够使通用计算机具有联锁计算机所应具备的性能。计算机联锁控制系统既要求有比较高的可靠性指标，又要求有比较高的安全性指标。因此计算机联锁系统的结构中一般采取双机或多机冗余结构和比较工作方式，构成多重冗余系统。

四、计算机联锁控制系统的层次结构

由于计算机联锁控制系统的功能与性能要求均较高，所以只采用单层结构可能难以全面完成各项技术要求，一般采用两层或多层结构。系统层次结构如图5.1所示。

人机交互层：操作人员通过操作向联锁机构输入操作命令信息和接收联锁机构输出的反映设备工作状态和行车作业情况的表示信息；对操作台的命令进行预处理，还可以与上级系统联网，构成更高一级的测控系统或信息管理系统。

联锁层：联锁机构是联锁控制系统的核心，联锁机构除了接收来自人机交互层的操作信息外，还接收来自监控层的反应室外现场信号机、转辙机、轨道电路等状态的信息，根据对输入的操作命令信息和状态信息，以及联锁机构的当前内部信息进行处理，产生相应的输出信息，交付监控层的控制电路予以执行。因此，联锁机构是逻辑处理机构。

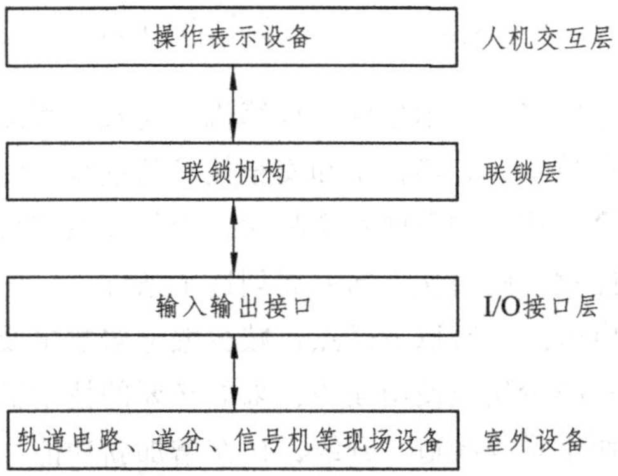

图 5.1　联锁控制系统层次图

I/O 接口层： 接收来自联锁层的控制命令，经过信号机、道岔控制电路改变信号显示或驱动道岔转换；同时，向联锁机构传输信号状态信息、道岔状态信息、轨道电路状态信息。

五、计算机联锁控制系统的组成结构

计算机联锁系统的人机会话层的接口设备既可以采用传统的专用控制台，也可以采用通用的计算机人机接口设备，如鼠标、键盘以及显示器等，这类设备由于是通用产品，产量很大，价格便宜，便于与计算机结合，而且使用灵活，有取代专用控制台的趋势。

计算机联锁控制系统的联锁机构由计算机构成，一般多采用工业控制计算机或特殊设计的计算机，称为联锁机。系统的组成结构框图如图 5.2 所示。

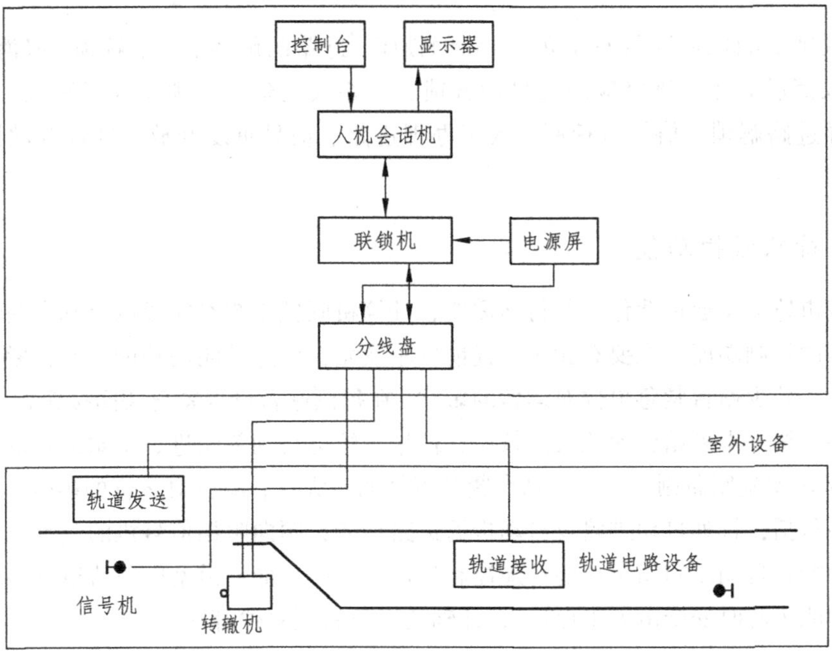

图 5.2　计算机联锁设备组成

六、用计算机取代继电电路构成联锁机构的原因

以计算机技术取代继电电路的技术条件：计算机的逻辑运算能力与继电逻辑电路具有共同的理论基础；由于可靠性技术、容错技术和安全技术的进步，使得用计算机实现联锁控制成为可能；工业控制级计算机技术的发展及商品化，为保证系统可靠性和降低造价提供了条件，为铁路信号系统向智能化、网络化方向发展创造了条件。

以计算机技术取代继电电路具有以下优点：减少继电器数量及检修工作量；减少系统的设计、施工和维修工作量；减少建筑使用面积；采取必要的技术措施后，系统的可靠性和安全性将进一步得到提高；便于系统改造、升级，扩充增加新功能。

计算机联锁在保障行车安全、提高运输效率、改善劳动条件等方面都起着非常重要的作用，计算机联锁设备还能够实现动作记录和故障诊断。

第三节　计算机联锁控制系统原理及功能

一、计算机联锁控制系统功能

计算机联锁控制系统具有完成联锁逻辑运算、轨道信息处理、进路控制、道岔控制、信号机控制等功能。

（一）基本联锁功能

基本联锁功能包括进路的建立、进路的锁闭、进路的解锁、正常解锁、取消进路解锁、列车进路取消后其保护进路应随之自动解锁、进路人工延时解锁（人工解锁）、区段人工解锁、引导进路解锁、信号机控制、人工办理进路、信号重复开放、红灯灯丝检查、断丝检查等。

（二）特殊联锁功能

根据城市轨道交通运营作业的特殊需要，计算机联锁系统在完成以上基本联锁功能的基础上增加新的控制功能。主要有扣车、提前发车及站台紧急关闭的功能。站台紧急关闭按钮的设置是为了减少站台紧急事件对运营的影响，在每侧站台设置紧急关闭按钮，一旦站台发生紧急事件，按下本侧站台紧急关闭按钮，信号系统会自动关闭进、出站信号机，列车会根据 ATP 的指示实施紧急制动，避免站台紧急事件的扩大化，减少对运营的影响。此外，特殊联锁功能还包括：排列自动进路及自动折返进路功能；顺向阻挡信号机的关闭与开放功能；停稳控制功能；自动站间闭塞功能；遥控和站控的转换功能；道岔区段轨道电路故障时单独操纵道岔功能（此时安全由人工保证）；计轴的复位和预复位等功能。

（三）联锁设备的基本要求

联锁设备应符合下列规定：

（1）确保进路上进路、道岔、信号机联锁。联锁条件不符合时，禁止进路开通，敌对进路必须相互找茬，不得同时开通。

（2）装设引导信号的信号机因故不能开放时，应通过引导信号实现列车的引导作业。

（3）应能办理列车和调车进路，根据需要设置相应的防护进路。

（4）联锁设备宜采用进路操纵方式。根据需要，联锁设备可实现车站有关进路、端站折返进路的自动排列。

（5）进路解锁宜采用分段解锁方式。锁闭的进路应能随列车正常运行自动解锁、人工办理取消进路和限时解锁并应防止错误解锁。限时解锁时间应确保行车安全。

（6）联锁道岔应能单独操纵和进路炫动。影响行车效率的联动道岔宜采用同时启动方式。

（7）车站、站台及车站控制室应设站台紧急关闭按钮。站台紧急关闭按钮电路应符合故障-安全原则。

（8）联锁设备的操纵宜选用控制台。控制台上应设有意义明确的各种表示，用以监督线路及道岔区段占用、进路锁闭及开通，信号开放和挤岔、遥控和站控。

（9）车站联锁主要控制项目包括：列车进路、引导进路、进路的解锁和取消、信号机关闭和开放、道岔操纵及锁闭、区间临时限速、扣车和取消、遥控和站控、站台紧急关闭和取消。

二、计算机联锁控制系统原理

计算机联锁系统在规定的联锁条件和时序下对进路、信号和道岔实行控制。同时，在满足继电联锁的技术条件和功能下，系统对于来自控制台的错误操作及 ATS 的错误命令具备有效的防护能力。计算机联锁的操作方法与继电联锁相似，由于它实现了从有接点到无接点的变革，操作人员办理进路时，只需先按进路始端钮，再按进路终端钮即可完成。此时计算机就执行操作输入程序和联锁处理程序。根据输入的按钮代码，从进路矩阵中找出相应的进路，然后检查是否符合选路条件，只有完全满足选路条件后，程序才能转入选路部分。之后，先检查对应道岔是否在规定位置，再将需要变换位置的道岔转换位置，接着锁闭进路。在执行信号开放程序中连续不断地检查各项联锁条件，条件满足后信号机才能开放。当列车进入信号机内方，信号机即自动关闭，随着列车的运行，进路可顺序逐段解锁。

【案例一】

一、案例经过

1. 信息获得

车站综控室值班员通知信号维修人员高碑店站显示全场红光带。

2. 先期故障预判断及准备内容

检修人员接到故障报警后先后预期判断有以下几种原因：

（1）轨道 110 V 总电源故障。

（2）码发生器所在轨道架 110 V 电源故障。

（3）控制台与控显机网络通信故障。

（4）联锁主机通信网卡或主板故障。

（5）控显主机主板或通信网卡故障。

（6）联锁双机同步网卡故障。

（7）联锁或控显主备机死机。

（8）联锁系统网络通信故障。

准备内容：设备图纸、电源保险、工控机主板、网卡、网线、手电、机房钥匙、工具、仪表等。

3. 故障现象确认及初步判断

检修人员到达现场后，在行车设备检查登记簿内登记，同时观察控制台上故障现象通过控制台发送“联锁脱机”报警。初步判断轨道电路设备工作正常，立即进入机房确认轨道架码发生器工作正常，各轨道架轨道发送及接收盘正常，轨道继电器均在正常状态。排除了轨道电路设备造成全站轨道电路区段红光带故障和控制台与控显机网络通信问题等故障。确定为微机联锁系统故障。初步判定是以下 5 种原因：

（1）联锁主机通信网卡或主板故障。

（2）控显主机主板或通信网卡故障。

（3）联锁双机同步网卡故障。

（4）联锁或控显主备机死机。

（5）联锁系统网络通信故障。

4. 故障实际查找过程及确认

项目部领导及信号专业主管接到故障通知后及时赶到现场，并联系联锁厂家共同进行系统软件分析及硬件故障的查找。首先进行全系统复位操作，进行了联锁双机及控显双机互为工作主机及单机工作实验，分析查找故障点。并先后更换了联锁机及控显机电源开关、联锁 A 机通信网卡、联锁 A 机主板、控显 A 机网卡、联锁 B 机同步网卡，但是故障依旧每隔 40 min 左右连续出现。每次故障发生时，都必须通过联锁机人工复位进行系统恢复。最后将监测机与联锁及控显的网络通信断开，观察 60 min 后故障未再现。

5. 故障排查方法及结果

更换检测机主板和网卡。

二、案例解析

1. 故障产生的直接原因及逻辑分析

结合问题的处理过程，分析原因如下：

监测机网卡软件故障，影响了系统的网络通信，造成控显机不能接收到联锁的表示信息，从而显示全站红光带，并且产生“联锁脱机”的报警。

2. 故障直接原因产生因素分析

该系统网卡使用时间较长，软故障集中频发，导致监测机与联锁机、控显机通信异常。

3. 案例处理优化分析

1）本案例检修人员在前期处理过程中的误判及不妥之处

（1）综控员对故障现象的描述不全，造成信号维修人员对故障预期判断不准确，前往故障车站携带的备品备件不充分或携带无关备件较多延误了故障处理的时间。控制台提示“联锁脱机”报警。直接说明联锁系统存在问题，可直接排除轨道电路设备及电源问题造成全站红光带故障。

（2）没有在故障时间内全面、系统观察，未发现监测机画面与控制台上的显示不一致，特别是控制台上显示全场红光带，两个进站预告信号机异常关闭时，监测机画面上却显示设备一切正常。

（3）监测机画面与控制台上的显示不一致，说明系统已经存在网络通信问题或死机现象，更换联锁机及控显机电源开关是徒劳的。

2）故障处理优化解决方案

监测机画面与控制台上的显示不一致，说明系统已经存在网络通信问题或死机现象，可直接观察网络通信网卡或各种板卡指示灯，大致判断故障点。

3）本案例关键步骤

（1）故障报警“联锁脱机”而且全场红光带，正常情况下肯定是联锁系统出现故障，联锁双机不能正常工作。

（2）一般情况下联锁双机同时发生故障的概率很低，只有联锁双机工作主机故障又不能自动切换备机或网络通信系统故障时，控制台报警“联锁脱机”并且全场红光带。

（3）控制台与监测机画面显示不一致，可直接判断网络通信系统故障。

4. 专家提示

1）此类故障的正确处理方法及关键步骤

控制台报“联锁脱机”报警并且全场红光带。为了缩短故障影响时间，维修人员可首先进行联锁及控显双机的重新上电及系统复位工作。系统工作正常后，在监测机上查看故障时间段的故障现象及网络通信状态回放等数据进行具体分析。

2）其他提示

信号维修人员要提高对监测机的使用方法及调取有关数据进行故障分析的能力。微机联锁系统为双机热备，可通过平日数据查看分析来预防系统故障的发生。

5. 预防措施

日常机房巡视时，着重查看监测机上是否有故障报警信息并且调出网络通信状态窗口查看网络通信状态发现有断网现象要提高重视及时处理。

【案例二】

一、案例经过

1. 信息获得

通过 HMI 排列发车进路时转辙机长时间未给出表示，造成进路未能建立。

2. 先期故障预判断及准备内容

维修人员接到综控员报修后首先判断有下列 6 种原因：

（1）转辙机表示电路故障。

（2）转辙机动作电路故障。

（3）联锁驱动板故障。

（4）联锁采集板故障。

（5）道岔转换力超出额定范围造成无法转换到位。

（6）操作错误。

准备内容：信号图纸、万用表、工具等。

3. 故障现象确认及初步诊断

维修人员接报后首先向现场操作人员询问现象，现象为 ATS 触发排列进路后，转辙机长时间未动作到位，引发表示丢失。到达现场后，首先查询联锁维护机 SDM 回放故障现象，调出当时的相关操作记录，排除了因 ATS 非正常触发及操作引发的问题，初步诊断故障是以下 5 种原因：

（1）转辙机表示电路故障。

（2）转辙机动作电路故障。

（3）联锁驱动板故障。

（4）联锁采集板故障。

（5）道岔转换力超出额定范围造成转辙机无法转换到位。

4. 故障实际查找过程

维修人员到达现场后首先查看联锁 SDM 回放记录。经观察，现场情况及故障后操作及设备运行情况，并未再次出现故障现象。查看后续列车通过时相关继电器的动作情况并复查相关室内道岔组合配线的安装情况后，基本排除了转辙机室内继电器组合电路故障。

运营结束后，现场复查转辙机室外设备情况，表示缺口正常，道岔转换力符合要求，转辙机机械部分运行良好，相关线缆安装正常，基本排除因室外设备问题造成故障的可能。

回到室内仔细复查 SDM 回放记录，并调出当时的驱动板及采集板记录，通过核对故障发生时间核对联锁相关驱动及采集情况。在故障时间段内查到转辙机启动继电器驱动时间不足，造成动作自闭电路未导通，但此时 2 启动继电器已完成转极，故表示电路被切断。且当时并未有针对此转辙机的驱动操作及排列进路操作，故判定为联锁驱动板瞬间故障。

5. 故障排查方法及步骤

根据故障现象查找方法从简到难，应首先利用 SDM 记录排除相关模块故障，再进行相关的室内外电路故障情况复查。如果故障为偶发情况，在运营期间先把联锁相关的驱动采集情况查清。本故障为联锁驱动板故障，更换联锁驱动板后故障排除。

二、案例解析

1. 故障产生直接原因

通过回放查看正常的转辙机启动电路继电器驱动时间，发现故障时继电器驱动时间远小于正常驱动时间，且当时并未有其他对此道岔的驱动操作以及进路操作。故判断为联锁机驱动板故障。

2. 故障直接原因及产生因素分析

由于故障并未反复出现，且更换驱动板后也未再次出现此类故障现象。基本可以判定为驱动板偶发故障。造成此类故障可能的原因总结为以下 4 条：

（1）板件老化。

（2）板件质量问题。

（3）板件受到瞬间干扰。

（4）短时间内重复操作。

3. 专家提示

（1）尽可能通过 SDM 全面回放故障现象，包括驱动采集的相关情况。

（2）如果故障为偶发故障，通过 SDM 相关记录查询驱动及采集信息与正常情况下有何不同。

（3）如果仍未查找出故障点或者 SDM 提供的信息无法满足查找故障的需要，可采取加装相关监控装置辅助进行设备运行监测及辅助故障分析。

（4）应及时了解相关继电器的驱动时间信息，有利于快速查找故障原因。

（5）在遇到此类单体设备偶发故障时，应抓紧时间首先对 SDM 信息进行全面的分析，如没有发现问题，再进行其他故障点及现场设备的复查，逐步扩大故障复查范围，更加高效地进行故障查找。

复习思考题

1. 什么叫作联锁？
2. 进路分为哪几种类型？
3. 联锁图表是什么？由哪两部分组成？基本作用是什么？
4. 计算机联锁系统中，比较常用的冗余方式主要有哪些？

第六章　轨道电路设备

【学习目标】

1. 掌握轨道电路的基本构成；
2. 掌握轨道电路的基本原理；
3. 掌握码发生器电路组成及工作原理；
4. 掌握发送器、接收器电路组成及工作原理。

【知识要求与技能要求】

掌握 JTC 轨道电路组成及工作原理。

第一节　轨道电路

一、轨道电路

在信号系统中如何检测线路上是否有车辆占用是极其重要的。在信号发展的初期，主要依靠工作人员的观察和判断来确定线路的占用情况，时有因观察和判断失误而造成的车辆冲突事故。当时还不能实时自动实现列车位置检测，也不可能实现信号控制的自动化。直到 1870 年美国人鲁宾逊发明了开路式轨道电路，1872 年又成功研制了闭路式轨道电路，自动、实时检查线路占用的课题才得到解决，用轨道电路将列车运行与信号显示联系起来，诞生了自动信号，开创了自动信号的新时代。

现在轨道电路有了多种制式，它已不仅用来检查线路空闲，还可以用来向列车传输信息，成为信号和列控车载设备工作的基础。在我国及世界大多数干线，轨道电路仍是主要的列车的位置检测手段，且其基本原理并没有改变。

二、计轴设备

随着技术的发展，计轴设备随之诞生。计轴设备利用安装在钢轨的磁头传感器监督列车车轮对经过数，以确定轨道区段的占用、空闲、列车完整性等信息。也就是说，计轴设备是一种能检测通过车轮的铁路信号设备，它能够取代许多普通轨道电路。19 世纪 60 年代，德国曾探索用计轴方式检测列车占用轨道区段的技术，但直到20世纪50年代中期，轨道计轴器才在联邦德国正式使用。此后，法国、匈牙利等国相继使用计轴器。目前，计轴设备已经在中国各城市轨道交通系统中普遍采用。

第二节　FS2500无绝缘轨道电路

一、FS2500无绝缘轨道电路概述

传统的轨道电路需要由绝缘节隔离每个轨道电路，在FS2500无绝缘轨道电路系统中，这些绝缘节大部分被取消了，相邻的轨道电路之间采用不同的载频，实现对各个轨道电路的电气隔离，在每个轨道电路端部，沿走行轨横向设置短路棒，使得各区段轨道电路传输的信息只能包含在本区段轨道电路中。

FS2500无绝缘轨道电路系统中，发送器发送一个信号到钢轨上，另一端接收器检测到这个信号。接收器对检测到的信号进行一系列的验证，用以确认轨道是否“空闲”。同时，ATP车载天线以无线方式接收ATP信号。

如果列车进入轨道电路或系统中某部分发生故障，接收器则检测不到一个足够大的信号，系统处于“占用”状态。因此理论上，轨道电路总是趋向被“占用”，除非系统确实被验证为“空闲”。

二、FS2500无绝缘轨道电路系统构成

FS2500无绝缘轨道电路主要由以下部分组成：码发生器（CG）、码发生器电源、JTC供电电源（PSU）、轨道电路发送器TX、轨道电路接收器RX、传输电缆、接线盒D/S、调谐单元TU、终端短路棒TB、钢轨传输线、轨道继电器（GJ）等。系统构成如图6.1所示。

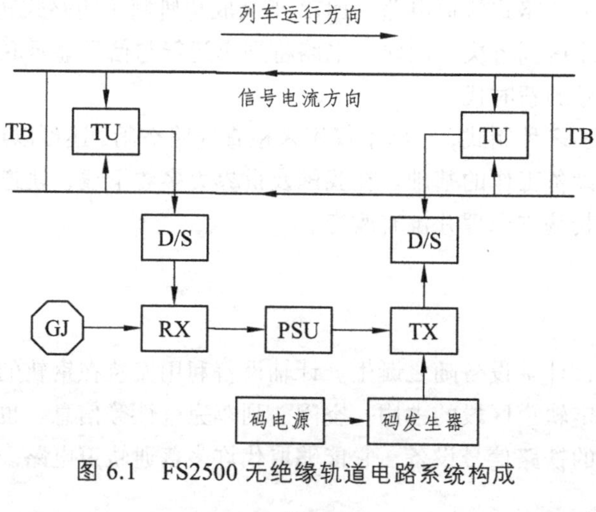

图6.1　FS2500无绝缘轨道电路系统构成

（一）码发生器

1. 码发生器功能

码发生器与码发生器电源为室内设备。码发生器的功能是产生低频调制码，频率为 28 ~ 80 Hz，每间隔 4 Hz 为一挡，共 14 种码。处理器晶振产生的进钟经分频后形成载频，与低频调制码调制生成 ASK 信号，频率为 2.92 kHz，再经处理器对信号载频进行鉴别启动安全输出门，经功放输出至编码电路。每一个码生器产生的信息可供 50 个发送设备。表 6.1 以北京地铁 13 号线、八通线、5 号线为例进行了说明。

表 6.1 北京地铁各条线路低频调制码对照表

调制码	频率	13 号线 MSS/TS	八通线 MSS/TS	5 号线	
M1	28 Hz	74/73	74/73	4/4N	前方空闲 4 个轨道区段
M2	32 Hz	74/58	74/58	3/3N	前方空闲 3 个轨道区段
M3	36 Hz	59/58	59/58	0/0E	紧急停车－无效码
M4	40 Hz	59/37	59/37	2/2N	前方空闲 2 个轨道区段
M5	44 Hz	38/37	38/37	2/1 R2	空闲 2 个轨道区段，道岔在第 2 个轨道区段处于反位
M6	48 Hz	38/27	38/27	2/2 R1	空闲 2 个轨道区段，道岔在第 1 个轨道区段处于反位
M7	52 Hz	空	空	2/1 N	空闲 2 个轨道区段，信号在第 1 个轨道区段出口处于关闭状态
M8	56 Hz	38/0	38/0	2/2 NS	空闲 2 个轨道区段，带有临时限速指示
M9	60 Hz	28/27	空	1/1 NS	空闲 1 个轨道区段，带有临时限速指示
M10	64 Hz	28/19	28/16	1/0 R1	在反向进路上，空闲 1 个轨道区段，信号在第 1 个轨道区段出口处于关闭状态
M11	68 Hz	28/0	17/0	1/0 N	在正向进路上，空闲 1 个轨道区段，信号在第 1 个轨道区段出口处于关闭状态
M12	72 Hz	空	28/27	1/1AS	到发车站台区域的所有轨道电路空闲时，仅用于头部调车以便使得无人自动折返 ATO 启动
M13	76 Hz	20/0	28/0	1/1 N	前方空闲 1 个轨道区段
M14	80 Hz	0/0	0/0	0/0	在该轨道区段停车

注：MSS 为最大安全速度；TS 为目标速度。

2. 码发生器构成

码发生器系统为机箱分盘式结构，分盘由数字板、模拟板和前面板组成，采取滑轨式组装，盘后为插接件结构。数字板和模拟板之间由 20 线带状电缆连接。其组成模块如图 6.2 所示。内部电路由 ASK 产生器电路、信号确认电路和输出功率级电路组成（见图 6.3）。

图 6.2　码发生器模块

图 6.3　码发生器模块内部

3. 码发生器原理

码发生器主要由 ASK 发生电路、确认电路、功率输出电路组成。如图 6.4 所示，其工作原理是由 ASK 发生电路产生 ASK 信号，通过载频门电路发到载频确认桥经验证后，将模拟信号转换为数字信号，送到处理器进行处理。输出的4路信号送至处理器确认桥，经确认正确后，打开安全启动门，将ASK信号通过功率输出级输出。如果ASK信号在处理时发现错误，4路信号将改变，致使功率输出级电路中的大功率管发生短路，熔断电路保险，这样可以避免发出错误速度信息。

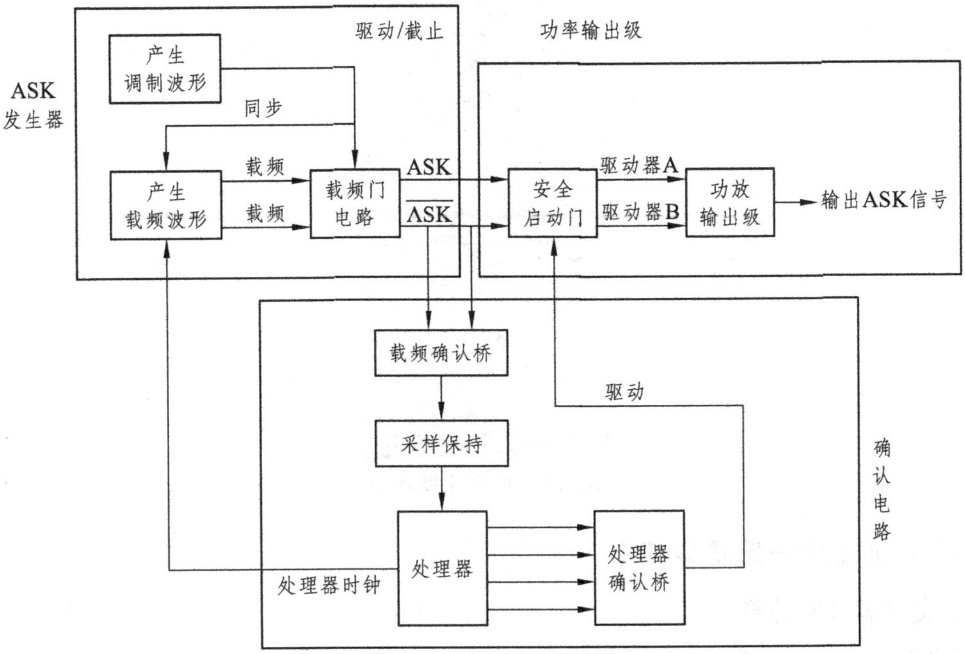

图6.4　码发生器原理图

4. 码发生器参数

供电电源：+30 V，190 mA。静态，满负载800 mA（可供50个TX调制码）。

其他电路：

连续供电A/D转换器：+8 V，500 mA。

组启动电路及采样保持电路：－8 V，为启动电流25 mA，静电流10 mA。

（输出：ASK编码信号）峰-峰电压值：55 ~ 70 V。

载频：2.92 kHz ± 10 Hz。

调制频率：为14种调制频率中的一种。

输出阻抗：1 Ω，使用处理器控制输出转换系统的转向器，最大电流50 mA。

标示FAULT：红色LED亮灯时表示电码发生器有一个错误并已关闭。

标示PROCESSOP，RUNNING：绿色LED显示闪光时标示微处理器循环工作正常。

标示+30 V绿色LED：亮灯时标示目前+30 V供电正常。

标示OUTPUT的绿色LED：亮灯时标示模块功能正确并为有效输出。

（二）码发生器电源

码发生器电源外观如图6.5所示。

输入：标称值 110 V AC，110 × (1 ± 6%)V，50 Hz 或 60 Hz。

输出：用于码发生器，输出功率级：+30 V DC，最大电流 5A。

码发生器 A/D 转换器、自启动及采样保持电路：– 8 V ± 0.1 V DC，最大输出电流 0.8 A。

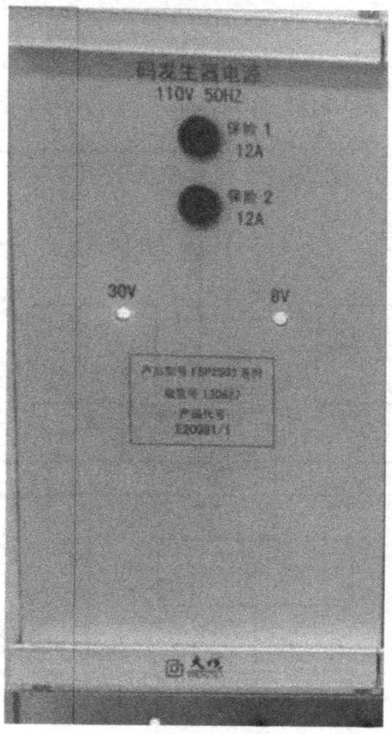

图 6.5　码发生器电源

（三）轨道电路发送器 TX

1. 发送器 TX 功能

发送器 TX 为室内设备。它的功能是产生移频键控信号 FSK，并将其以 RX 能接收到的足够的恒功率信号送至轨道。TX 按产生 FSK 频率的不同分为 8 种，分别为 $f_1 \sim f_9$：

f_1	4 080 Hz	V
f_2	4 320 Hz	K
f_3	4 560Hz	W
f_4	4 800 Hz	L
f_5	5 040 Hz	X
f_6	5 280 Hz	M
f_7	5 520 Hz	Y
f_9	6 000 Hz	Z

线路上频率配置如图 6.6 所示。

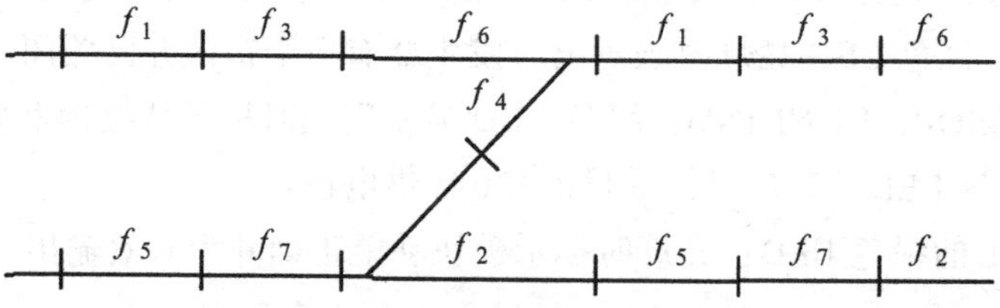

图 6.6　频率配置图

上行所用频率为 f_1、f_3、f_6；下行所用频率为 f_2、f_5、f_7。

f_4 用在道岔区段反位环路中；f_9 则作为双线间隔频率使用。上、下行频率的设置是为了加大轨道电路间频率差异，防止轨道电路之间的混频、串频发生。

2. 发送器 TX 构成

JTC 发送器 TX 由两块印制板组装在一个模块盒内，这两块板一个为数字板（见图 6.7），一个为模拟板（见图 6.8），两板之间由 20 线带状电缆连接，TX 与外部连接由前面板上的两排端子实现。发送器面板如图 6.9 所示。

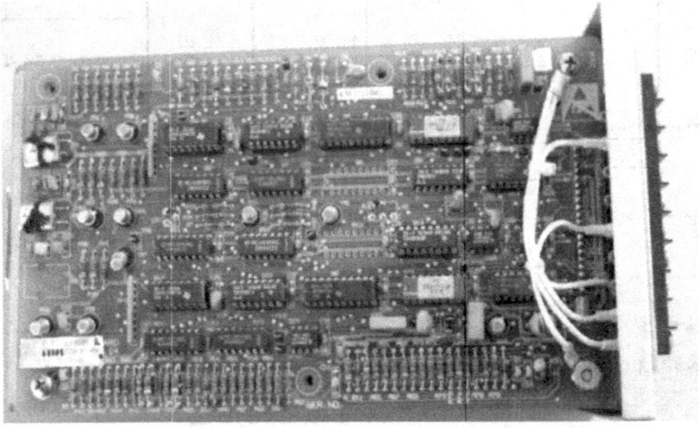

图 6.7　发送器数字板

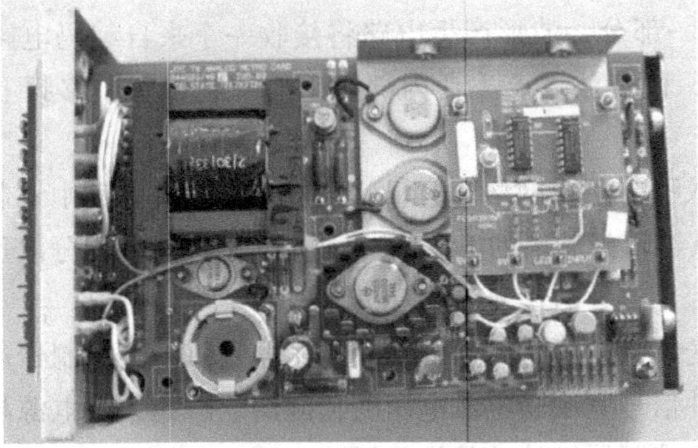

图 6.8　发送器模拟板

图 6.9　发送器面板

3. 发送器 TX 原理

发送器电路由波形产生电路（含调制电路）、功率控制电路、功率输出桥、过流保护电路组成，如图 6.10 所示。

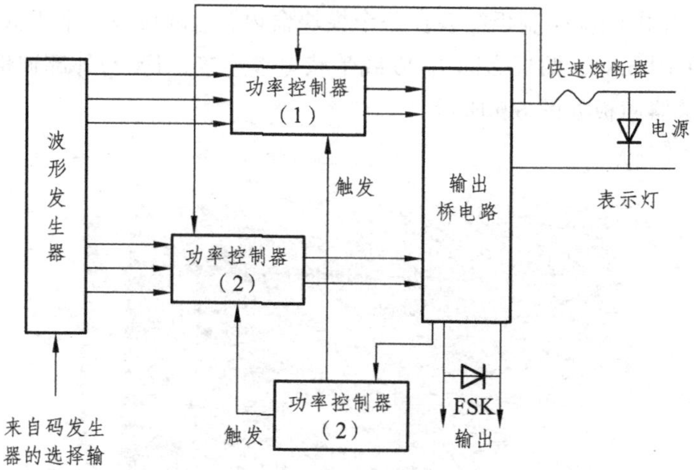

图 6.10　发送器电路框图

波形产生电路产生一个载波以及各种倍频，可用于计时及两个功率控制器的控制。如果发送器作为 APP 的一部分，波形产生电路将接收一个来自编码电路的输入型号，它决定输出波形的调制频率，代表波形产生器内部产生的调制频率：移频上边频、移频下边频、调制频率 f。

3 种频率同时进入一个逻辑网络，逻辑门形成一个开关，其中调制频率控制上、下边频在逻辑上的开关率。从逻辑门输出的 FSK 调制波形，再进一步划分波形以获得必要的时钟频率及用于下一步功率控制的计时信号。

功率控制电路发送器具有两个相同的功率控制器，每一个控制器产生一对反向脉冲信号驱动功率输出桥，脉冲信号宽度受电源电压变化制约。因此，在电源超出电压变化范围时通过调整脉冲宽度使功率控制器维持功放级的恒功率输出。功率控制器 1 的输出与输出桥的 A、C 输出端相连接，同理功率控制器 2 的输出与桥的 B、D 输入端相连接。

电源的取样来自供电电源，经过一固定电压压降电路，对其幅度进行数模转换，转换的结果使其幅度转换成 8 B（字节），不同的字节代表不同的电源电压值。此数字信号作为可编程只读存储器 EPROM 的地址与查询表（地址内存代表脉冲宽度的资料）。8 B 查询表中的内容输出给预确定计数器，代表现实供电条件下应输出的信号脉冲宽度。来自 EPROM 的输出每半周被置入预确定计数器，其作用是将时钟信号终止，使计数器为零，产生正确的脉冲宽度。通过一个门系统并控制门的实际开关，使信号接入输出功率桥 A、B、C、D 的输入端。其中每一个控制器输出一对相位相反的脉冲信号，一对信号中，一个信号是由另一个信号经缓冲并反向得到的。

功率输出桥由 4 个 HEXFET（绝缘栅场效应管 A，B，C 和 D）来驱动发送器输出。来自功率控制器的波形经输出驱动级分别送至相应的 HEXFET。在同一时间只能接通两个

HEXFET 并按顺序循环，以保证产生正确的波形输出，如图 6.11 所示。表 6.2 为 A、B、C、D 的工作顺序。

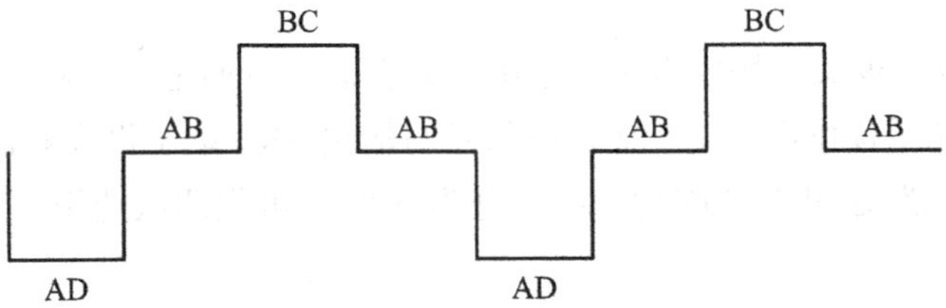

图 6.11　绝缘栅场效应管 A、B、C、D 工作示意图

表 6.2　绝缘栅场效应管 A、B、C、D 工作顺序表

顺序号	作用	结果	HEXFET 工作
1	A 和 D 的接通	输出端为负脉冲	A，D
2	D 断 B 接通 A 保持接通	发送变压器为低感抗（防止阻尼振荡，保持功率控制），输出端为零值	A，B
3	A 断 C 接通 B 保持接通	在输出端为正脉冲	B，C
4	C 断 A 接通 B 保持接通	见顺序 2	A，B
5	B 断 D 接通 A 保持接通	下一周期开始，即顺序 1 在输出端为负脉冲	A，D

通过电流保护电路是由一个差动放大器电路组成。它通过与输出变压器串联的电阻上的采样电压来实现控制。该电压与输出电流成正比。如果输出发生短路，通过电阻的电流使取样电压增加，直至比较器终止功率控制器驱动。经过一个建立周期（约 40 ms），过流保护电路试图启动驱动电路，如果这时短路仍未消失，过电流保护电路将使驱动电路继续保持在终止状态，又经过一个建立周期，过流保护电路会再试图启动驱动电路，这样往复循环直至短路消失，驱动电路及功率控制器的输出才被允许。

4. 发送器 TX 电气参数与机械结构特性

1）电气参数

供电电源：电源电压 20 V ~ 31 V DC，标称 24 V DC 可调；供电电压 20 ~ 31 V 时输出调谐 0.6 dB；供电电压 20 ~ 30 V 时输出调谐 0.1 dB；22.5 V，80 V · A 负载的最大电流 4 A；29.5 V，80 V · A 负载的最大电流 3.5A。

输入：用于 ATP 码选择输入，为 14 种调制频率中的任意一种。

输出：标准模式（固定载频）。一个调制频率波形可任意调制 8 种载频中的一种（取决于 TX 模式）。

标准输出电压：（基本功率）88 V。输出电压随选择的输出级不同而异。

输出接点：调整范围 20% ~ 100%，每挡 20%（全功率的百分比）。

指示器：+B24 红 LED 亮灯时表示供电正常；OUTPUT 红 LED 亮灯时表示有输出；CODEINT 红色 LED 亮灯时表示有码输出（ASK）。

电气参数主要用于设备现场维护测试时使用，内部电路参数更加繁多，将体现在业务篇的设备测试中。

2）机械特性

TX 包括一块数字板及一块模拟板，集中安装在底盘盘面上，右路 8 位端子板与外部产生连接，左路 8 位端子接供电电路。输入码信号与输出 FSK 端子设在右侧端子板上，为了适应不同长度的轨道电路输出以 20%为一级，分为 5 级。可供调试选用、TX 为盒式结构紧固件固定方式。

（四）接收器 RX

1. 接收器 RX 功能

接收器 RX 为室内设备，用于对轨道传输线上的信息进行检查和鉴别，包括信号有无、大小、波形是否正确。经过对 FSK 一系列的判别确认无误后，使有关轨道继电器励磁或落下，并通过轨道继电器接点提供给信号系统的其他设备，以显示设备所在轨道电路的占用情况。

2. 接收器 RX 构成

接收器 RX 由数字板（见图 6.12）、模拟板和模拟子板（见图 6.13）构成，封装在设备盒内。模拟子板装在母板上，它们之间由 12 线带状电缆连接，模拟母板与数字板之间由 20 线带状电缆连接。为了防止两板间信号的辐射干扰，两板之间设置屏蔽板加以隔离。接收器前面板如图 6.14 所示。

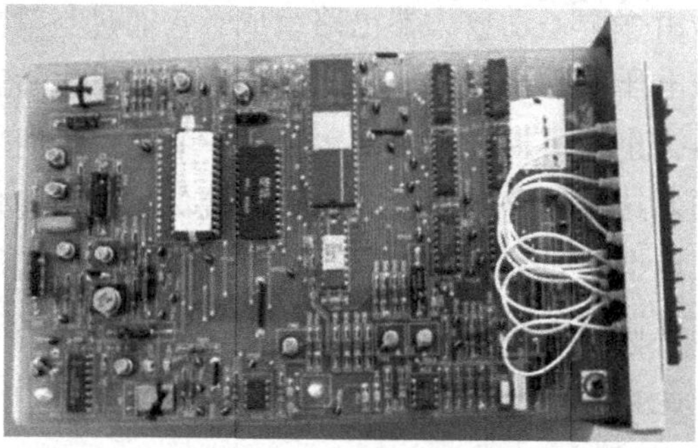

图 6.12　接收器数字板

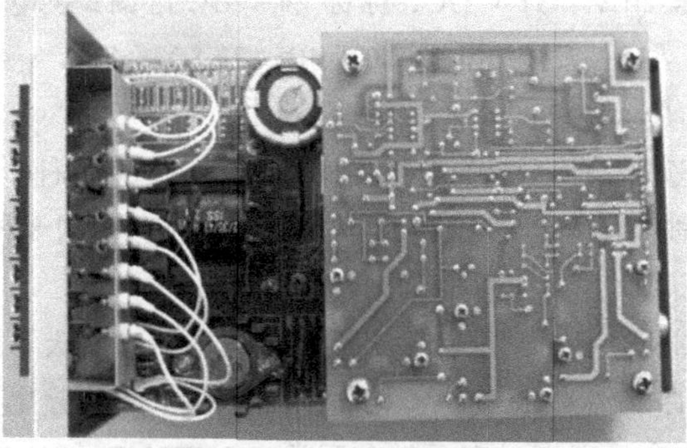

图 6.13　接收器模拟板

图 6.14　接收器前面板

接收器电路由输入前置处理级、验证音频发生器、数字采样电路、微处理器系统、处理器输出器电路、输出驱动验证级电路和用于电气集中接口的附加处理器等组成。组成框图如图 6.15 所示。

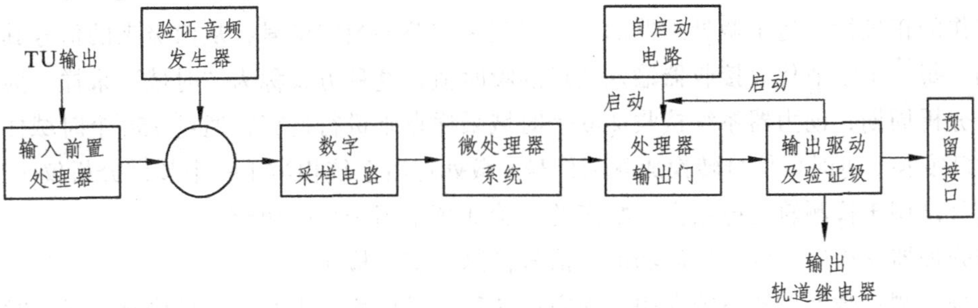

图 6.15　接收器组成框图

3. 接收器 RX 原理

1）输入前置处理器

输入变压器的线圈与一个电容器串联，这个电容器与初级感抗串联谐振，形成一个阻尼高通滤波器。其截止频率为 1 500 Hz 左右，用于阻止低于 1 500 Hz 的干扰信号。为了防止瞬间高峰电压，采用了瞬时避雷器，而为了抑制噪声则采用了双屏蔽方式。输入变压器的初级线圈设计了许多抽头，提供了一个很宽的范围调整输入灵敏度。

通带滤波器允许特定范围内的频率通过，同时它作为安全型多混频滤波器（指调制低频）用于微处理器的输入，以防止在采样时混频信号的失真（每采集一个信号混频则在频谱上按采样频率出现一次）。

限幅器将高于建立电平的信号幅度的峰值限制在预定的幅值以下，同时还要保持正弦波的输出，因此限幅器防止了由于微处理器输出电平过高引起的过载。

2）验证音频发生器

该发生器具有一个晶体振荡器，产生一个高频方波，再经过多级（链式）分频器降低方波频率，直到得到所需要的验证音频，该级采用一个阻容网络用以消除来自前置处理级的信号干扰。验证音频与来自前置处理级的信号混频后送至数字采样电路。

3）数字采样电路

数字采样电路由采样保持级和一个数模转换器组成，中间加一高阻抗缓冲放大器以避免前后级之间的相互影响。采样保持级的采样间隔取决于处理器系统的时钟，每采一个样就给一个储能电容充电，电容器上的充电幅度代表某一瞬间波形的幅度。每采一个样，相应的电容器上就保持一个代表信号幅度的信息。输入信号的采集有特定的时间间隔，这样模拟信号就被转换成为数字信号。然后模/数转换器再将这个数字信号转换成 8 B 字节送入微处理器进行系统验证。

4）微处理器系统

微处理器系统和码发生器的处理器一样，都由 TMS9995、EPROM、随机内存 RAM、译码器、寄存器、输入/输出驱动器和总线构成，其工作时钟频率来自本身专用的晶体振荡器。

处理器系统是采用安全有效软件的单一信道系统，处理器通过控制一条 16 位地址总线、一条 8 位的数据总线、控制总线，传输并处理各种信息。

它连续完成扩充采样周期来检测并证实以下情况：轨道占用状态、系统本身及前面各部分的工作的正确性。送至微处理器的是一系列 8 字节的数字信号，从前级来的信号其间隔是固定的。每一个字节代表接收器输入波形的瞬时值，这种方式称为“时域”采样。为了执行每一个分析周期，助力器系统接收 256 个时域采样点来进行运算，通过 256 个时域样点的快速傅立叶变换，将时域信号转换成频域信号（微处理器系统相当于一个频谱分析仪）。载频及边带信号是用于检测轨道电路占用状态的，验证频率用于自检功能。

微处理器完成以下两类检测功能：信号检测和安全检测。

信号检测：微处理器系统在频域内完成 5 种信号检测。当所有信号检测都通过时，判定轨道电路呈空闲状态。如果有一个或一个以上的检测失败，微处理器系统则判定轨道电路呈占用状态。

信号的 5 种检测：调制频率是否正确；上述调制频率是哪些预设置固定频率内的频率；叠加在 FSK 上的调幅电压值是否小于总幅值的 25%；载频功率包括边频的功率是否高于门槛极限值；波形是否为频率调制而不是幅度调制。

安全检测：微处理器在其硬件、软件都正确的情况下，完成一个连续的安全检测周期来实现验证功能，另外，验证频率的检测证明了数据采样电路的工作，任何安全检测的失败，其结果或故障状态输出都为一个半处理周期。

安全检测完成以下内容：验证频率及幅度是否在限定的范围内；快速傅立叶变换是否可靠（由所产生的“真”“伪”值的对称性来确认）；检测周期是否严格地按程序工作（由比较程序与分析仪程序来完成）；信号及安全检测的顺序是否正确（由检测分析程序的结果无错误输出来确定）；有效值变量是否可靠（每一个变量被存在两个或两个以上的地方，并且完成其内容的比较）；所用存储器工作是否正常（检测结果的使用）。

信号及安全检测的结果确定了三种波形中的哪一种从微处理器系统输出：空闲——调制载频；占用——只有载频；故障——无动态波形（输出连续为逻辑“1”）。

以上波形产生在微处理器系统内，而不是在轨道上接收到的信号。产生一个复合波形来代表轨道空闲状态是必要的，以便在输出驱动级及验证级检验微处理器是否完成了安全检测，在发出“空闲”信息以前保证微处理器系统的功能正确性。

继电器的励磁缓吸是由微处理器系统提供的，这一“延时”过程是由微处理器系统在输出“空闲”波形前，在若干个连续的软件周期内不输出波形而实现的。采取缓吸措施有如下作用：防止瞬间“空闲”的输入（可能由于钢轨生锈等原因造成分路不良使轨道继电器励磁。新线路刚投入运行时，尾车一对车轴占用轨道时或车体较轻时都有可能出现这种情况）；在电气联锁系统记录目前列车运行状态，给轨道电路继电器励磁条件（当第一列车轮对越过短路棒时，有可能发生此种情况）。

励磁延时“时长”可以由工厂的程序设置为 0 ~ 9 个周期，但通常为 2 个周期。周期的数量用一标签附在接收器前面板上，每一延时周期大约为 450 ms。“缓放”同时也可以由微处理器系统提供，“缓放”是在微处理器系统输出“占用”波形前（即由空闲转为占用表示时），执行若干个连续的软件周期。其目的是为了防止 ATP 信息码发生瞬间变化以及防止因测试、系统或传输瞬间的短路使轨道继电器 GJ 失磁。缓放延时“时长”也是由程序来实现的，通常为 0 ~ 7 个周期，周期的数量同样用一标签附在接收器面板上，其周期为 450 ms。

5）处理器输出门

来自微处理器系统输出的波形信息，通过处理器输出门送至输出驱动及验证级。它相当于一个有效信息开关门。接通接收器开关大约经过 25 s 后自启动电路将门启动，允许来自微处理器的信号波形经过此门，如果波形代表“空闲”或“占用”的状态，该门由输出驱动及验证级维持开启状态。如果波形代表“故障”状态，启动信号被取消，处理器输出门同时被关闭，由此将微处理器与输出驱动和验证级隔开。

基于安全考虑，处理器输出门只有在接收器关闭几秒后，才能得到电源重新启动，如果仍为故障波形，则门的状态再次关闭。用一个故障-安全的结构保证自启动电路不能连续启动。

6）输出驱动及验证级

接收器完成微处理器系统输出波形的检测。如果波形通过了各部分的检测，接收器就产生一个输出轨道继电器励磁，用一个复合波形代表“空闲”条件是由处理器系统决定的。因为任何一部分电路工作不正常就会破坏波形，这样就使输出驱动及验证级可以防止接收器的错误输出。

来自微处理器系统的输出接入微处理器输出门后，再接入载频验证级电路的输入端。这部分电路检查载频的正确性，如果有载频输出，则产生一个启动信号启动处理器输出门。用一个幅度调制检测器来检测调幅波形，如果有幅度波形，则继续使信号接入调制验证电路，在输出驱动及验证级上检测只有微处理器系统处在“空闲”状态才会呈现的复杂波形，这是调制波形存在的唯一条件。

调制验证电路检验波形是否正确，以保证调制波形正确时才启动输出驱动门。如果波形没能通过检测，则输出驱动门不能启动。输出驱动门由调制验证电路启动后，允许一个开关量通过并接入功率输出级，到达功率输出级的开关信号再驱动功率输出发送器。这个输出是步进的，并由功率输出级的整流缓冲平滑电路产生一个全浮直流电压，来驱动一个标准的BR930直流无极继电器。

与功率输出级并行设置了一个接收器短路防护电路，该电路产生一个信号控制输出驱动门电路。如果接收器的输出短路，短路防护电路就关闭输出驱动门，在一个固定的时间后才能试着检录驱动门的启动；如果短路依然存在则输出驱动门保持关闭。这个循环要一直持续到短路消失，输出驱动门的启动才能建立。

7）用于电气集中接口的附加处理器

如果需要驱动与电气集中设备接口的处理器来代替轨道继电器，在设备生产时就可以把接口设计在接收器中，提供两个安全启动门所需要的两个信号。从电气集中来的信号，只有在接收器呈现“空闲”状态时才被返回。

4. 接收器 RX 参数与机械结构

1）RX 电气特性

供电：输出电压范围 20 ~ 30 V DC；

最大纹波（杂音）:（21 V ~ 29 V DC，<200 Hz 时的峰-峰值）<2 V；

最大电流耗损：700 mA；

输入：载频为 200 Hz 时的最大输入电压 2 V。

一个调制频率可以为调制 X 种载频中的任意一种（取决于 RX 模式），某一载频可被 14 种调制信号中任意一种所调制。用于在电气联锁电路上选择处理器的数据输入电压（0 ~ 20 V)；在电气联锁电路上每一处理器的输入阻抗：2.2 kΩ；输出：当驱动 800 ~ 1 600 Ω继电器线圈时,全浮直流输出电压:38 ~ 60 V;在联锁电路上选择处理器的数字电压输出:0 ~ 18 V;在联锁电路上选择处理器每一输出的输出阻抗：1 800 Ω。

前面板指示器：标志着 PROCESS，RUNNING 红色 LED 闪光时：表示微处理器循环工作正常；标志着 INPUT，VALIO 红色 LED 亮灯时：表示输入波形正确；标志着 OUTPUT，红色 LED 亮灯时：表示轨道空闲；POWER SUPPLY 红色 LED 亮灯时：表示供电正常。

电气参数主要用于设备现场巡视、测试、维护时使用，内部电路参数更加繁多，将体现在业务篇的设备测试中。

2）RX 机械结构

接收器由一块数字板及两块模拟板组成，安装在一个带有输出器的底盘上，两块模拟板一块为母板，一块为子板，子板安装在母板上。在输出器的端子板（前面板）上装有两个 8 路端子及 4 个 LED 显示器。左侧 8 路端子与数字板联接，右侧 8 路端子与模拟母板上的“子”板连接，由一条 12 线带状电缆连接，数字板与模拟板之间由一条 22 线带状电缆连接。此装置由一路电源端子与右侧 8 路端子相连接，连接轨道信号输入端子和向继电器的输出端子夜设置在右侧端子板上。输入灵敏度可以通过连接左侧端子的不同组合方式进行调节。装置前面板上的标志牌显示了设备的全部功能。

（五）JTC 供电电源（PSU）

PSU 为室内设备。JTC 的供电单元（PSU）将输入的 110 V 交流电源经变压器变压、桥式整流、滤波平滑后，为 TX、RX 提供标称 24 V DC 直流工作电源，输出直流分 0 ~ 2 A 与 2 ~ 4 A 两挡，所图 6.16 所示。

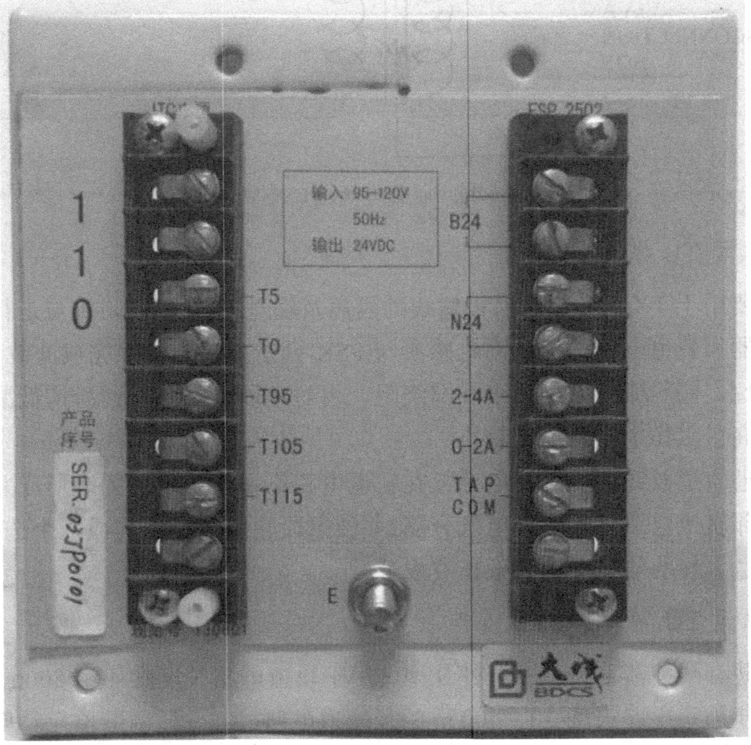

图 6.16　电源

输入标称：110 V AC；

输入范围：95 ~ 115 V AC，50 × (1 ± 1%)Hz；

输出标称：24 V DC；

输出电压范围：22.5 ~ 29.5 V DC；

输出电流范围：0.25 ~ 2 A 挡，2 ~ 4 A 挡。

（六）调谐单元 TU

1. 调谐单元 TU 功能

调谐单元 TU 为室外设备，是轨道电路与发送设备 TX、接收设备 RX 的接口，具有电路匹配连接功能，起到谐振和对特定的 FSK 滤波的作用。

2. 调谐单元 TU 构成

TU 由一个带屏蔽级的匹配变压器、一个与特定 FSK 有关的高精密度高稳定性谐振电容器加端子连接构成，如图 6.17 所示。

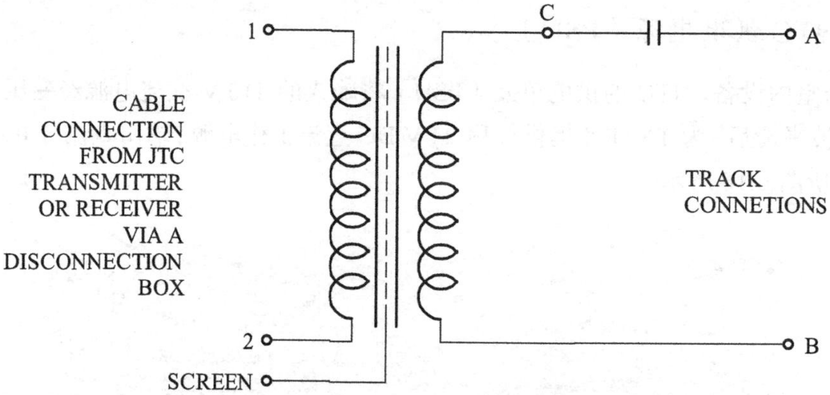

图 6.17 调谐单元 TU 电路图

3. 调谐单元 TU 原理

变压器主要用于 TX、RX 与轨道传输线的隔离及输送 FSK 电缆阻抗与走行轨低阻抗之间的匹配。变压器靠轨道电路一侧线圈电感参与 FSK 调谐振荡条件并完成滤波功能。TU 变压器具有低漏特性，同一变压器的两个线圈绕阻，由对地屏蔽相隔开，所谓低漏泄特性即变压器传输效率较高，工作中的磁损比较小。

电容器调谐轨道及终端短路棒电感，在轨道电路终端与规定的频率形成并联谐振，谐振的效果使得相邻轨道电路终端形成电气分隔，并使每段轨道电路都构成一个选频带通滤波器，以消除来自发送方面的信号中的其他谐波成分。

4. 调谐单元 TU 频率与机械特性

调谐单元共有两种基本类型：一种 S 型，用于轨道电路长度在 40 ~ 80 m 的短轨道电路；另一种 L 型用于轨道电路长度 70 ~ 400 m 的长轨道电路，每一种调谐单元类型都可以被定义为 f_1 ~ f_9 7 种载频中的一个。

调谐单元的器件都被固定在一个金属盘上，该盘被铸在一个黑色工业塑料盒内，如图 6.15 和图 6.19 所示。

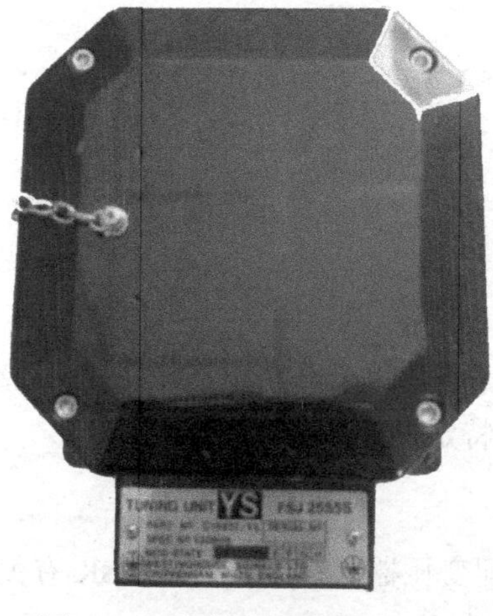

图 6.18 调谐单元 TU 外观图

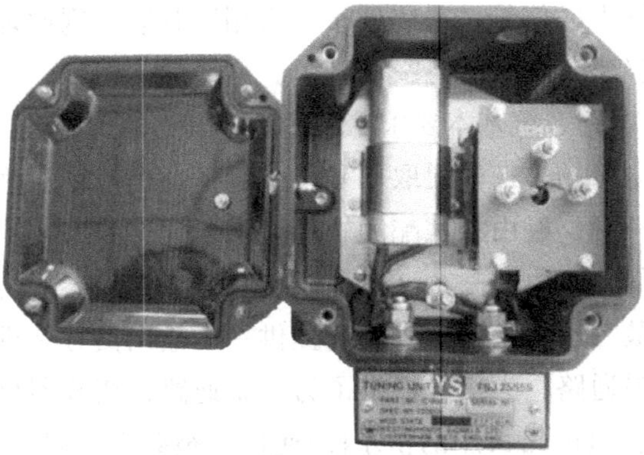

图 6.19　调谐单元 TU 内部图

（七）终端短路棒 TB

终端短路棒 TB 为室外设备，它的作用主要是构成列车走行钢轨纵向上轨道电路的分隔，短路掉轨道间信号的相互干扰。

（八）ATP（LOOP）与道岔区轨道电路设备

由于无绝缘轨道电路与道岔区单绝缘轨道电路衔接的特点，使道岔区 ATP 码的发送与轨道的占用设置为双重方式，其轨道电路设备除所用频率与 FSK 频率特殊外，设置的结构与无绝缘电路大体上相同。在道岔区，由于列车作业情况比一般轨道电路复杂，ATP 码的发送内容和传送形式不再依靠轨道传输线，而是采用了敷设 ATP 环路的形式；ATP 环路的室内设备设电源和发送，没有接收，仅以室外匹配单元 LFU 作为匹配转换将 FSK 传至环路作为发送负载。

（九）接线盒 D/S

D/S 为 ATP 系统中的接线盒，提供测试点。

（十）专用电缆及其他

ATP 信号的传输电缆为 JTC 轨道电路专用电缆。为了满足信号传输要求，有其特定的特征阻抗和电感电容要求，不可随便用其他电缆代替。

另外，轨道传输线上的连接线及环路线等在工艺安装上也有一定的要求，也应引起足够重视。

三、FS2500 无绝缘轨道电路系统工作原理

FS2500 轨道电路系统中，发送器发送一个交流信号到钢轨上，另一端的接收器检测到这个信号，对其进行一系列的验证，用以确认轨道是否“空闲”。同时，ATP 车载天线以无线方式接收 ATP 信号。

FS2500 无绝缘轨道电路系统原理：如果列车进入轨道电路或系统中某部分发生故障，接

收器则检测不到一个足够大的信号，系统处于“占用”状态。因此理论上，轨道电路总是趋向被“占用”，除非系统确实被验证为“空闲”。

FS2500 无绝缘轨道电路系统基本要求：定义轨道电路的闭塞分区；由轨道电路的一端向钢轨施加信号；由轨道电路的另一端提取信号，并验证此信号是正确的。

发送器在轨道电路一端，经由相匹配的轨道调谐单元（TU）连续地向钢轨发送 FSK 信号。轨道电路另一端，信号经由另一个 TU 送至接收器，接收器对传送的信号进行解码，如果信号表示轨道电路没被占用，将向信号系统提供一个输出信号。进入轨道电路的车轴使得运行轨之间形成一个低阻通路，为信号提供了另一条通路，接收器检测到信号强度减小后，断开输出信号，即给出轨道电路占用的指示[即使信号被列车短路，ATP 车载设备仍然接收 FSK 信号（代表 ATP 速度码），这是因为车上的 ATP 天线安装在前轴的前面，而且列车总是从接收器端进入轨道且朝发送器运行]。

除了检测轨道电路空闲以外，有些情况下，轨道电路系统可以检测运行轨断轨（轨道电路内），和某些横跨在运行轨上的障碍物所引起的危险，当然，障碍物必须具有导电性与跨越运行轨形成一个低阻通路。上述的各种情况都会中断或减少轨道电路系统信号，阻碍接收器送出轨道空闲指示。因此，这个警告表明此轨道区段不能进入，直到由信号人员采取适当的措施排除故障。

第三节　WXJ50 型微电子相敏轨道电路

一、WXJ50 型微电子相敏轨道电路接收器技术条件

WXJ50 型微电子相敏轨道电路接收器安装在安全型继电器罩内（见图 6.20），采用继电器插座。其端子分配如图 6.21 所示。

图 6.20　WXJ50 型微电子相敏轨道电路接收器

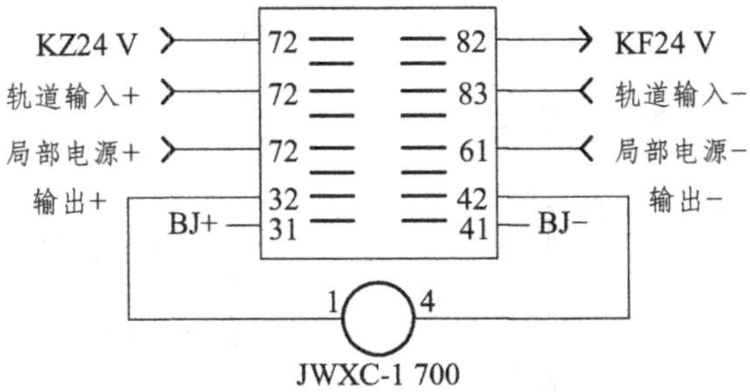

图 6.21 WXJ50 型微电子相敏轨道电路接收器端子图

WXJ50 型微电子相敏轨道电路接收器工作电源为直流 24 V ± 3.6 V，交流分量不大于 1 V，可由电源屏供给，也可另加独立整流电源供给。每套接收器耗电小于 100 mA（包括驱动 JWXC-1700 型轨道继电器的电流）。

WXJ50 型微电子相敏轨道电路接收器局部电源为 110 V/50 Hz，由电源屏或另加独立电源供给（当电源屏没有 110 V 输出时，每个咽喉采用一个 BG2-300 变压器供电，设置在继电器架上）。每套接收器局部输入阻抗为 30 kΩ，输入电流约为 3.7 mA。

WXJ50 型微电子相敏轨道电路接收器的最后执行继电器为 JWXC-1700 安全型继电器。

轨道接收阻抗：$Z = 500 \pm 20\ \Omega$，$\theta = (22 \pm 5)°$。轨道接收信号与局部电源为理想相位 0°时，工作值为(12.5 ± 1)V，返还系数大于 85%。具有可靠的绝缘破损防护性能。轨道输入采用防雷变压器，具有较强的雷电防护能力。

防雷补偿器（TFQ）也安装在安全型继电器罩内（见图 6.22），每个继电器罩安装 2 套设备，供两段轨道电路使用，其电路图及接线端子如图 6.23 所示。其中“轨道输入 +”和“轨道输入 –”接轨道电路，“轨道输出 1-1 +”和“轨道输出 1-1 –”接 WXJ50 接收器的“73”“83”端子。

图 6.22 防雷补偿器

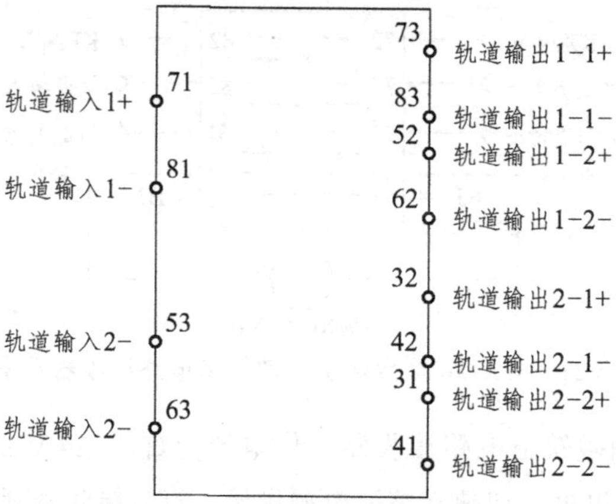

图 6.23　TFQ 防雷补偿器端子图

WXJ50-Ⅱ型微电子相敏轨道电路是 WXJ50-Ⅰ型的双套化产品，每段轨道电路使用两套 WXJ50 接收器，共同驱动一个轨道继电器，其两套设备中只要有一套正常工作，就能保障系统正常运行，进一步提高了系统的可靠性；如果其中一套发生故障，能及时报警，通知维修人员进行维修，而且对其中单套维修时，不影响系统使用，方便现场维修。

WXJ50-Ⅱ型微电子相敏轨道电路每个组合安装 4 段轨道电路设备和 1 个报警盒（BJH）。报警盒也安装在安全型继电器罩内（见图 6.24），其接线端子如图 6.25 所示，其中报警输入接各微电子相敏接收器“BJ－”，报警电源接各微电子相敏接收器“BJ＋”，报警盒上有报警表示灯，能明确显示哪个设备发生故障，并使报警继电器（BJJ）吸起报警，报警盒的“报警输出＋”接 KZ24 V，本车站所有报警盒的“报警输出－”并联，接报警继电器（JWXC-1700））的线圈“1”，线圈“4”接 KF24 V（每个车站采用一个 BJJ，全站 BJH 并联使用）。

图 6.24　报警单元

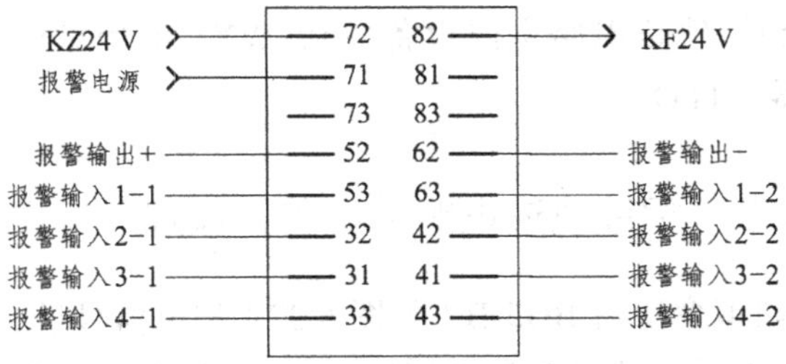

图 6.25　报警盒子端子图

二、WXJ50-Ⅱ型微电子相敏轨道电路系统构成

WXJ50-II 型微电子相敏轨道电路系统由 WXJ50，BG5-B，BZ-B，JNQ-B，TFQ，R_1、R_2，RD_1、RD_2、RD_3 组成。其原理图如图 6.26 所示。

WXJ50：50 Hz 微电子相敏接收器；BG5-B：送电端电源变压器；BZ-B：受电端中继变压器；JNQ-B：节能器；TFQ：防雷补偿器；R_1、R_2：送、受电端防护电阻（送电端 R_1 同时又是限流电阻）；RD_1、RD_2、RD_3：熔断器。

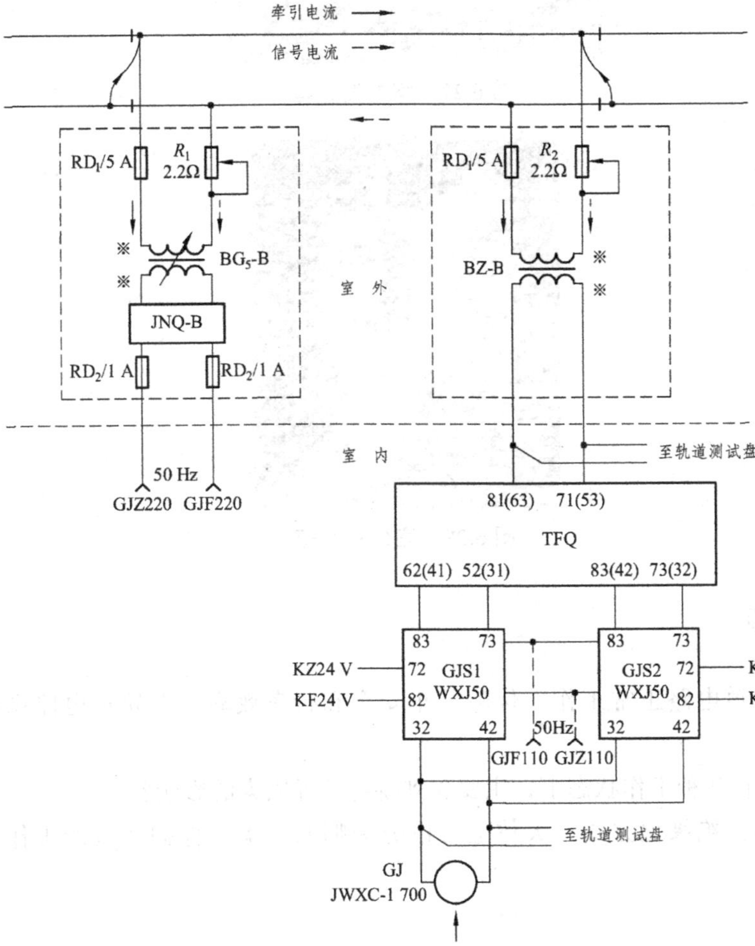

图 6.26　单轨调试 50 Hz 相敏轨道电路原理图

WXJ50 型微电子相敏轨道电路室内设备包括 WXJ50 型微电子相敏轨道电路接收器（WXJ50）和防雷补偿器（TFQ）。

三、WXJ50 型微电子相敏轨道电路系统工作原理

轨道电源经过发送轨道变压器 BG5-B（见图 6.27）把电信号送到钢轨上，通过钢轨传输到接收端(见图 6.28),经过受电端的轨道变压器 BZ-B 送回室内的调相防雷器再传至接收器,接收器把接收到的信号电压和相位与局部电压和相位进行比较,确认正确后动作轨道继电器。

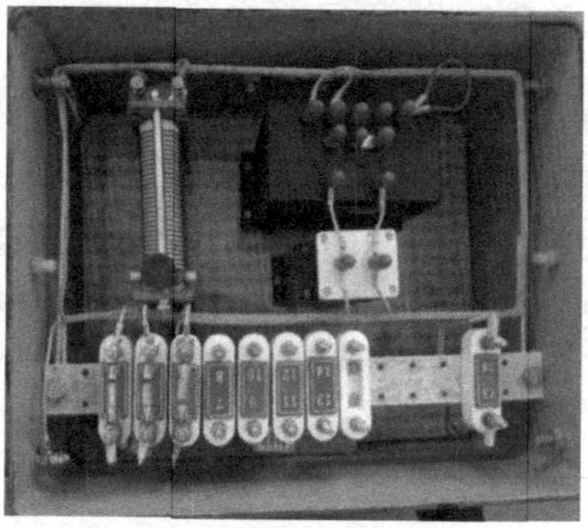

图 6.27　室外发送箱

图 6.28　室外接收箱

复习思考题

1. 为保证轨道电路正常工作，保障行车安全和行车效率，对轨道电路系统有何功能要求？

2. 轨道电路在各种工作状态下，主要受到哪些外界因素的影响？

3. 轨道电路无绝缘化方式，大体上可以分为哪两大类？他们各自的工作原理是什么样的？

第七章　计轴设备

【学习目标】

1. 掌握计轴设备的组成及工作原理；
2. 了解计轴与轨道电路对比的优劣。

【知识要求与技能要求】

1. 掌握 AZS（M）350U、ACS2000、AZLM、TAZ-Ⅱ微机计轴设备的型号及特性；
2. 掌握计轴复位原则。

第一节　AZS（M）350U 微机计轴设备

一、西门子计轴设备简介

（一）西门子计轴设备概况

20 世纪 30 年代，随着欧洲铁路轨枕的钢枕化，代替轨道电路作为铁路区段空闲检查的计轴设备随之出现了。集现代传感技术和计算机技术的优秀成果，计轴设备越来越展现出它的优越性和广泛的发展空间，成为当今理想的铁路轨道区段、区间的空闲检查产品。

计轴设备的最大优势在于与钢轨状况的无关性，这使其不仅具备检查长轨道区段的能力，也解除了长期因道床潮湿和钢轨生锈影响铁路正常运行的困扰。

西门子 AzS（M）微机计轴系统是一种新型微机计轴系统，它采用西门子 SIMIS 安全型微机为控制核心，配以完善的外围电路构成运算单元，每个运算单元可以直接连接多个先进的西门子 ZP43 计轴点设备，同时具备检查多个轨道区段的能力。并且通过多个运算单元之间的有机组合来构成一个整体系统，用以检查不同规模的站场和区间轨道空闲或占用状态，该系统还具有远程监控功能。

目前，西门子 AzS（M）350 微机计轴设备已在德国、比利时、保加利亚、瑞士、奥地利、澳大利亚、丹麦、波兰、芬兰、俄罗斯、捷克、墨西哥、南非、印度尼西亚、巴基斯坦、中国等多个国家和地区得到应用。

（二）西门子计轴设备介绍

西门子公司的计轴设备分为M型、T型、U型。M型：可直接同4个计轴点相连，一个运算单元提供两个区段的空闲/占用表示，主要用于站内区段检查。T型：可直接同3个计轴点相连，且一个运算单元可检测两个区间，两运算单元之间的数据传输采用调制解调和通信电缆/光缆，主要用于区间检查。U型：可直接同5个计轴点相连，且一个运算单元可检测四个区段，两个运算单元之间的数据传输采用调制解调和通信电缆/光缆或者通过无线传输，主要用于站内和区间检查。

三种型号的比较如表7.1所示。

表7.1　三种型号的计轴设备比较

序号	特性	U型	T型	M型
1	直接连接的计轴点	5	3	4
2	能直接供电的计轴点	5	2	2或4（增加SV5715C）
3	检测区段数量	4	2	2
4	传送闭塞信息数量	4～12或16～24	4	不能
5	复位方式	T型复位方式 直接复位 预复位	无复位限制时直接复位 有复位限制时先取消复位限制才能复位	无复位限制时直接复位 有复位限制时先取消复位限制才能复位
6	辅助复位	AzGrH可远程连接	AzGrH在运算单元面板上	AzGrH在运算单元面板上
7	用途	车站、区间	车站、区间	车站
8	轴显示器	有	有	无

三种型号的计轴设备组装后的运算单元面板分别如下。

U型运算单元面板如图7.1所示。

U型：

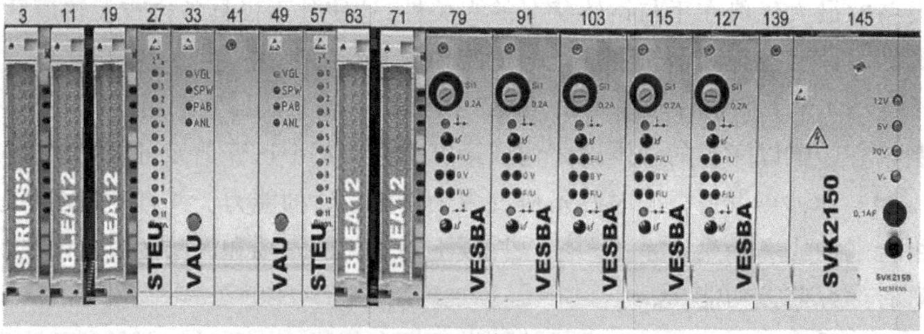

图7.1　U型运算单元面板

T型运算单元面板如图7.2所示。

T型：

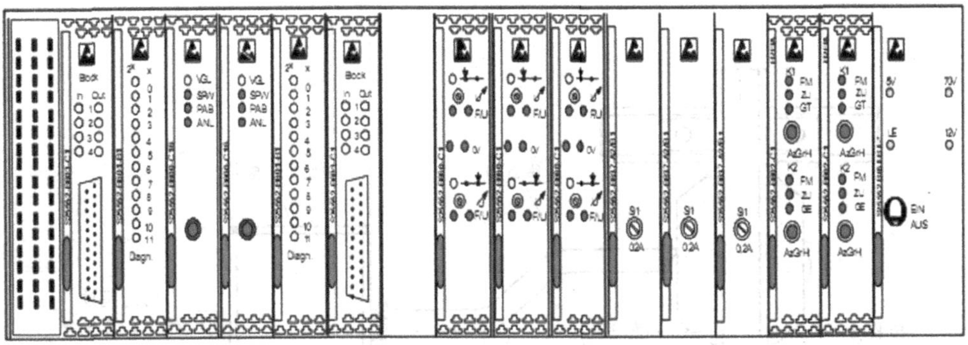

图 7.2　T 型运算单元面板

M 型运算单元面板如图 7.3 所示。

M型：

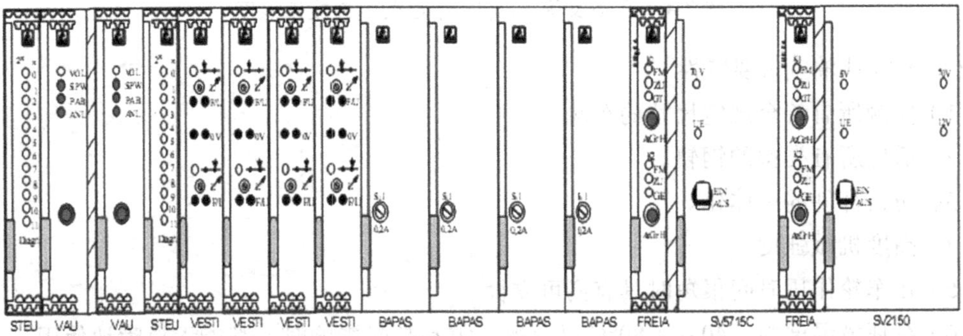

图 7.3　M 型运算单元面板

二、计轴系统组成及原理

（一）计轴系统组成

AzS（M）350U 由室内设备和室外设备两个部分组成。室外设备由 ZP43 计轴点设备和两芯星绞铁路信号电缆组成；室内设备由运算单元和主机柜组成。

1. 室外设备

室外设备由分配到某个区段的一定数量的 ZP43 计轴点以及室外电缆组成。通过传感器的数据在轨道箱内被处理后传送到运算单元上。同时计轴点的信息可以进行数字复用。室外设备连接示意图如图 7.4 所示。

1）室外设备—ZP43 计轴点组成

ZP43 计轴点设备由 DEK43 双置传感器和连接电缆、轨道连接箱组成。车轮在 DEK43 的作用范围里将改变交变电磁场的磁场强度，产生的信号通过两芯星绞铁路信号电缆传输到安装在信号集中站的计轴运算单元上。ZP43 通过两芯电缆连接到运算单元上，在通常情况下，该电缆进行数据传输并为计轴点供电。

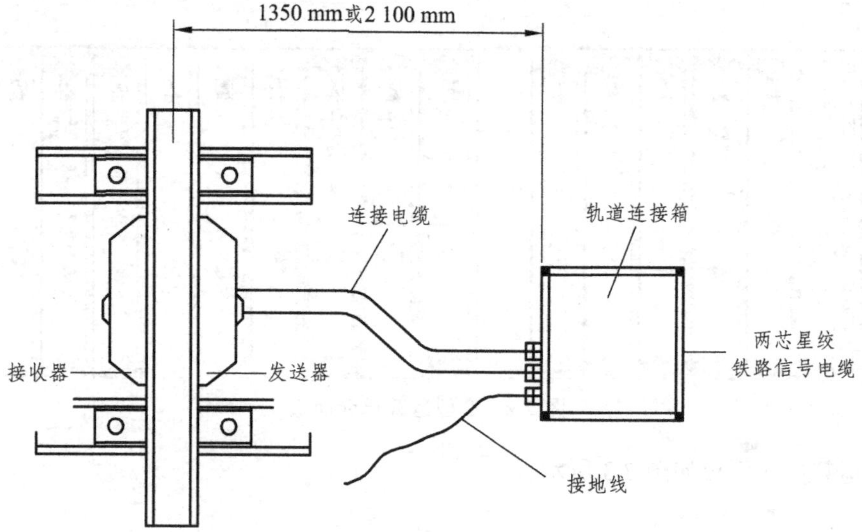

图 7.4　室外设备（ZP43 计轴点）连接示意图

2）ZP43 计轴点重要特性

（1）探测所有符合规定尺寸的车轮；

（2）适应所有类型的钢轨。

（3）防雷部件的一体化。

（4）高度机械强度。

（5）在车轮作用时间很短时具有高可靠性。

（6）在环境温度为 – 40 ~ + 80°C 以及冰、雪和超时影响时，都能无故障地使用。

（7）对磁轨制动机和涡流减速器的影响不敏感。

3）ZP43-DEK43 双置传感器

每个 DEK 双置传感器都由两个封装在同一箱体里的电子传感器组成，其中一个是安装在钢轨外侧的发送器，另一个是安装在钢轨内测的接收器。这两个部件连续传输交流电压。为了减少干扰的影响，发送器和接收器之间安装了合适钢轨外形的屏蔽板，该屏蔽板从轨底经过轨腰到达轨头下方，对所有的钢轨断面均提供合适的屏蔽板。具体实物如图 7.5 所示。

图 7.5　双置传感器实物图

4）连接电缆

连接电缆的作用是在双置传感器与轨道连接箱之间进行数据传输，同时轨道连接箱通过连接电缆为双置传感器供电传输。

5）轨道连接箱

轨道连接箱内部由 6 部分组件组成，实物如图 7.6 所示。具体轨道连接箱组件如图 7.7 所示。

图 7.6　轨道箱实物图

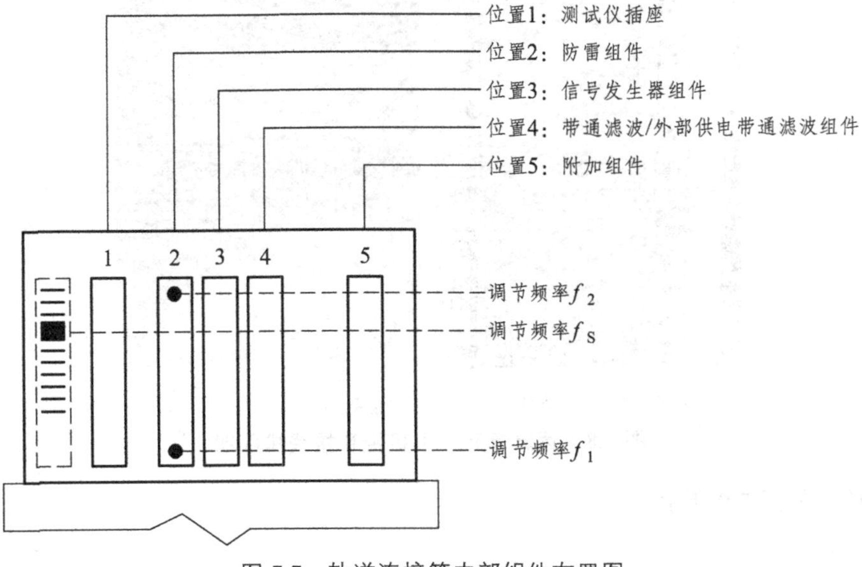

图 7.7　轨道连接箱内部组件布置图

轨道连接箱内部组件具体说明如表 7.2 所示。

表 7.2　轨道连接箱内部组件具体说明

位置	名称	说明
位置 1	连接 WDE 诊断设备	为计轴点维修使用，借助它可快速检查、测量
位置 2	防雷组件	改组件由防雷器件组成
位置 3	信号发生组件	改组件由信号发生器和接收器组成。在面板上有两个调节标记 f_1（3.6 kHz）和 f_2（6.52 kHz），用以调整信号频率

续表

位置	名称	说明
位置 4	带通滤波/外部供电带通滤波组件	改组件由带通滤波器以及供电等器件组成，在组件上可调整传送电平，在面板上装有标记为 Si1 的 0.1A 的保险丝，确保为车轮检测器不间断地供电
位置 5	复用组件（附加组件）	该插槽是为复用组件（附加组件）预留的，复用计轴点时需此组件，计轴点的数据可传输至不同运算单元（通过两个隔离的芯线对）
侧板	调节组件	43 kHz 发射频率的调整器件

2. 室内设备

室内设备由运算单元、主机柜和接线排层组成，如图 7.8 所示。

图 7.8 运算单元、主机柜和接线排层图

运算单元如图 7.9 所示。

U型：

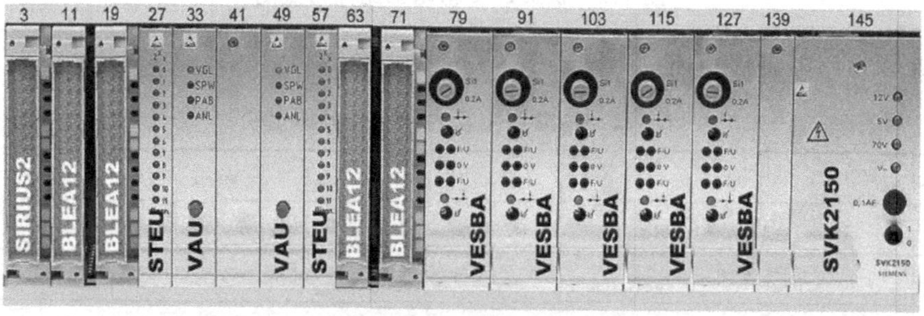

图 7.9 运算单元

VAU—数据处理监视板；STEU—控制诊断板；BLEA12—闭塞信息输入/输出板；SIRIUS2：串行通信板；VESBA—放大、触发滤波板；SVK2150—电源板

VAU 是中央处理单元，并构成故障-安全的微机系统，VAU 组件具有双通道同步运行的检查器和比较器功能；每个计算机通道都有 STEU 组件，可分析接收到的信号；BLEA12 组件输入/输出所有进出联锁系统的信号，可有选择地插入另外一对 BLEA12 组件；SIRIUS2 组件将运算单元进行连接，它提供两个双向的串行接口，每个接口都有一个 V.24 输出端；每个直接连接的计轴点都需要一个 VESBA 组件，它将室内和室外设备从电气上进行隔离，VESBA 组件将 f_1 和 f_2 分成两个独立的通道并对其进行滤波、放大、检波和整形；SVK2150 供电组件为两个 SIMIS C 计算机通道和其他外围组件如 STEU、BLEA12、SIRIUS2 以及 VESBA 供电。

主机柜是用于装载运算单元和接线排层的机柜。

接线排层为计轴系统进行数据传输和与外部设备进行连接的通道。

（二）计轴系统原理

在所监测区段的每一个端口都装有一个计轴点。这些计轴点监测在这个轨道区段上运行的机车和车辆的轴数及运行方向。每个计轴点通过一根两芯电缆将监测信息传送到运算单元；同时，这条电缆也用来向计轴点供电。计轴系统用于自动监控区间线路和车站线路，显示线路空闲检测区段、道岔和股道的状态为“空闲”或“占用”。

列车从所检测区间的一端发出，驶入区间，经过计轴点时，运算单元对传感器产生的轴信号进行处理、判别及计数，此时轨道继电器落下。发车端不断将“计轴数”及“驶入状态”等信息编码传给接车端。当列车驶出区间，经过接车端计轴点时，接车端计数，并将“计轴数”及“驶出状态”传给发车端。当两端对“计轴数”及“驶入、驶出状态”校核无误后方可使两端轨道继电器吸起，给出所检测区间的空闲信号，如图 7.10 所示。

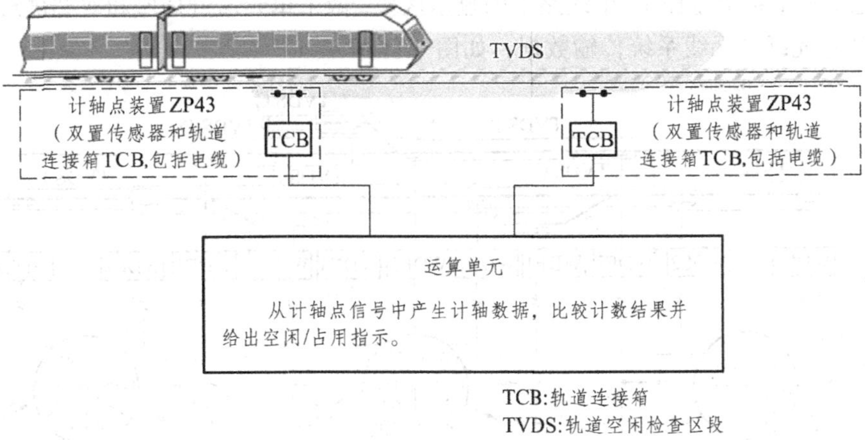

图 7.10 计轴原理图

计轴系统包括 ZP43 计轴点装置和运算单元。安装在一根钢轨上的双置传感器探测通过的车轮。当车轮通过时，会改变传感器的发送器和接收器之间的交变电磁场，从而改变接收线圈上的感应电压，其幅度的变化及其变化的时间顺序包含了计数和识别方向所必须的信息，这个信息从计轴点传送到运算单元。

运算单元的作用包括：处理计轴点传来的信号；比较进入区段的轴数和离开区段的轴数；监控线路区段，给出空闲/占用指示。与轨道电路检测一个区段相比，使用计轴设备可以检测区段的长度大得多。对于系统复位，运算单元提供了连接计轴复零按钮的输入端。当投入运行或维护、维修完成后，按压此按钮，运算单元即恢复到起始位。

计轴与轨道电路相比具有以下优势：轨道区段的长度几乎没有限制；不需要绝缘节；不受道床电阻的影响；在钢轨表面生锈、污染条件下，仍能可靠安全地检测列车进出区间；对电气化区段牵引回流的连接及接地线无限制等。

三、计轴系统说明

（一）计轴系统概述

AzS（M）350U 计轴系统是西门子计轴系列的新成员，这些计轴系统在安全性、可靠性和经济性方面满足了许多从事近郊运输和远程运输人员的高要求。AzS（M）350U 专为远程铁路、区域铁路、工业铁路和城市铁路而设计。其使用范围包括：干线和次要线路；铁路车站范围；单线和多线区间；有闭塞和没有闭塞的区段；所有牵引类型；所有通用的车辆类型；任何长度的线路区段；列车速度最大为 400 km/h。

（二）计轴系统特点

1. 灵活的系统配置

AsZ（M）350U 的一个重要特性是可以直接连接 5 个 ZP43 计轴点，每个运算单元可以检测 4 个线路区段。由 3 个运算单元组成的一个完整系统可以在一个运算单元里处理 11 个计轴点的信息，整个系统监控 12 个线路空闲显示区段。两个单元通过插座和双芯屏蔽铜导线连接，可以通过光纤或无线系统传输数据，如图 7.11 所示。

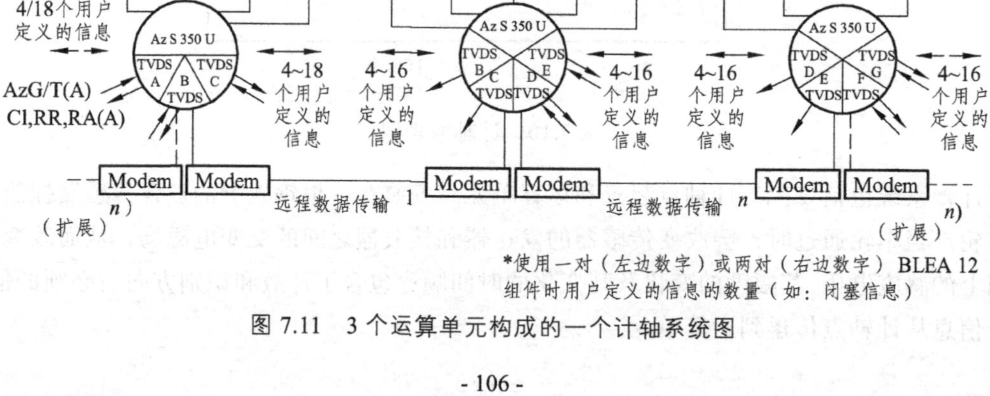

图 7.11　3 个运算单元构成的一个计轴系统图

运算单元可以通过“级联”的形式进行任意数量的连接，可以处理相邻系统的信息。通过将计轴点信号“数字复用”，即两个运算单元利用同一个计轴的信息，可以节省计轴点，如图 7.12 所示。

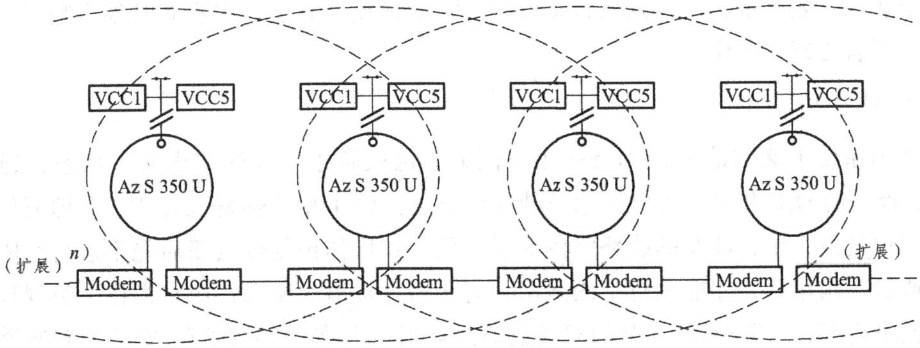

图 7.12　运算单元的级联图

除计轴点和区段数据处理，AzS（M）350U 还能双向传输二进制数据，二进制数据的传输通过 SIRIUS2 板实现，二进制数据的输入/输出通过 BLEA12 板实现，AzS（M）350U 的组件进行最大配置时，可以最多传输 24 对用户定义的二进制信息，如表 7.3 所示。

表 7.3　信息数量

检测区段数量	BLEA12 第一对用户定义的信息数量	BLEA12 第二对（可选）附加的用户定义的信息数量	使用两对 BLEA12 板用户定义的信息数量
0	12	12	24
1	10	12	22
2	8	12	20
3	6	12	18
4	4	12	16

注意：使用 24 对用户定义的信息时，不能检测区段空闲，在整个计轴系统里，特殊操作信息是双向传输的，在级联情况下，输出的信息各自连接到“邻近系统”里。

2. 故障-安全

西门子 SIMIS 安全微机系统是专门为故障-安全问题而研制的。它检测所有对安全极为重要的信息，并对他们进行双通道处理。西门子 SIMIS 微机系统由两个相互独立的计算机组成，它们不断地处理相同的任务，产生一个相同的双通道输出信息。只有两个计算机结果一致时，才允许将输出结果传给程序控制电路；在结果不一致的情况下，切断输出电路。整个系统安全性的依据是将双通的 SIMIS 基本原理应用于所有对安全极为重要的设备部件上。

3. 灵活的设计

通过 BLEA12 组件上的 DIP 开关，可以设置所需要的参数。通过计轴系统的软件确定功能。计算机启动时，读入开关位置，并由程序检查是否设置正确。如果检测失败，则运算单元进入安全状态。如在运行时需要对系统进行修改，也能迅速通过 BLEA12 组件的 DIP 开关来实现。

4. 数据传输的程序保护

两个 AzS（M）350U 运算单元通过 MODEM 连接，MODEM 与 MODEM 间通过导线、光缆或无线系统进行连接。连接中断或明显受到干扰时，AzS（M）350U 可以把所有的输出置于安全状态，如果重新连接则又自动接收 TVDS 的实际状态，在没有其他影响时，继续正常运行，不需要复位操作。

5. 复位选择

在计轴系统上必须能够做到将一个空闲显示区段置于基本的“出清”状态，通过设置 BLEA12 板上的 DIP 开关，可以使用三种复位方法：原 T 型计轴复位方式、立即复位、预复位。在“预复位”中，涉及的线路空闲显示区段，在操作预复位按钮后先不进行空闲显示，再接着通过一次车后，才能进行空闲显示，对于通过提出的要求，应在操作人员规程里做出规定以便进行配置。除故障-安全的双通道输出空闲/占用外，还将故障-安全的双通道 AzGrT 或 vAzGrT 输入导弹运算单元里。操作人员可以得到单元里 AzGrT 或 vAzGrT 是否成功操作的信息，并将 GT（复位确认）信息传至联锁系统，对于每个区段都提供一个 GT。

6. 灵活的供电

AzS（M）350U 的输入电压范围是 21.6 ~ 72 V DC。AzS（M）350U 运算单元中的电源板产生所有必需的工作电压，即内部使用的 5 V DC，外部使用的 70 V DC。通过连接到 VESBA 组件的电缆直接供电，或者通过外部供电的带通组件直接从当地的电源上获得供电电压。供电组件可实现室内和室外设备之间的电隔离。

7. +/－轴功能

由 BLEA12 板上的 DIP 开关决定是否增加“+/－轴功能”。为解决“干扰轴”的问题，西门子对软件进行了修改。采用 WG 与 JG 轨道条件，并结合软件的逻辑判断解决“干扰轴”的问题。当 WG 与 JG 空闲时，在 30 s 内部连续计入 2 个轴则视为干扰，系统自动清除该“+1”轴或“－1”轴，在此过程中，区间轨道继电器保持原状态。当 WG 或 JG 占用时，所有计轴数均为有效轴。

第二节　ACS2000 微机计轴设备

一、ACS2000 微机计轴设备简介

（一）ACS2000 微机计轴设备概述

ACS 型微机计轴系统采用双通道可编程微处理器系统组成 2 取 2 安全型运算器，检查和处理所有的安全信息。系统具有逻辑判断能力，通过不同的软件和设置，能够对多种轨道区段进行处理，适应范围广。软件和硬件都采用模块化设计，结构简单、维修方便。

ACS 系统采用独特的轮缘传感技术，具有较高的技术水平，其可靠性较高而且占用钢轨单面，安装方式极为简便。ACS 系统的另一个特点是没有室外电子设备，车轮传感器直接和室内设备连接，克服了室外放置电子器件易受环境温度，强电磁干扰和物理损坏的缺点。极大地减少了设备维护的工作量。

（二）ACS 型计轴设备特点

（1）对从磁头传来的轴脉冲的处理采用故障-安全方式（双 CPU 进行独立处理）系统按故障-安全原则设计。

（2）具有故障弱化功能：每个检测区段均由独立的计轴主机处理，不会因某个计轴主机的故障而影响到其他区段。

（3）复零方式采用直接复零或预复零方式。

（4）系统采用星型方式，不会因为某个传输问题而影响到其他区段。

（5）室外检测点车轮传感器直接连接室内计轴主机，检测点无须接地线。

（6）室外每个检测点需一个星绞四芯组，电源和信号可在同一个四芯组内。

（7）面板指示简单明了，便于故障查询与定位。

（8）计轴设备故障不影响 CBTC 系统的安全性和效率。

二、计轴系统组成及原理

（一）ACS2000 微机计轴设备系统构成

ACS2000 微机计轴设备系统构成如图 7.13 所示。

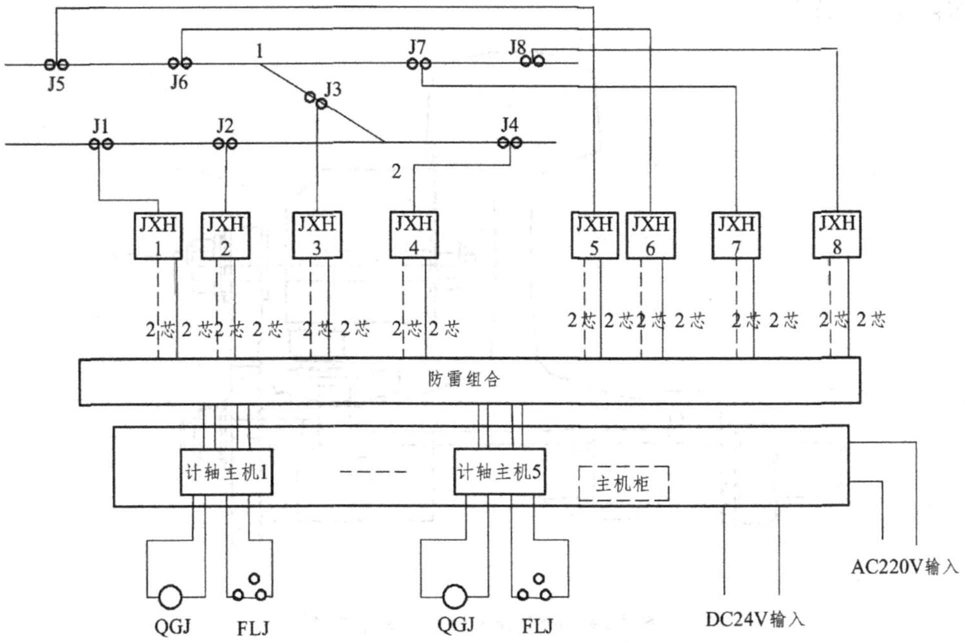

图 7.13　ACS2000 微机计轴设备系统框图

1. 车轮传感器 RSR180

车轮传感器 RSR180 安装在室外，包括：

（1）车轮传感器 RSR180。

（2）车轮传感器夹具和保护管。

（3）车轮传感器电缆连接盒或 XB 箱。

2. ACS 型计轴主机柜

ACS 型计轴主机柜安装于室内，包括：

（1）运算单元。

（2）防雷设备。

（3）供电电源（电源屏提供 DC 24 V）。

3. 其　他

计轴检测点和室内主机的外部电缆连接系统。

（二）室外设备

1. 车轮传感器 RSR180 安装

车轮传感器是采用电磁感应原理来检测铁磁物质有无的有源车轮传感器，其突出的特点是和周围其他媒介无关且具有较好的大气适应性。RSR180 型车轮传感器采用先进的车轮轮缘传感技术，可精确判定车轮信息，具有较强的抗干扰能力。

车轮传感器直接固定于钢轨的内侧（可卡式和打孔安装，一般多采用卡式安装，见图 7.14 和图 7.15），且无须室外电子设备，车轮传感器直接和室内设备相连，具有室外设备简单，安装紧固方便的特点。

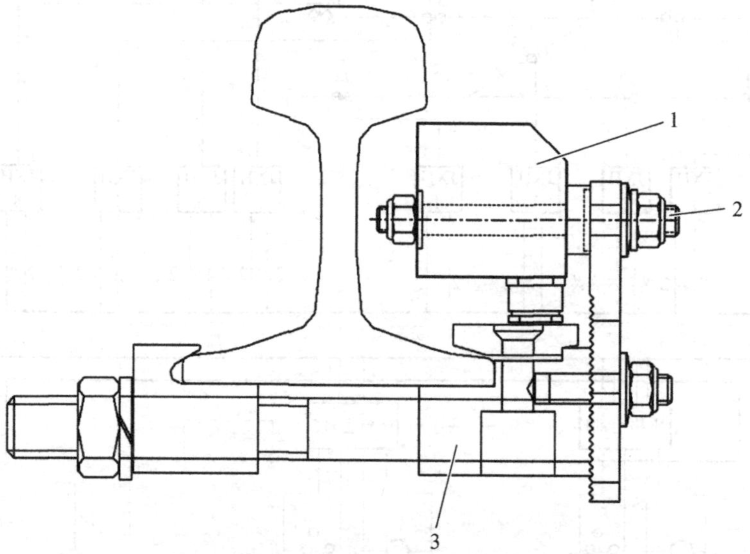

图 7.14　RSR180 卡式安装示意图

1—车轮传感器 RSR180；2—固定夹具；3—紧固螺栓

图 7.15　RSR180 卡式安装示意图

2. 车轮传感器 RSR180 接续

车轮传感器和室内设备连线每一个车轮传感器需要 2 对芯线，分别为供电线和检测数据线。每个检测点需一个车轮传感器。建议每个检测点采用一个 4 芯星绞电缆组连接到室内相应主机上（见图 7.16）。

RSR180 型车轮传感器与室外的星绞电缆在轨旁接线盒处进行接续。车轮传感器至电缆接线盒的引线距离不大于 5 m（车轮传感器自带电缆长度为 5 m）。

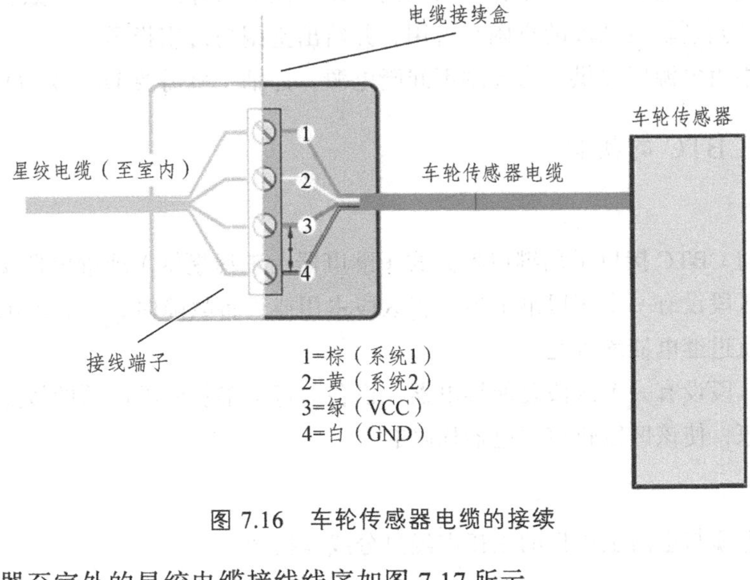

图 7.16　车轮传感器电缆的接续

车轮传感器至室外的星绞电缆接线线序如图 7.17 所示。

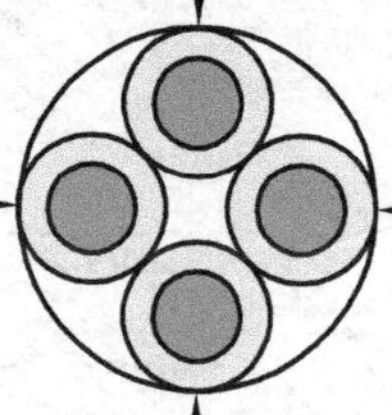

图 7.17 星绞电缆的使用

（三）室内设备

1. 计轴主机硬件构成

计轴主机主要由 EB 板、CPU 板及 SIB 板等组成。

（1）EB 板：用于给车轮传感器的两个传感系统供电及对由车轮传感器传回的信息状况进行判别。其输出信号传给 CPU 板。

（2）CPU 板：此板为系统的运算部分，内部由一个 2 取 2 的安全型计算机系统和相应的采集、故障-安全输出等单元组成。负责处理 EB 板的信号，并通过继电器输出轨道区间空闲或占用状态信息。CPU 板输出的轨道占用和空闲条件可以是继电器接点信息（继电器前后接点），也可输出外接继电器的励磁电压信息。CPU 板采集输入的区段复零信息由继电器接点给出（短路接点）。

（3）SIB 板：用于向 CPU 板、EB 板、车轮传感器 RSR180 等部件供电。

2. 计轴主机功能

（1）接收并运算从室外车轮传感器传来的轴信息。

（2）比较进入轨道区段计入车轮轴数和离开该区段的所计出的车轮轴数。

（3）检测及判别轨道区段的空闲与占用，并给出空闲与占用指示。

室内主机柜由电源屏提供，为连续不间断电源。计轴主机需要 DC 24 × (1 ± 5%)V 供电。

（四）与 CBTC 的接口

1. 组合架

计轴设备与 CBTC 接口采用继电器方式（继电器由工程提供）或继电器接点方式。

每个检测区段设有一个区段继电器，当区段占用或设备故障时，区轨继电器均落下；当区段空闲时，轨道继电器均吸起。

每个检测区段设有一个区段复原继电器，设备通过采集复原继电器的接点条件完成对该轨道区段的复原，使该区段轨道继电器均吸起。

2. 分线盘

所有室外电缆与室内主机柜的连接需经过分线盘接续。

3. 电缆接续箱

用于室外电缆的接续。

4. 表示盘

建议在表示盘上设区段空闲/占用灯，区段复原按钮及计轴使用/停用按钮（带计数器和铅封）。

三、计轴系统说明

（一）环境要求

室外：温度 – 40 ~ +85 °C；相对湿度不大于 95%（温度为 25 °C 时）。

室内：温度 – 5 ~ +40 °C；相对湿度不大于 95%（温度为 25 °C 时）。

在上述温度、湿度条件下，设备不需空调设备。

环境尘埃要求：不大于 0.4 mg/m^3（漂浮）。

（二）电源要求

室内计轴主机运算单元电源由电源屏不间断电源系统提供，输入电压范围 DC24 × (1 ± 5%)V，输入电源纹波不大于 2.0 mV。

功耗：各设备集中管辖区最大工作电流为 10 A，启动电流最大为 20 A。具体每个设备集中管辖区的功耗在设计联络时确定。

（三）接地要求

室内设备地与防雷地分设，采用共用接地线时，接地电阻值≤1 Ω；采用专用地线时，接地电阻值≤4 Ω。

（四）机械结构

（1）结构形式：基本形式为标准 19″机柜。

（2）基本框架：为铝型材框架。

（3）前门为单玻璃门，后门为单钢门，钢门开有通风孔。

（4）侧板：为可拆卸型。

（5）底座：开有电缆槽，地脚为可调、加装滚轮。

（6）安装立柱：19″安装立柱。

机柜具有良好的通风、防尘、防潮及一定的电磁屏蔽功能。框架整体具有良好的导电性。室内所有设备都安装于主机柜中（室内主机柜质量约 150 kg），主机柜其尺寸为：600 mm × 600 mm × 2 000 mm（深 × 宽 × 高），计轴主机所有的电路板都插在标准的 19″标准工业插箱并安装于主机柜内，所有的输入、输出及供电等都通过机柜底部引入柜内的端子排，对外连接简单、可靠。室外部分的车轮电子检测器采用铸铝制成，有良好的防尘、防潮及抗电磁干扰功能。车轮传感器器件及接入电缆嵌于聚氨酯泡沫中，具有很强的抗机械应变能力。

（五）抗静电措施

处理电路板注意事项：

（1）必须将电路板放在与地相连的绝缘垫上。

（2）拿起电路板时，只触碰电路板的边缘或前面。

（3）拔出电路板时，应拉住电路板前面的手柄。

（4）未安装的电路板在储存或运输过程中必须包装好。

（5）印制板不能裸板运输，也不能叠放。

（六）过电压/电流的保护

电源设有过压及输出短路保护等，过压或过流时切断输出。

（七）复零方式

计轴主机在初始工作和由于磁头损坏、计轴设备故障等特殊原因，导致计轴设备不能正常工作时，相应轨道区段继电器落下，故障修复后需进行复零操作。

每个轨道区段在操作台均有单独复零按钮，计轴主机对相应的复零条件进行采集，实现区段复零。复原条件采集如图 7.18 所示。

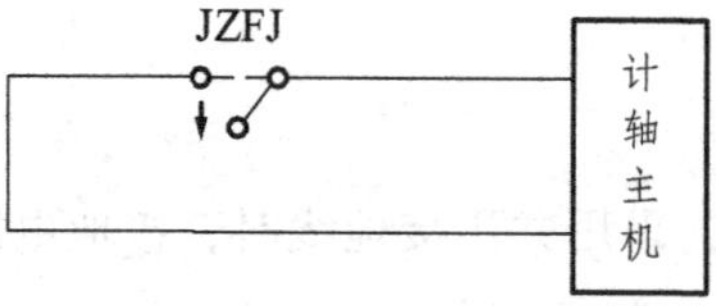

图 7.18　复零条件采集示意图

复零方式分为直接复零方式和预复零方式，在地铁中多采用预复零方式。

直接复零方式：设备初始上电或故障修复后，由值班员确认所检测区段空闲，按压相应区段复零按钮，该区段显示空闲状态，相应区段轨道继电器吸合。

预复零方式：设备初始上电或故障修复后，由值班员确认所检测区段空闲，按压相应区段复零按钮，此时仍需要在该区段完整通过一列车，相应区段轨道继电器吸合。

在复位过程中：

（1）区间内不能有车轮。

（2）没有车轮传感器被受阻或被通过。

（3）复位按钮按压时间要超过 0.5 s。

（八）防　雷

系统配置了一套较为完善的防雷设施，由专用 BIS 过压保护组件组成（见图 7.19）。系统在室外车轮传感器和室内主机间的传输通道均设置了 BSI 过压保护装置。

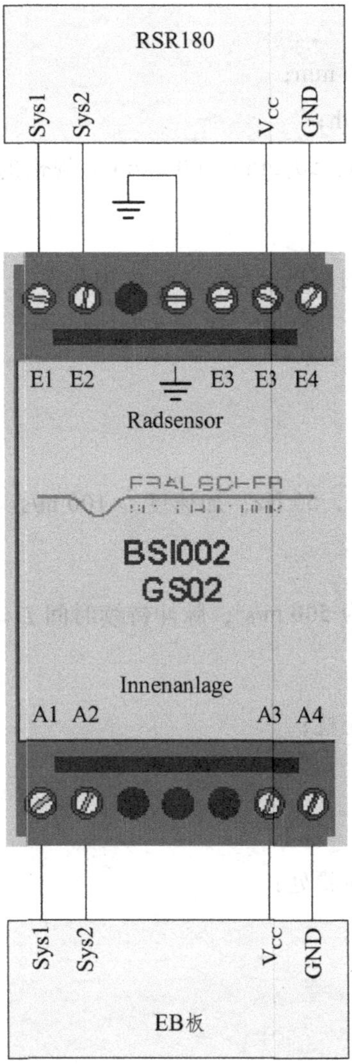

图 7.19　防雷组件连接示意图

（九）系统维护与维修

由于采用高可靠性的硬件元件及先进的轮缘检测技术，设备进行了最大限度的优化设计，因此只需要有限的维护和维修。系统的备品备件也相对减少。

系统采用的单元盘设有相应的测孔及发光二极管指示，系统的工作状态及故障状态可以通过面板相应的指示予以了解。

（十）系统主要技术指标

1. 适应的环境条件

环境温度：室内设备 –5 ~ +45 °C；室外设备 –40 ~ +80 °C。

相对湿度：车轮传感器不大于 95 %（25 °C）；其他设备不大于 90 %（25 °C）。

2. 适应列车速度

适用车轮轮径：300 ~ 2 100 mm；

允许车轮速度：0 ~ 450 km/h；

车轮传感器适应于 43 kg/m、50 kg/m、60 kg/m 等规格的钢轨安装。

3. 牵引方式

牵引方式包括：蒸汽机、内燃机，AC、DC 电力机车。

4. 计轴容量

计轴容量：8191 轴。

5. 室外设备振动

车轮传感器：f = 10 Hz，…，55 Hz；加速度为 100 m/s。

6. 室外设备冲击

车轮传感器：峰值加速度为 500 m/s^2，脉冲持续时间 D = 6 ms。

7. 线　路

轨枕：木枕，钢枕，混凝土枕；

道床电阻：>0 Ω。

8. 车轮传感器

安装位置：轨枕间钢轨的轨腰处；

工作频率：250 kHz；

电缆长度：≤5 m；

环境温度：－40 ~ +85 °C。

9. 计轴主机

功率：20W；

机箱：标准 3U 机箱；

环境温度：－5 ~ +40 °C；

供电电压：DC 24 V。

10. 设备的可靠性

平均无差错计轴数≥1×10^9轴；

平均无故障工作时间≥1.75×10^5 h。

轨旁设备的平均故障修复时间：MTTR≤2 h。

11. 其　他

（1）符合《铁路信号设备雷电电磁脉冲防护技术条件》（TB/T 3074—2003）。

（2）具有故障自检功能，当设备发生故障时能检测并通过面板指示灯准确给出故障显示。

（3）其余要求均符合 TB 2296 计轴设备通用技术要求及铁道部运输局运基信号〔2007〕99 号《站内计轴轨道电路技术标准（暂行）》。

12. 维修和注意事项

（1）安装，调试和维修人员一定要事先经过培训，才能参与工作。

（2）关键器件的安装、调试一定要有专业技术人员在场，并由指定人员进行。

（3）设备安装调试和日常维修一定要做好记录，对损坏的器件也要做必要的记录。记录项目包括日期、损坏时的情况、经手人等。

（4）严防磁头被人为地损坏。不能随意拆换元器件。

（5）印制板不能裸板运输，也不能叠放。

（6）在设备使用中，复位必须在区段无车的情况下才能进行，并要做值班记录。

（7）注意检查连接电缆是否有机械损伤；所有端子是否拧紧。

第三节　AZLM 微机计轴设备

一、AZLM 微机计轴设备简介

AZLM 系统是泰雷兹公司近几年在最新计算机技术、通信技术和传感器技术基础上开发的新型计轴系统，其技术和工艺引领世界先进水平。泰雷兹计轴设备系统由室内 ACE 主机和室外轨旁计轴点设备组成。轨旁计轴点设备包括 SK30 H 轨道磁头传感器和 ZP30 H 电子盒。室内主机与室外计轴点之间采用 ISDN 数据线进行通信，且电源与通信可以共线传输。每台主机最多可以检测 32 个计轴点、监控 32 个区段，适用于一般区段和复杂站场。

二、AZLM 微机计轴系统组成及原理

（一）总体配置

AZLM 微机计轴系统由下列部件组成（见图 7.20）：

（1）轨旁检测点（ZP30 H）：由轨道磁头、电子单元 E-Es 及密闭安装盒组成。

（2）计轴评估器（ACE）：由具有串行和/或并行 I/O 口的安全计算机模块组成。联锁接口可配置为串行（以太网）、并行（继电器/光电耦合器）或两种均可。

（3）检测点与计轴评估器间的数据传输和供电线路。

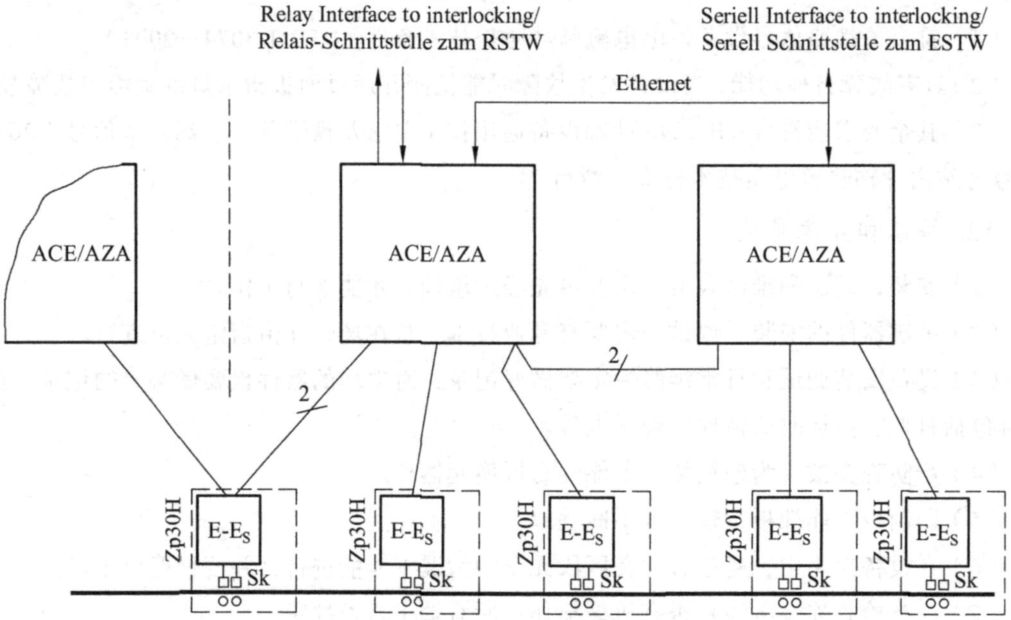

图 7.20　总体布置图

（二）计轴系统原理

1. 基本计数逻辑

ACE 对来自检测点的计数值进行评估，判断数值是否一致。

检测点计算经过轨道磁头的车轮数量和方向，并将这些数据传送给 ACE。定义一个标准的计轴参考方向（见图 7.21），其目的是使所有检测点的计数方向与列车的运行方向保持固定的相关性。

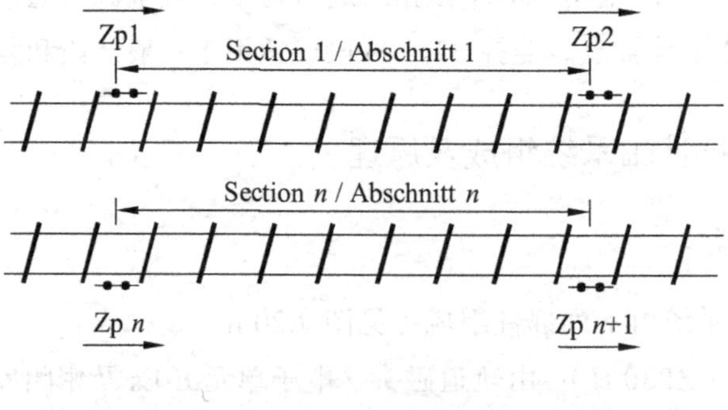

图 7.21　计数布置图

当列车按箭头方向穿过 ZP1 时，或列车按箭头相反方向穿过 ZP2 时，轴数被计入区段 1；当列车按箭头相反方向穿过 ZP1 时，或列车按箭头方向穿过 ZP2 时，轴数被计出区段 1。

2. 轨道配置

检测点位于轨道区段的两端。在轨道区段分界线上，需要有 1 个被两个区段共同使用的检测点，如图 7.22 所示。

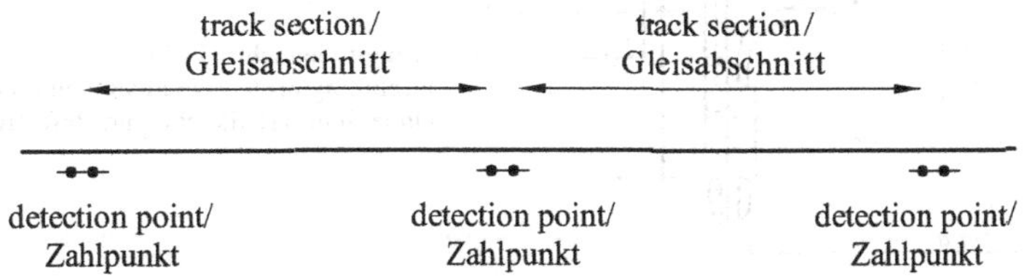

图 7.22　相邻区段检测点示意图

轨道区段的布置可以很复杂，可能的轨道区段配置情况有：单区段（无道口和道岔）、尽头线、道岔、复杂道岔布置、道口、一组区段、一组道岔、一个道口和闭塞线路。

三、计轴系统说明

（一）轨旁设备

检测点 ZP30 H 的主要特性为：

（1）双磁头，可以进行调整以适应常用轨形。

（2）极高的计数可靠性。

（3）不受直流和交流牵引电流以及谐波干扰的影响。

（4）不受涡流制动的影响。

（5）与评估器（ACE）间的容错数据传输。

（6）安装步骤简单。

1. 磁　头

1）运行原理

磁头包括 2 套物理上分离的线圈组 Sk1 和 Sk2，安装在同一根钢轨上（见图 7.23）。在钢轨外侧的是 2 个发送线圈，在钢轨附近产生两个频率有细微差别的磁场，约 30 kHz。在钢轨内侧的是 2 个接收线圈，产生 2 个时间偏移的感应电压，电子盒通过这些感应电压判断车轮的出现和行进方向。出于可靠性的考虑，除了发送/接收磁头内的线圈外，磁头内没有其他电子器件。接收线圈中的电压和相位都会进行评估，以保证极高的车轮检测可靠性。

磁头使用的频率、接收磁头外壳的形状和材料以及接收/发送磁头相应的线圈调整都是经过精选的，以此保证牵引电流和制动的谐波干扰不会影响车轮检测进程。针对严重电磁干扰的防护（比如防范短路和轨道制动的磁场），通过一系列措施来实现，包括相位敏感整流、移频键控以及接收/发送磁头使用无铁素体线圈等。

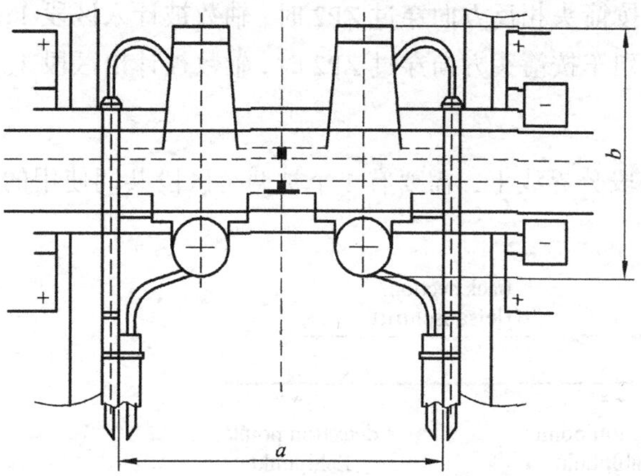

图 7.23　磁头结构

2）机械特性

磁头用三个螺栓安装在轨腰上。各个安装孔的垂直位置取决于钢轨剖面。可以通过调整发送磁头使系统适应多种钢轨剖面。

每个接收/发送磁头均使用 4 m 长的固定电缆安装，与电子单元连接。如果需要，可以使用更长的电缆。

2. 电子单元 E-Es30 H

电子单元 E-Es30 H 为发送磁头供电，检测和计算轮轴脉冲，监控磁头，进行自检并向 ACE 发送包含轴数和监控信息的报文。计数、监控和报文生成功能由 2 个受 ACE 安全模块监控的独立微控制器执行。向 ACE 的数据传输使用 ISDN 的物理层和通信层。ES30 H 结构图如图 7.24 所示。

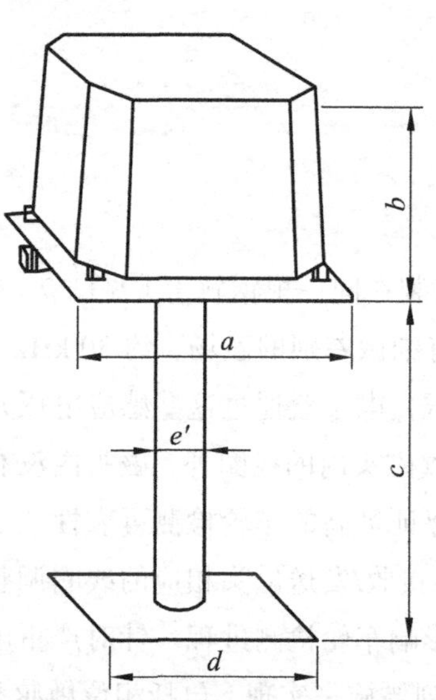

图 7.24　EAK30 H（包含 E-Es30 H）结构

从联锁室到轨旁设备的电源与ACE数据传输使用相同的2芯电缆,也可以使用本地电源。为了满足长电缆上一定程度的压降，ZP30 H 能够在大范围的直流输入电压上运行。功耗大约为 7 W + 电缆损耗（额外的，最高 7 W）。

ZP30 H 通常使用不间断电源，其额定电压为 60 V，…，120 V DC。

（二）传输途径

对于轨旁设备和 ACE 之间的通信线路,系统使用标准的通信电缆——双绞线或星形四芯组。数据传输安全由报文的特殊安全码来保证。其使用协议同样适合多路数字传输系统的传输。协议遵循 EN50159-1。

（三）室内设备

1. 计轴评估器 ACE

组成 ACE 的基本室内设备包括：安全计算机模块、电源、串行 I/O、并行 I/O，ACE 可以安装在开放机架或封闭机柜中。

1）安全计算机模块

安全计算机模块是一个 2 取 2 计算机系统。

通过计算机通道间交换信息可以实现基于软件对比的安全处理。交换信息后，计算机执行一个裁决程序，确定全部计算机通道是否一致。如果不一致，则执行一个安全反应。这种机制也执行计算机同步功能。为了降低故障暴露时间，RAM、ROM 和 CPU 测试在后台模式下运行，并和上文一样比较结果。

2）电源模块

每个 CPU 通道都有自己的 DC/DC 转换器，向电子设备提供 5 V 和 12 V 电源。

3）串行 I/O

轨旁设备发出的数据通过串行 I/O 模块接收。这些模块是预处理板，它们对检测点到安全模块 I/O 总线的串行数据进行转换。预处理器与安全模块之间的接口使用工业标准的 CAN 总线。

每个串行 I/O 板被分配给一个（冗余 ACE）或两个检测点（无冗余 ACE），占用 ACE 的一个 I/O 槽。

在不止一个 ACE 内使用一个检测点，可以环链一个检测点的报文给另外的 ACE。在 2 取 2 ACE 中，联结至串行 I/O 模块的磁头数量被减少到一个。

故障引起的检测点丢失会产生干扰状态，干扰仅限于特定检测点的相关区段内。

4）并行 I/O

轨道占用信息通过并行I/O预处理器模块从安全模块输出,它使用与串行I/O相同的CAN总线传输。

串行和并行 I/O 模块是兼容的，按照要求的组合方式插入到评估器子架上的 I/O 槽中。

每一区段的并行 I/O 模块占用一个 I/O 槽。

5）与联锁模块的串行接口

在安全模块的计算机板上可以安装一个以太网数据接口。数据通信是安全的，由适于单通道安全数据通信的协议来进行安全保护。使用冗余接口，确保高度的可用性。

6）诊断接口

使用一个以太网接口和一个串行接口，进行 ACE 和所连接检测点的诊断。串行接口的通信是通过手提式计算机，使用特殊诊断软件来完成的。以太网接口被预留给远程诊断而不是用于联结 SSI。

（四）诊　断

在计算机上安装专用软件后，可通过 CPU 板上的诊断接口查询 ACE 的内部状态，将 CPU 中提取出来的信息分类，并在一个可读的表格中显示。不管是对于 ACE 还是轨旁设备，该表格均适于进行故障查找。

诊断的第二种方式是使用 LED，它表明了 ACE 和轨旁设备的重要功能是否正常运行。

（五）可靠性

通过下列方式确保硬件可靠性：

（1）使用工业标准的微处理器。

（2）全部设备的工厂老化测试。

（3）符合 ISO 9001 要求的质量管理。

（4）从检测点到 ACE 的容错数据传输能够显著地降低由于电缆上电磁干扰造成的计轴器干扰概率。

（5）与螺丝端子相比，在笼子上使用压线端子更能够提高连接的可靠性。

轨旁和室内设备不需要日常维护。每年进行一次设备检查就能够确保可靠和安全性能。

在德国和国外客货混运干线上使用的泰雷兹计轴器有着多年的经验，它表明计轴器的期望误计率远远超出了 UIC 的要求。实践证明，可靠性数字可以达到每区段每年 0.05 个干扰。

这个预测排除了特定运行环境下的安全相关反应和由于非标准轮对和设备造成的计数错误，例如可在轨道维护车辆上发现的错误等。

（六）维　修

通过下列方式保持较短的维修时间：

（1）计算机中使用少量的板卡。

（2）模块化系统思想。

（3）计算机支持的内部 ACE 故障、通信恶化和轨旁设备故障的详细诊断。

第四节 TAZ-Ⅱ微机计轴设备

一、TAZ-Ⅱ微机计轴设备简介

TAZⅡ微机计轴设备为深圳科安达电子科技股份有限公司与德国提芬巴赫公司共同合作引进的用于列车定位检测的信号系统，型号为 S295。S295 型计轴系统设计符合中国铁路总公司有关技术条件，满足铁路信号系统的故障-安全原则，系统的安全完整性等级为 4 级（SIL4）。S295 型计轴系统分为室内外两个主体部分：室外车轮传感器及室内计轴主机。车轮传感器采用单体全铸封装设计，体积小，是室外唯一的电子设备，采用单侧安装于钢轨内侧的方式，安装灵活简便。计轴主机完成室外车轮传感器传输来的车轴脉冲信号处理，通过轴数统计、方向判别输出控制区段的状态（空闲、占用），具备与联锁设备的接口和与其他监测系统的数据接口。室内主机各计轴区段子系统采用模块化配置，各区段故障不影响其他区段的正常工作。

二、TAZ-Ⅱ微机计轴系统组成及原理

（一）TAZⅡ微机计轴系统组成

TAZ-Ⅱ微机计轴系统组成如图 7.25 所示。

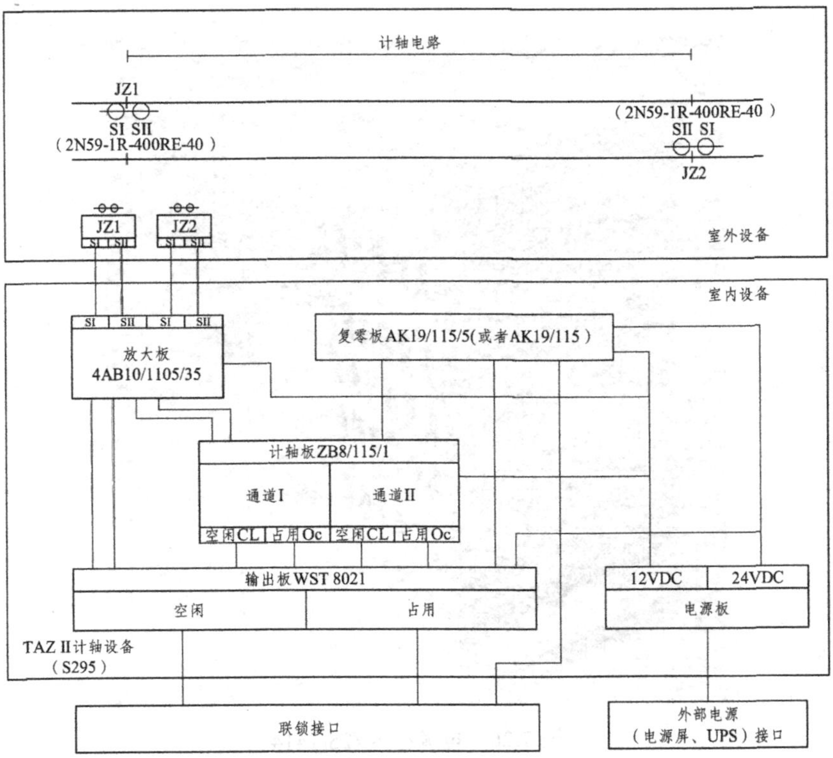

图 7.25 计轴系统组成

计轴设备的工作原理是基于对所监视的轨道区段两端计轴点驶入和驶出轮轴数的比较结果，以此确定该区段的占用或空闲状态。

计轴系统完成了列车驶入/驶出的车轮轮轴数的计数比较、方向判别、轨道区段状态（空闲、占用）条件的输出。

S295 型计轴主系统由车轮传感器、放大板、复零板、计轴板、输出板、电源板、监视板及其他附件组成。另外，S295 型计轴系统自带可选的独立的计轴监测子系统，计轴监测子系统独立工作于主系统，监测子系统故障不影响主系统的正常工作，计轴监测子系统提供外部监测系统的接口（如 RJ45、RS422 等）。

（二）计轴系统基本工作原理

1. 室内主要部件

1）电源板

S295 型计轴系统主系统配有 2 种型号的电源板 SV25/1414（见图 7.26）和 SV26/1414（见图 7.27）。输入电压均为单相交流稳压电源 220 V AC，允许范围 170 ~ 265 V AC。SV25/1414 为设备提供 24 V DC 工作电源，SV26/1414 为设备提供 12 V DC 工作电源。监测子系统采用独立供电，电源板为 NT6 型（见图 7.28），输入电压也是 220 V AC，输出 12 V DC 和 5 V DC 供监测子系统各模块工作使用。

图 7.26　电源板 SV25/1414

图 7.27　电源板 SV26/1414

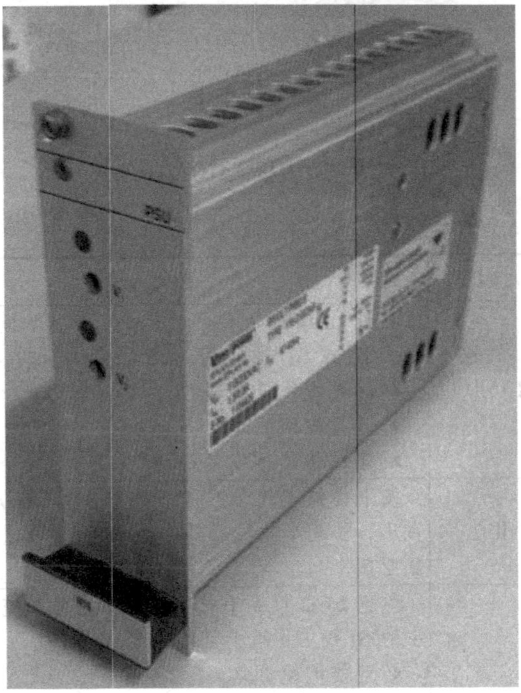

图 7.28　电源板 NT6

2）放大板

放大板的主要功能：

（1）将车轮传感器感应到的模拟车轮轴脉冲信号放大、整形、滤波转换为数字信号。

（2）将 12 V DC 通过恒流源电路转换为车轮传感器需要的恒流工作电压 10 V DC。

（3）对车轮传感器状态进行监测。

（4）一块放大板满足 2 个车轮传感器的接入。

在计轴机柜上进行模拟行车时，使用放大板 SIM.Ⅰ和 SIM.Ⅱ。默认模拟行车时，根据信号平面图，由联锁分界点开始，默认从左往右，先 SIM.Ⅰ后 SIM.Ⅱ。放大板外观如图 7.29 所示，面板显示说明如表 7.4 所示。

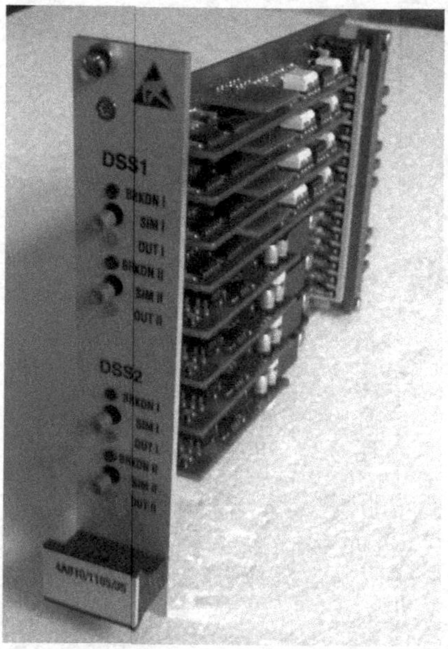

图 7.29　放大板 4AB10/1105/35

表 7.4　放 大 板

<table>
<tr><th>面板</th><th>指示灯/按钮</th><th>含　义</th><th>异常排查</th></tr>
<tr><td rowspan="3">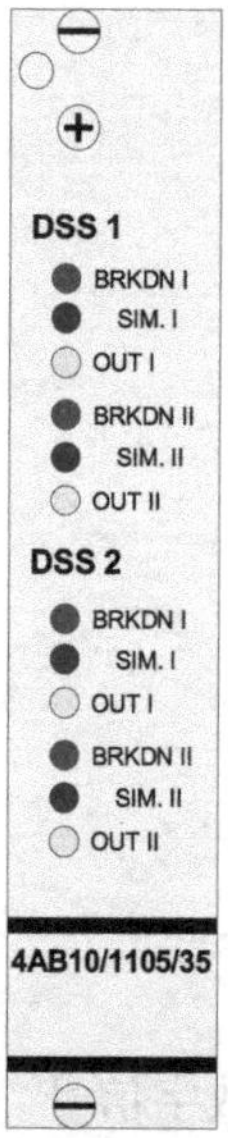
</td><td>BRKDN I（Ⅱ）</td><td>红色 LED 灯亮（对应车轮传感器系统中的 SI 或 SII），可能检测到：
● 连接电缆开路
● 连接电缆短路
● 车轮传感器安装松动</td><td rowspan="3">SI（SⅡ）状态电压指标：
空闲：5.04 ~ 8.25 V
占用：8.45 ~ 9.953 V
开路：9.953 ~ 10.0 V
松动：0.0 ~ 5.04 V
短路：0 V
测量线间电压，根据以上指标判断故障类型；
检查配线情况；
放大板是否异常；
传感器自身故障</td></tr>
<tr><td>SIM.I（Ⅱ）</td><td>按下模拟车轮传感器系统中 SI（SⅡ）占用；释放车轮传感器系统 SI（SⅡ）恢复空闲</td></tr>
<tr><td>OUT I（Ⅱ）</td><td>黄色 LED 灯亮（对应车轮传感器系统中的 SI 或 SⅡ用）可能检测到：
● 连接电缆开路
● 连接电缆短路
● 以下导致 SI(SⅡ)占用的条件之一：
○ 探测到车轮
○ 探测到金属阻尼物(如传感器测试板)
○ 按下 SIM.I（Ⅱ）模拟按钮
○ 车轮传感器安装松动</td></tr>
</table>

3）计轴板

计轴板的主要功能：

（1）采用二取二设计原理，处理放大板送来的轴脉冲信号并统计区段内车轮轴数。

（2）判别列车运行方向。

（3）给输出板输出空闲、占用信息。

一个计轴区段配置 1 块计轴板，如图 7.30 所示。计轴板面板的显示说明如表 7.5 所示。

表 7.5　计轴板面板显示说明

面板	指示灯/按钮	含　义
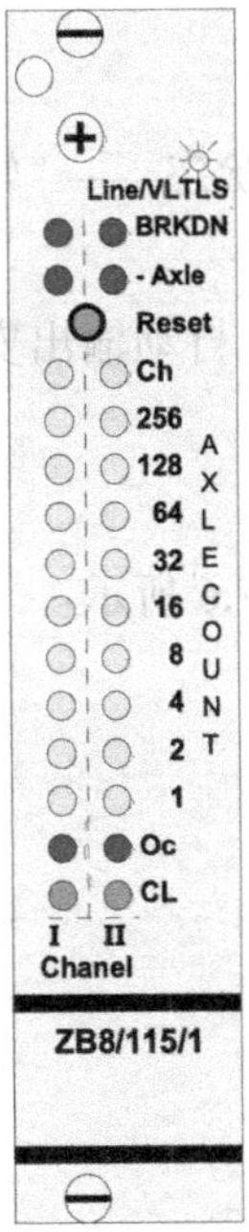	BRKDN	红色 LED 亮的原因： ● 初始启动，上电 ● 工作电压降低 →该信息被存储下来，只能通过 RESET 按钮取消
	-Axle	红色 LED 灯亮： ● 负轴（计出大于计入轴数）发生 →该信息被存储下来，只能通过 RESET 按钮取消
	RESET	按下 RESET 按钮可以： ● 将负轴信息消除 ● 轴数清为零 ● 故障恢复后 BRKDN 指示消除
	Ch	如果车轮传感器边缘脉冲序列和方向检测在工作： ● 计轴板计入第一个轴数时亮黄灯，在第二个轴数计入时，黄灯熄灭，在随后的“1～256”黄灯随着轴数计入 2 点亮直到最后一个计轴脉冲。 ● 如果 12 路传感器信号（对应 6 个车轮传感器）边缘脉冲序列发生错误，则 Ch 黄灯一直亮，可能原因有： ○ 开始的 1 路或者 2 路传感器没有完全驶过 ○ 车轮传感器系统开关距离不均匀 ○ 一路传感器系统被永久占用 ○ 传感器被监测到安装松动 ○ 计轴器计数溢出
	1～256	● 采用二进制（1～256）显示计轴轴数；亮灯数字叠加即为所记轴数，计入为加计数，计出为减计数 ● 当产生负轴时（1～256）黄灯一直闪亮，在随后的计入轴数仍然被记录 →按下 RESET 按钮可以将轴数清除，但系统仍然占用
	Oc	红色 LED 灯亮，由于： ● 轴数不等于零 ● 按下 RESET 设置 ● 发生故障
	CL	绿色 LED 灯亮，由于： ● 计轴板计数通过计出最后一轴设置为零 ● 没有任何引起占用的情况发生时

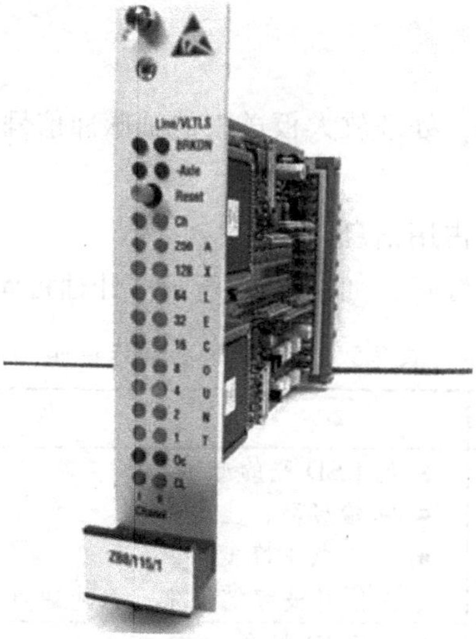

图 7.30　计轴板 ZB8/115/1

4）输出板

输出板的主要功能：

（1）承担计轴设备与控制设备（6502 电气集中及微机联锁）的接口。

（2）由继电器单元来比较计数单元的双通道数据，并使输出置于关联安全的状态——“轨道占用”或“轨道空闲”。

（3）输出板内继电器组成“故障-安全”逻辑电路。当计轴系统出现故障时，自动输出安全侧信息——“轨道占用”状态。

板上继电器接点通过的最大电流 $I_{max} = 2A$。

一个计轴区段配置 1 块输出板，如图 7.31 所示。输出板面板显示说明如表 7.6 所示。

图 7.31　输出板 WST8021

表 7.6　输出板面板显示说明

面板	指示灯/按钮	含　义
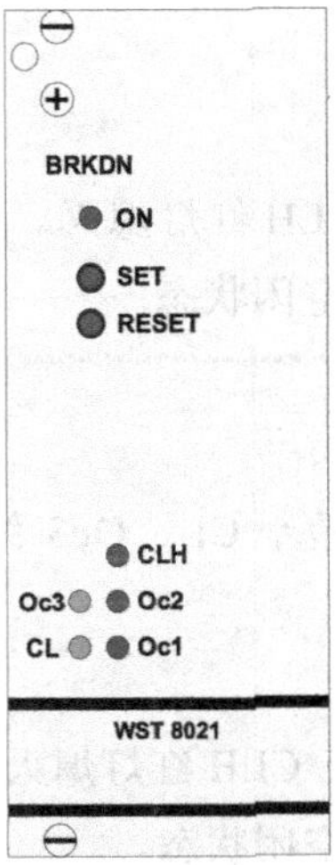	BRKDN ON	两个计数通道（Chanel I、II）计数不一致时，红灯亮。（计轴板光耦 ZB1 和 ZB2 信号不平衡）
	SET	按下 SET 使 BRKDN ON 继电器落下，ON 红灯亮，用于检查该继电器情况（每年检查一次）
	RESET	按下 RESET 使 BRKDN ON 继电器吸起，ON 红灯熄灭，用于检查该继电器情况（每年检查一次）
	CLH	• 当计数器组空闲，CLH 继电器没有得电时，红色 LED 灯熄灭 • 当计数器组占用（车轮传感器系统 SI 和 SII 占用），CLH 继电器得电吸起，红色 LED 灯亮
	Oc1/Oc2	• 当计轴板光耦 ZB1/ZB2 闭合（看计轴板 Oc 红灯指示）时，红灯亮。 →列车车轮完全通过车轮传感器（SI 占用→SII 占用→SI 空闲→SII 空闲）后，计轴板输出占用信息
	Oc3	• 当计轴板空闲时，绿色 LED 灯亮 • 当计轴板计数占用时，Oc3 继电器失电落下，绿色 LED 灯熄灭
	CL	• 当计轴板空闲（计轴板 CL 绿色 LED 亮，且车轮传感器系统 SI 或 SII 没有占用发生）时，绿灯亮 • 当车轮传感器系统 SI 或 SII 有占用发生时，CL 继电器失电落下，绿色 LED 灯熄灭（只有当计轴板输出占用信息，然后再输出空闲信息时，CL 继电器才得电吸起，绿色 LED 灯亮）

5）复零板

复零板的主要功能：

（1）AK19/115 实现直接复位、条件复位功能。

（2）Ak19/115/5 实现预复位功能。

一块复零板满足 2 个计轴区段的复位操作。

S295 型计轴系统的复位功能由复零板的选择上来实现，系统其他配置不变。

S295 型计轴系统的复位方式有以下三种形式：

（1）直接复位：在系统无故障且车轮传感器上方车轮传感器探测范围内无金属物存在的情况下，由于系统计轴区段占用对计轴系统进行“直接复位”时，系统立即输出空闲状态。

（2）条件复位：在系统无故障且车轮传感器上方车轮传感器探测范围内无金属物存在的情况下，由于系统计轴区段占用且计轴板此时为计出（减计数）轴数，对计轴系统进行“条件复位”时，系统立即输出空闲状态。

（3）预复位：在系统无故障且车轮传感器上方车轮传感器探测范围内无金属物存在的情况下，由于系统计轴区段占用，对计轴系统进行“预复位”时，系统将计轴板轴数清零，但是计轴区段仍处于占用状态，只有在下一次计轴过程，计入与计出轴数相等时才输出空闲状态。

AK19/115 型与 AK19/115/5 型复零板在执行复位过程中对复位脉冲序列处理过程不一样。

AK19/115 型复零板复位过程：

（1）计轴板 ZB8/115/1 计数清零，Oc 红灯亮。

（2）输出板 WST8021 被设置输出占用状态，Oc1、Oc2、CLH 红灯亮，CL、Oc3 绿灯熄灭。

（3）计轴板 ZB8/115/1 计入 2 轴。

（4）计轴板 ZB8/115/1 计出 2 轴。

（5）计轴板 ZB8/115/1 空闲，CL 绿灯亮。

（6）输出板 WST8021 输出空闲状态，CL、Oc3 绿灯亮，Oc1、Oc2、CLH 红灯熄灭。

（7）轨道区段空闲链路“CL、Oc3、BRKDN、CLH”闭合，区段输出空闲状态。

AK19/115/5 型复零板复位过程：

（1）计轴板 ZB8/115/1 计数清零，Oc 红灯亮。

（2）输出板 WST8021 被设置输出占用状态，Oc1、Oc2、CLH 红灯亮，CL、Oc3 绿灯熄灭。

（3）需要外部通过一辆车后，计轴板输出空闲。

（4）然后输出板 WST8021 输出空闲状态，CL、Oc3 绿灯亮，Oc1、Oc2、CLH 红灯熄灭。

（5）轨道区段空闲链路“CL、Oc3、BRKDN、CLH”闭合，区段输出空闲状态。

复零板外观如图 7.32 所示。

图 7.32　复零板

北京地铁 1 号线 TAZⅡ计轴系统采用“直接复位”方式。

6）熔丝板

熔丝板的主要功能：提供过流和过压防护。6SK/1204 型熔丝板安装在放大机箱，4SK3/1003 型熔丝板安装在计轴机箱。

（1）6SK2/1204 型熔丝板使用快断型 0.5 A 容量的熔丝管，尺寸为$\phi 5\times 20$ mm（直径×长度）。

（2）4SK3/1004 型熔丝板使用快断型 0.25 A 及 0.5 A 容量的熔丝管，尺寸为$\phi 5\times 20$ mm（直径×长度）。（注：1、2 安装 0.25 A；3、4 安装 0.5 A。）

熔丝板外观如图 7.33 所示。

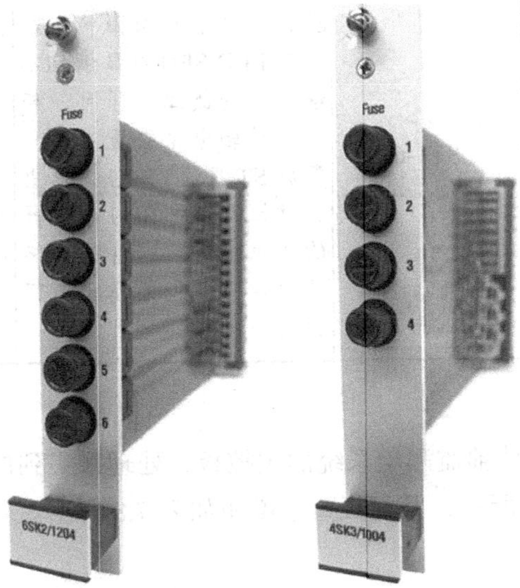

图 7.33　熔丝板

7）监视板

监视板的功能：由 6 个继电器构成的单元，用来监测放大板的电源电压。当放大板工作电压过低或者没有时，继电器落下，并使放大板相关的计轴区段输出占用信息。

监视板外观如图 7.34 所示，其面板显示说明如表 7.7 所示。

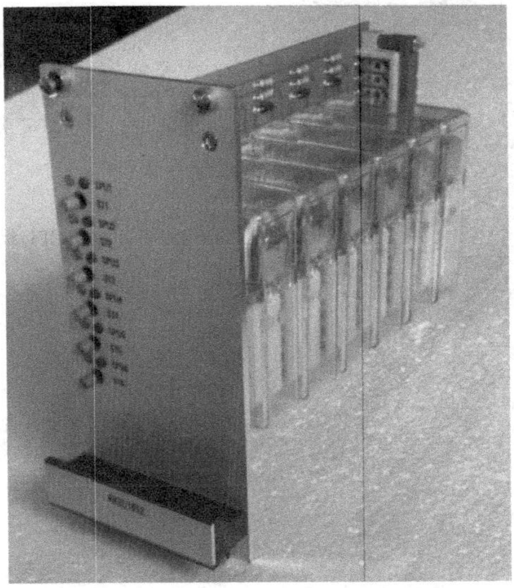

图 7.34　监视板 AR32/1612

表 7.7　监视板面板显示说明

面板	LED/按钮	含义	异常排查点
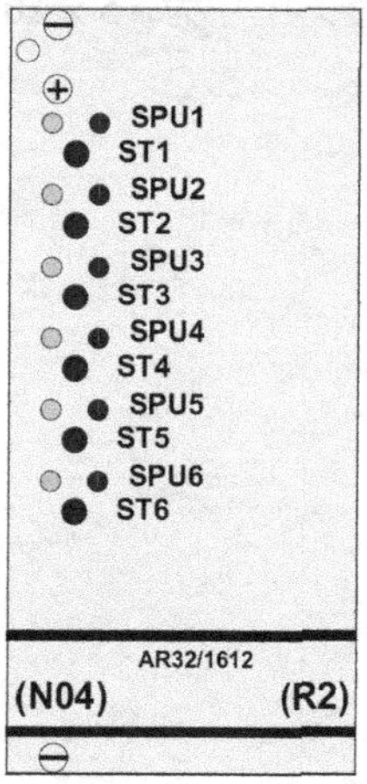	SPU1-6	当 SPU 继电器闭合，绿色 LED 灯亮，放大板的电源有效	电源板 SV26/1414 是否工作正常； 熔丝板 6SK2/1204 相应的保险管是否熔断； 放大板输入电压是否异常； 监视板继电器是否异常
	ST1-6	按压 ST 按钮，进行相应 SPU 继电器的故障检查。红色 LED SPU 灯显示 SPU 继电器的故障。同时，相应的计轴电路被置占用。释放 ST 按钮，SPU 电器重新吸起。完成 SPU 继电器的故障检查后，计轴电路必须通过复位操作重新回到初始状态	

8）CPU 板

CPU 板的主要功能：计轴监测子系统的主控板，处理采集到的输入信息。

CPU 板外观如图 7.35 所示，其面板显示说明如表 7.8 所示。

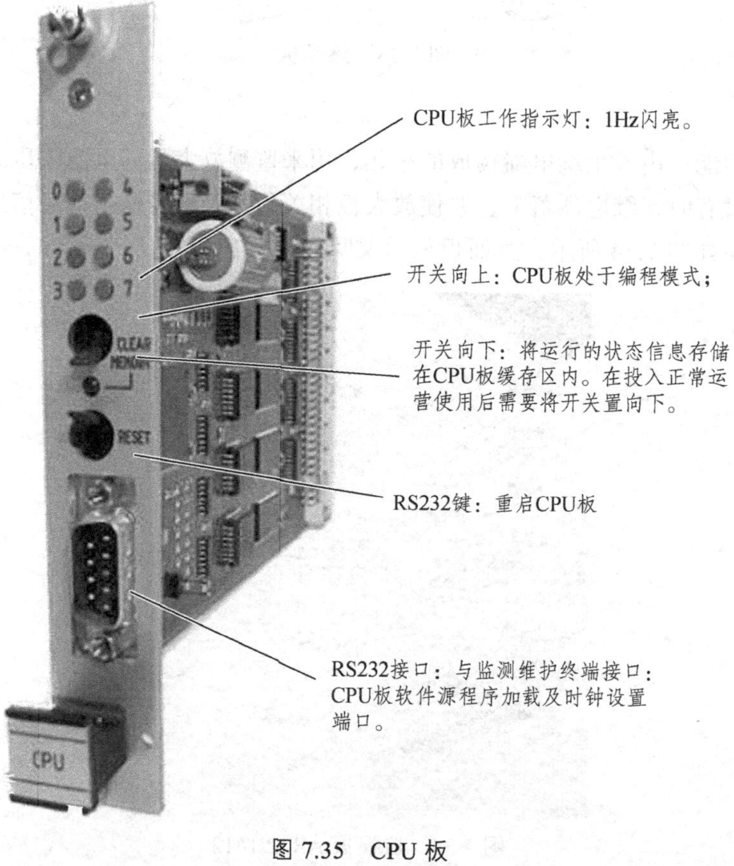

图 7.35　CPU 板

表 7.8　CPU 板面板显示说明

指示灯	含　义
0	CPU 板启动过程，第一步 0 号灯闪亮几秒后熄灭，随后 1 号灯闪亮几秒后熄灭，最后 7 号灯一直闪亮
1	
2	未定义
3	未定义
4	灯亮：未检测到 ISC 板；灯灭检测到 ISC 板
5	未定义
6	未定义
7	CPU 板正常启动后一直闪亮

9）ISC 板

ISC23 是计轴监测系统维护终端接收计轴主机监测系统内的数据输出端口。板卡在出厂时已经设置好（见图 7.36）。图 7.37 所示为 ISC 板外观。

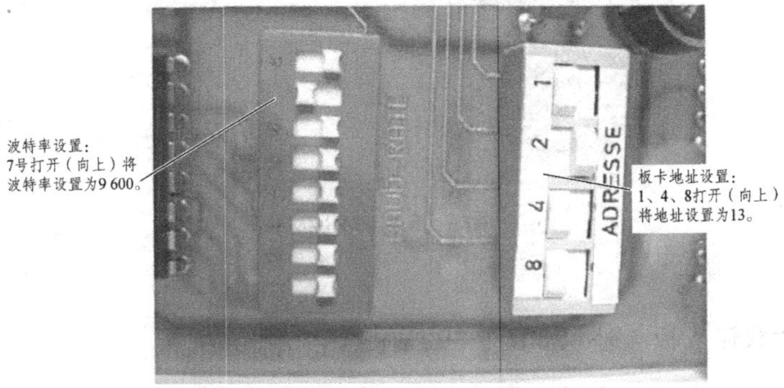

图 7.36　ISC 板拨码开关设置

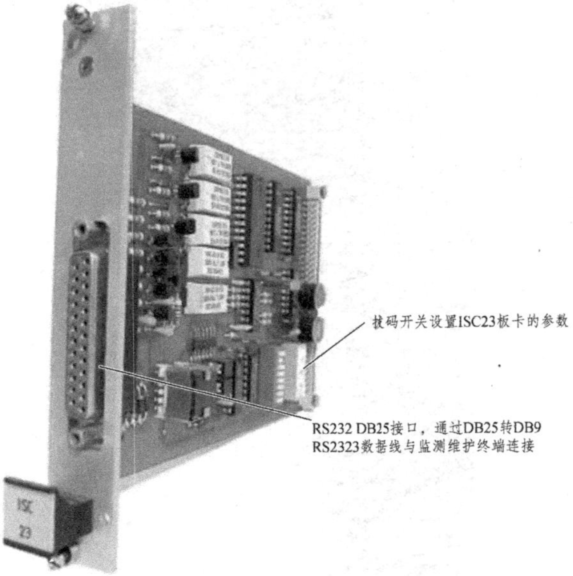

图 7.37　ISC 板

10）EMS 板

EMS3024（信号输入板）外观如图 7.38 所示。

图 7.38　EMS 板

11）FEM 板

FEM103（计数输入板）外观如图 7.39 所示。

图 7.39　FEM 板

12）ETH 板

ETH 板用于两个计轴机柜之间的通信。其外观如图 7-40 所示，面板指示灯含义如表 7.9 所示。

图 7.40　ETH 板

表 7.9　ETH 板面板指示灯含义

指示灯	含　义
0	亮灯，指示 ETH 板工作正常
1	闪亮，指示主从机柜间数据通信正常

三、计轴系统说明

TAZ II 计轴系统的供电接口为干接点，设置有一级总开关 XK00 断路器（空气开关），输入电源 220 V AC 单相交流电，由电源屏（UPS）输出；二级防雷开关 XK01，系统分开关 F1、F2、F3。

上电顺序：打开电源屏端开关“计轴机柜 JZ*”，“从左往右”依次打开计轴机柜电源端子排开关“XK00、XK01、F1、F2、F3”，如图 7.41 所示。

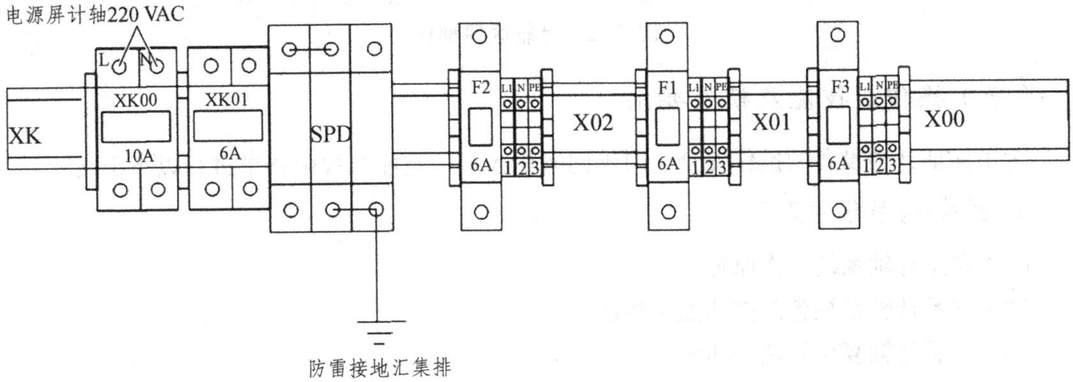

图 7.41　电源端子排

注：F1控制主系统供电（电源机箱R1-电源板SV25/1414，SV26/1414）；F2控制计轴监测系统供电（电源板NT6）；F3控制监测维护终端（工控机）供电（也可以不使用，根据项目的需求，工控机供电可以采用外部统一的供电接口）。

（一）设备初始复位

设备正常上电后，系统处于输出占用状态，需要对系统进行初始复位操作，之后系统处于输出空闲状态。

复位操作可以从复零板或者复零盘（IBP 盘）来完成，根据不同的复位方式的，操作也有所不同。

（二）设备初始状态

放大机箱所有放大板指示灯均熄灭。计轴机箱各区段处于输出空闲状态。区段板卡指示状态如图7.42所示。

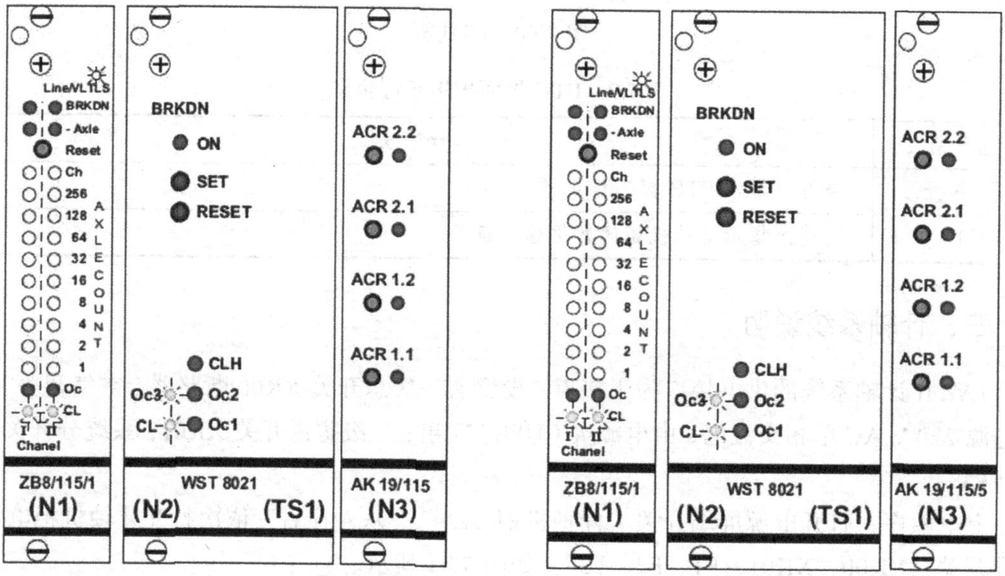

（直接复位、条件复位）区段板卡指示　　　　（预复位）区段板卡指示

图7.42　计轴区段部件

（三）操作员技能及权限要求

为了保证计轴设备的操作安全，对不同操作人员的技能及权限要求进行以下定义。

1. 通号/信号维护人员

（1）熟悉计轴系统工作原理。

（2）熟悉计轴系统各部件功能及指示灯含义。

（3）熟悉计轴复位原理及功能。

（4）熟悉计轴监测系统操作及使用。

（5）熟悉计轴系统空闲、占用状态。

（6）能够判定计轴系统的正常以非正常占用。

（7）能够正确操作计轴机柜。

（8）定期巡视及维护计轴系统。

（9）处理计轴设备故障。

2. 车站值班员

（1）通过外部复位设备对计轴机柜进行复位。

（2）了解计轴复位的基本原理。

（3）熟悉 ATS 工作站计轴区段状态的显示含义。

3. 复位操作流程

TAZⅡ计轴系统在工程应用中，关于计轴系统的复位有两种途径：

（1）计轴机柜上复零板进行内部复位。

（2）在车站综控室的复零盘或者 IBP 盘进行远程复位。

在设备投入运营后，建议运营单位按照以下的基本流程对计轴的复位操作。

4. 内部复位

计轴机柜上从复零板进行复位操作时，必须确认待复位区段无车占用，然后进行复位操作。

【案例】

一、案例经过

1. 信息获得

车站行车值班员通知信号维修人员天安门东站 8G 红光带。

2. 先期故障预判断及准备内容

检修人员接到故障报警后先后预期判断有以下几种原因：

（1）该轨道区段输入 110 V 总保险故障。

（2）该轨道区段室内发送盘（TX）或接收盘（RX）故障。

（3）该轨道区段室内电源盘（PSU）故障。

（4）该轨道区段室内至室外，发送或接收电缆断线故障。

（5）该轨道区段室外调谐单元（TU）故障。

（6）该轨道区段室外短路棒（TB）开焊。

（7）该轨道区段室外分线盒（D/B）各种连接线断线。

准备内容：设备图纸、轨道发送盘（TX）、接收盘（RX）、电源盘（PSU）、调谐单元（TU）、分线盒（D/B）、手电、机房钥匙、专用工具、个人工具、数字万用表等。

3. 故障现象确认及初步判断

检修人员到达现场后，在行车设备检查登记簿内登记，进入机房观察该区段的轨道发送器（Tx）、接收器（Rx）的盘面指示灯是否正常，发送器（Tx）的盘面灯显示正常，接收器盘（Rx）的 INPUT 和 OUTPUT 灯熄灭 PROCESSOR RUNNING 和 B24 灯正常。由于 PROCESSOR RUNNING 灯正常，排除了接收盘内部处理器故障。B24 灯亮也正常说明电源盘（PSU）正常。INPUT 和 OUPUT 灯灭故障可能在室外，或分线柜至接收盘间电缆断路。

若故障点在室外，有以下 3 种原因：

（1）该轨道区段室外调谐单元（TU）故障。

（2）该轨道区段室外分线盒（D/B）各种连接线断线。

（3）该轨道区段室外短路棒（TB）开焊。

4. 故障实际查找过程及确认

（1）测量该轨道区段灵敏度，测量值为 0。在接收盘测量输入电压为 1.7 V，对该区段载频的测量结果是 4 600 Hz，一个未知的频率。载频数值异常，不符合该轨道载频数值 4 080 Hz。而且现象异常，在地铁一线 JTC 无绝缘轨道电路设备中从没有出现过。

（2）由于室内接收到了电压，初步怀疑故障在室内。

（3）首先怀疑是接收盘死机，拔下保险冲击数次，无效。

（4）此时尝试着更换接收盘，但是故障现象依旧，盘面各种表示灯以及各项指标测试数据没有大的变化，而且新换的接收盘确认是良好的。

（5）由于测得的载频是一个不存在于 FS-2500 轨道电路的频率，这时怀疑是室外故障导致相邻区段频率和本区段混频，并导致了灵敏度和载频的失常。

（6）查找各连接线处有无脱焊、断股、松动现象，同时还要查看有无导体短路轨道，导致红光带，结果发现接收端 TU 盒有一根 35 平方线虚接。

（7）用专用固定卡子临时将 35 平方线紧固后，故障消失。

（8）故障原因是接收端处开路，相邻区段频率和本区段混频，并有输入电压回来。

5. 故障排除方法及结果

用专用固定卡子临时将 35 平方线固定，待夜间三轨停电后将 35 平方线虚接处重新焊接彻底进行故障恢复。

二、案例解析

1. 故障产生的直接原因及逻辑分析

结合问题的处理过程，分析原因如下：由于调谐区 TU 盒 35 平方线虚接造成本区段谐振不良故障，使相邻区段的频率和本区段发生混频。

2. 故障直接原因产生因素分析

TU 盒 35 平方线焊接工艺不符合要求造成虚接，平日维修从表面现象很难发现。

3. 案例处理优化分析

1）本案例检修人员在前期处理过程中的不妥之处

（1）室内只测试接收到了电压，就判断故障在室内证据不足。

（2）由于在室内尝试着冲击及更换接收盘工作延误了故障处理时间。

2）故障处理优化解决方案

在分线柜测试判断室内外故障时，测量该轨道区段载频 4 600 Hz，这是一个未知的频率，载频数值异常，不符合该轨道载频数值 4 080 Hz，可判断混频故障。

3）本案例关键步骤

（1）测量该轨道区段灵敏度电压为 0 V。

（2）测量载频是一个不存在于 FS-2500 轨道电路的频率，室外故障导致相邻区段频率和本区段混频。

4. 专家提示

在接收盘测量是否有输入电压后，还要测试该区段的载频是否符合载频数值，或者用电流挡测量接收回路电流以具体判断故障在室内或室外。

5. 预防措施

室外设备执表前先对室内设备进行测试，着重对近几次测试数据进行比较，发现有较大变化的要测试载频是否有变化。载频也发生变化的，在室外设备检查时对各种连接线进行重点检查，有问题及时处理。

复习思考题

1. 计轴设备通过何种方式实现何种信号系统功能？

第八章　列车自动监控系统

【学习目标】

1. 了解 ATS 基础理论及 ATS 系统的基本功能；
2. 掌握 ATS 系统设备组成及 ATS 系统网络结构；
3. 掌握 ATS 系统的功能及工作原理；
4. 全面了解、掌握 ATS 系统知识。

【知识要求与技能要求】

1. 掌握列车自动监控系统功能；
2. 掌握列车自动监控系统与各子系统接口关系。

第一节　列车自动监控系统概述

列车自动监控系统（ATS）作为地铁信号控制系统的一个重要组成部分，与联锁设备、轨旁 ATC 设备、车载 ATC 设备等其他信号系统一起工作，实现信号设备的集中监控，并按照预先制定的运营计划控制列车在正线内自动运行。同时，ATS 子系统与时钟系统接口，获取系统同步信息，并与无线、旅客向导、综合监控、广播等多个系统有接口，为其提供信号和列车运行的相关数据。

ATS 子系统监控范围为地铁运营线路正线，对车辆段和停车场的信号设备只进行监视但不进行控制。ATS 子系统的设备分布于控制中心、正线设备集中站、非集中站、停车场、车辆段，在车辆段中设置培训中心、备用中心和系统维修中心，当主用控制中心故障时，备用中心设备可以接管主用控制中心的功能作为控制中心使用。控制中心集中控制列车正常运行。集中控制包括了从全自动控制模式（带时刻表调整功能）到手动操作模式等数种不同的系统模式。

一、列车自动监控系统常用英文缩写释义

ATC：Automatic Train Control，列车自动控制；

ATP：Automatic Train Protection，列车自动防护；
ATO：Automatic Train Operation，列车自动驾驶；
ATS：Automatic Train Supervision，列车自动监控；
ATR：Automatic Train Regulation，列车自动调整；
ARS：Automatic Route Setting，进路自动办理；
CI：Computer Interlocking，计算机联锁系统；
CC：Carborne Controller，车载控制器；
CAD：Computer Aided Dispatch，计算机辅助列车调度；
CATS：Central ATS，中心 ATS；
FEP：Front End Processor，通信前置机；
FAL：Fire Alarm System，火灾告警系统；
GAMA：Geographical Automatic Mode Authorization，区域自动驾驶模式授权；
HMI：Human Machine Interface，人机操作界面；
ISCS：Integrated Supervisory Control System，综合监控系统；
LAN：Local Area Network，局域网；
LATS：Local ATS，本地 ATS（车站 ATS）；
LC：Line Controller，线路控制器；
MSS：Maintenance Support System，维护支持系统；
MMS：Microprocessor Maintenance System，微机监测系统；
OCC：Operation Control Center，调度控制中心；
PL：Performance Level，运行等级；
PIS：Passenger Information System，旅客向导系统；
PA：Public Address，广播系统（列车进站轨道广播）；
RTU：Remote Traffic Unit，非联锁集中站的车站 ATS 分机；
SCADA：Supervisory Control And Data Acquisition，监督控制与数据获取；
SDM：System Diagnostics Maintenance，联锁维护工作站；
TLE：Track Layout Editor，站场图编辑器；
TCC：Train Control Center，轨道交通指挥中心；
TDT：Train Depart Timer，列车发车计时器；
UPS：Uninterrupted Power Supply，不间断电源；
WAN：Wide Area Network，广域网；
ZC：Zone Controller，区域控制器（轨旁自动列车控制）；
ZLC：Zone Logic Controller，区域逻辑控制器（联锁子系统）。

第二节　列车自动监控系统构成

列车自动监控系统主要由中心设备、车站设备、车辆段设备及传输通道组成。目前北京地铁各条线路 ATS 系统设备配置根据线路情况及生产厂家不同，设备配置会有所区别，图 8.1 所示为北京地铁 1 号线列车自动监控系统结构图。

一、中心设备

中心 ATS 设备（CATS）包括主处理服务器、数据处理服务器、接口计算机、网关计算机、系统及网络维护支持系统、切换单元、工作站若干、网络设备、表示屏接口计算机、表示屏及控制器和打印及绘图设备等。

两台 CATS 服务器同时工作，互为主备，当其中一台出现故障时，在它上面运行的服务自动切换到另一台服务器上。一些关键性的数据如列车信息、实施运行图、实迹运行图等在两台服务器之间保持实时同步。

两台数据库服务器互为热备，与磁盘阵列一起构成数据库双机系统，保证系统数据的安全可靠。两台通信前置机同时工作，互为主备，当主机出现故障时，通信服务器应该可以自动切换到另一台通信前置机上。

车站 LATS 服务器同时工作，互为主备。当主机发生故障时，备机能及时发现并自动升级为主机并接管控制。

系统设备采用双网工作，双网同时工作，当一路网络发生故障时，另一路网络能够正常工作。

ATS 系统的用户操作终端可以分为以下两类：ATS 工作站和 ATS 远程终端。ATS 工作站安装于控制中心调度大厅（包含备用控制中心），按功能权限划分为调度长工作站、调度员工作站、维护员工作站、培训工作站、运行图工作站、时刻表编辑工作站。ATS 远程终端安装于车辆段的信号楼值班室和派班室。

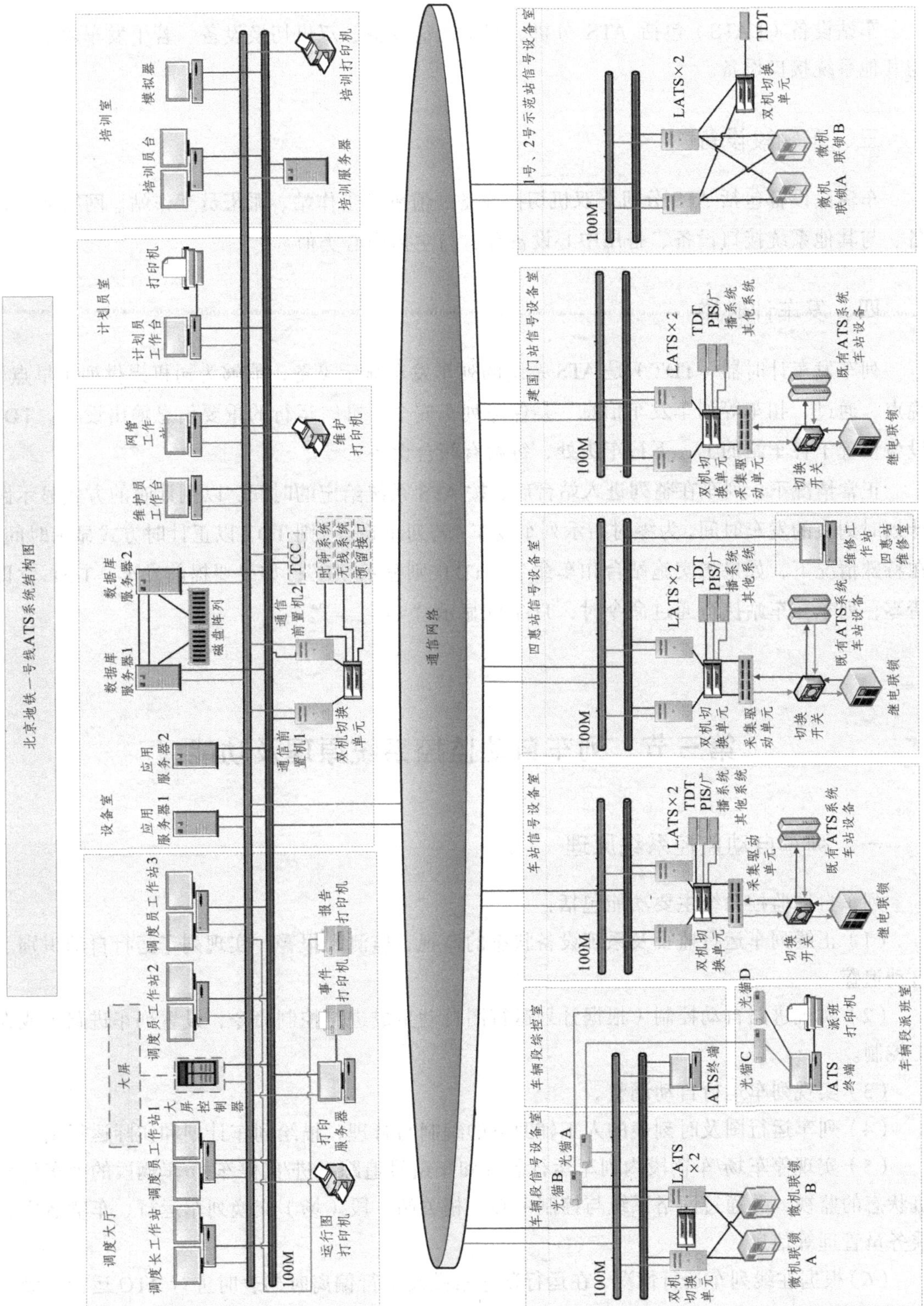

图 8.1　列车自动监控系统结构

二、车站设备

车站设备（LATS）包括 ATS 分机、网络通信设备、双机切换设备、若干发车表示器及与其他系统接口设备。

三、车辆段设备

车辆段设备包括 ATS 分机、双机切换设备、值班员工作站、派班员工作站、网络通信设备、与其他系统接口设备、备用中心设备等，与主控中心类似。

四、发车计时器

列车发车计时器（TDT）是 ATS 系统的列车发车显示设备，能够为司机提供列车早点、晚点、通过、扣车等列车发车信息，是保障列车安全、准时运行的重要信息输出设备。TDT 设备设置于各车站的上、下行车头处，每站有两台设备。

正常情况下，列车在整列进入站台后，按 ATS 系统给定的时间，以倒计时的方式显示距计划时刻表的发车时间，为零时指示列车发车；若列车晚点，则 TDT 以正计时方式显示时间。在特殊情况下，如果想实施站台扣车命令，TDT 则显示“H”；如果要提前发车，TDT 立即清零；列车在车站执行通过命令时，TDT 则显示“— — —”。

第三节　列车自动监控系统原理及功能

一、列车自动监控系统原理

列车自动监控系统主要功能包括：

（1）正线列车运行监视及系统设备状态的监视、监测和报警。实现列车运行自动识别、自动追踪。

（2）实现进路自动控制（根据计划运行图自动生成进路控制命令，设置列车进路）或人工控制。

（3）实现列车运行自动调整。

（4）列车运行图及时刻表的人工辅助下的编制与管理，描绘列车计划和实际运行图。

（5）实现停车场/车辆段内列车运行监视和车组号追踪、进/出停车场/车辆段的列车信号机状态的监视，并通过网络系统与控制中心、相关站、段（场）交换列车运行、车辆运用、乘务员管理等信息。

（6）根据在线列车运行情况，在运行秩序紊乱及运行偏离时刻表时进行 ATO 运行等级的调整以及车站停车时分等的调整。

（7）具有系统调试仿真功能，可以通过仿真测试验证系统的功能。调度员培训应具有列车运行模拟及操作的动态模拟及仿真。

（8）列车运行统计、各种事件报警报表的生成。

（9）各种状态信息、数据和操作信息的记录及回放功能。

（10）控制发车计时器和向旅客向导系统提供信息。

（11）与计算机联锁、ATO、通信（含时钟、传输、广播及无线系统）、综合监控等系统及信号维修中心交换信息。

（12）在主控制中心不能使用的情况下，备用控制中心能起到对全线的自动监控功能。

二、列车自动监控系统功能

ATS（列车自动监控）子系统作为 ATC（列车自动控制）系统的一个重要子系统，用于实现对高密度、大流量的城市轨道交通运输的自动化管理和调度，是一个综合的行车指挥调度控制系统。

ATS 子系统是一套集现代数据通信、计算机、网络和信号技术为一体的分布式的实时监督控制系统，ATS 子系统通过与 ATC 系统中其他子系统的协调配合，共同完成对地铁运营列车和信号设备的管理和控制。系统基本工作原理如下：

（1）数据采集：ATS 子系统通过位于车站分机的数据接口与计算机联锁系统通信，实时收集信号设备的状态信息，并上传到控制中心进行运算处理。

（2）监督和控制：ATS 子系统在控制中心集中监督全线正线和车辆段、停车场的信号设备状态以及动态跟踪列车的运行，在遥控模式下，ATS 子系统根据当日时刻表自动设置列车走行的进路，进路控制命令将由车站分机发给计算机联锁系统，由联锁系统执行。

（3）计算机辅助调度：ATS 子系统根据当日运营计划和列车的实际运行情况自动调整列车，包括车次号管理、停站时间和站间运行等级管理等，使其最大限度地接近当日运行计划，从而保证列车准点、有序地运行。

第九章　列车自动防护系统

【学习目标】

1. 掌握列车自动防护系统的组成；
2. 掌握列车自动防护系统功能、原理；
3. 了解列车自动防护系统的重要性。

【知识要求与技能要求】

1. 能对设备进行机械安装和电气连接；
2. 能对整套系统进行静态测试；
3. 能对零部件进行电气测试；
4. 能使用专用测试仪器进行检测；
5. 能按图完成电缆及数据线接头装配。

第一节　列车自动防护系统概述

列车自动防护系统（ATP）是列车自动控制系统（ATC）的一部分，主要负责保证列车安全运行，提供列车间隔控制和速度防护等功能，是轨道交通 ATC 系统的核心系统之一。

列车自动防护系统（ATP）分为车载 ATP 子系统和地面 ATP 子系统。通过轨道与列车的通信，轨旁单元和车载单元之间的通信得以实现。

第二节　列车自动防护系统构成

列车自动防护系统简称 ATP，ATP 系统是保证列车运行安全、提高运输效率的控制设备。它提供列车运行间隔控制及超速防护，对线路上的列车进行安全控制。ATP 系统确保与安全相关的所有功能，分为车载 ATP 子系统和地面 ATP 子系统。

一、车载 ATP 子系统

车载设备位于列车内，包括车载主机柜、车载设备人机界面、接收天线、测速传感器等，如图 9.1 所示。

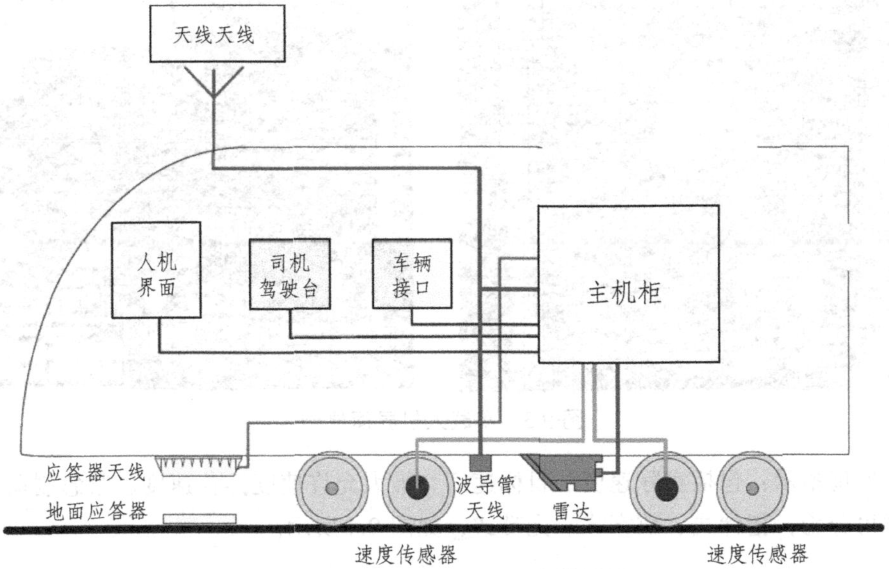

图 9.1　车载设备布置图

（一）车载主机（机柜）

车头、车尾各安装一套 ATP 车载设备，包括机柜、分盘，安装在司机室电务柜内，同时还包括一些与车辆接口的继电器，如图 9.2 所示。

图 9.2　车载设备机柜

（二）车载设备人机界面（DMI/HMI/MMI）

车头、车尾各配备一套设备，向司机提供驾驶信息的显示与操作控制，如图 9.3 所示，包括速度指示、警告指示、运行指示、控制显示和门控显示等。

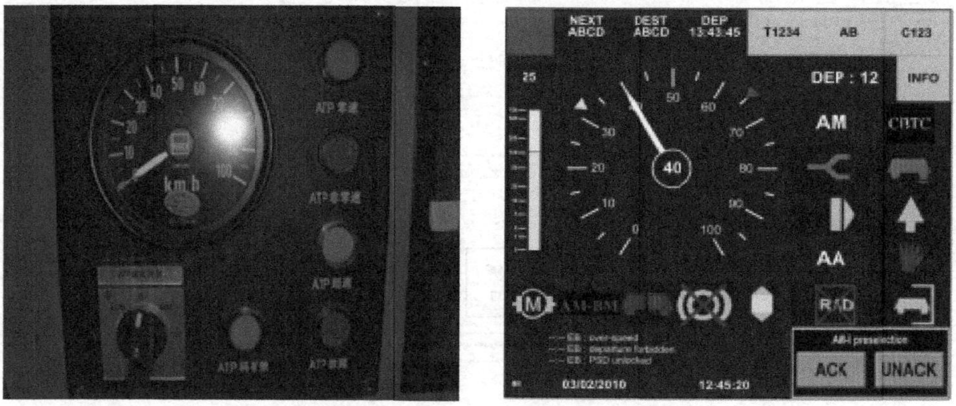

图 9.3　车载人机界面显示

（1）速度指示：包括实际速度、目标速度、最大允许速度推荐速度、紧急制动速度等，显示方式可分为：指针式、数字式、光带式，如图 9.4 所示。

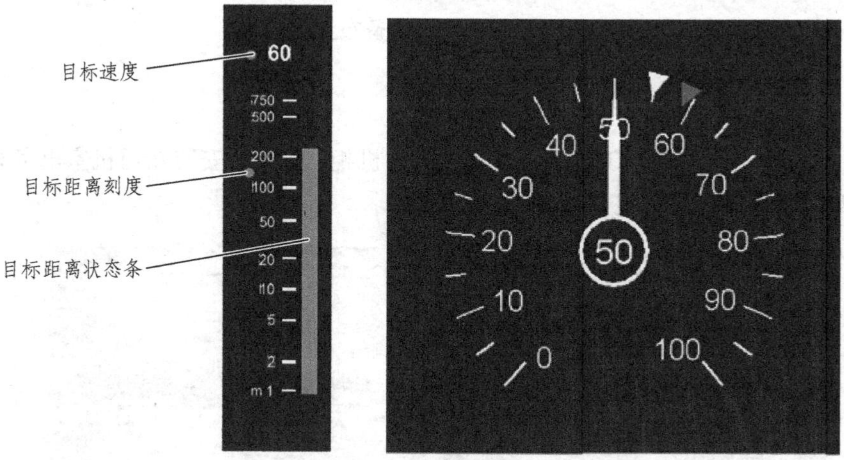

图 9.4　速度指示

（2）警告指示：设备故障报警指示，如主机故障、分系统故障、超速提示、折返提示等，如图 9.5 所示。

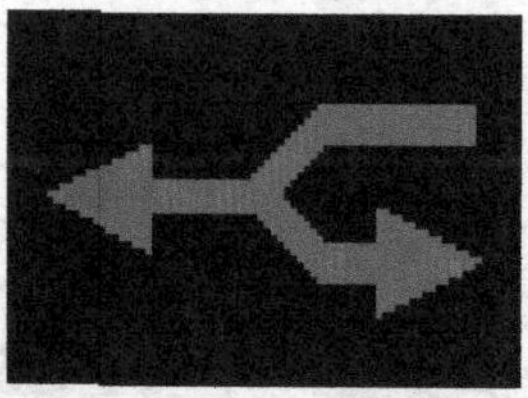

图 9.5　自动折返提示

（3）运行指示：包括应用模式、定位提示、目标距离显示、列车停留时间倒计时显示、列车运行状态牵引、惰性、制动、车载设备状态、停车精度等，如图 9.6 所示。

图 9.6　停车精度显示

（4）控制显示：包括紧急制动、常用制动实施显示等，如图 9.7 所示。

图 9.7　牵引、制动、惰性提示

（5）门控显示：包括客车车门开关状态、屏蔽门开关状态、开门、关门请求显示、车门自动开关、车门手动开关等，如图 9.8 所示。

图 9.8　车门打开提示

（三）接收天线

接收天线分为轨道信息接收天线、无线信息接收天线、信标天线等三类。

（1）轨道信息接收天线：此天线一般安装在列车头车的第一轮对前，垂直于轨道（见图 9.9）利用电磁感应互感的原理接收轨道上发送的列车运行信息，经接口设备输入车载 ATP 主机。

图 9.9　5 号线 ATP、ATO 天线

（2）无线信息接收天线：此天线一般安装在列车头车顶部或车下（根据地面无线设备安装地点而定），如图 9.10 所示。它接收空间传输的列车运行信息，经接口设备输入车载 ATP 主机。

图 9.10 亦庄线无线天线

（3）信标天线：此天线一般安装在列车头车车下底部中间位置（见图 9.11），车头、车尾各设置一个，利用电磁感应原理在列车运行中与轨道安装的地面信标进行信息交换，用此信息来确定列车实际的运行位置，为控制系统提供速度防护和自动运行基础数据。

图 9.11 信标天线

（四）测速传感器

测速传感器是列车用来测速、测距的专用设备。速度传感器的旋转可转换成列车在线路上的行走距离，通过相位差判断列车运行方向。测速传感器分为模拟式测速传感器、光电式测速传感器、雷达测速传感器、惯性加速度传感器等种类。

（1）模拟式测速传感器：车头、车尾在不同车轴安装独立的速度传感器（见图 9.12），将列车的运行速度转换成电平信号，经接口设备传输到车载 ATP 设备。

图 9.12 模拟式测速传感器

（2）光电式测速传感器：车头、车尾在不同车轴安装独立的速度传感器（见图 9.13），与雷达传感器完成速度和走行距离测算与验证。速度传感器应安装在无动力的车轴上，如果每套设备有两个速度传感器则应该安装在不同的转向架上。

图 9.13　测速传感器

以德意达公司出产的测速传感器为例，它采用光电编码器、圆光栅、霍尔元件等为检测元件，是一种紧凑型、低维护的测速、测距传感器，具有坚固、密封、耐振、抗冲击、测速范围宽、温度适应范围宽、可靠性好、使用寿命长等特点，目前广泛运用在国内外各种类型机车上。传感器由外壳、光栅、轴、软性连接器、光电模块、引出电缆和防水插头等组成，如图 9.14 所示，其关键部件是轴承、光电模块、软性连接器和光栅。

图 9.14　测速传感器内部

传感器分为单、双、三及四通道等类型，通过传感器内部的光电模块扫描与轮轴同步的光栅盘，可输出和速度成线性比例的方波信号（见图 9.15），且带有极性保护、输出短路保护，供机车电子控制系统对机车速度、空转、方向、打滑进行采样检测，各通道间彼此隔离。传感器可方便地安装于轴箱盖上，传动部分采用软性连接，可适应于安装不同心及驱动间隙。传感器输出的频率和轮轴转速的关系为 $f = n \times P/60$，其中 n 为每分钟转速，P 为每转脉冲数。轮轴每转动一周，传感器输出一定数目的脉冲，脉冲频率与轮轴转速成正比。利用车轮的周长作为“尺子”测量列车走线距离，即测量列车速度就是检测列车车轮转速和列车轮径。

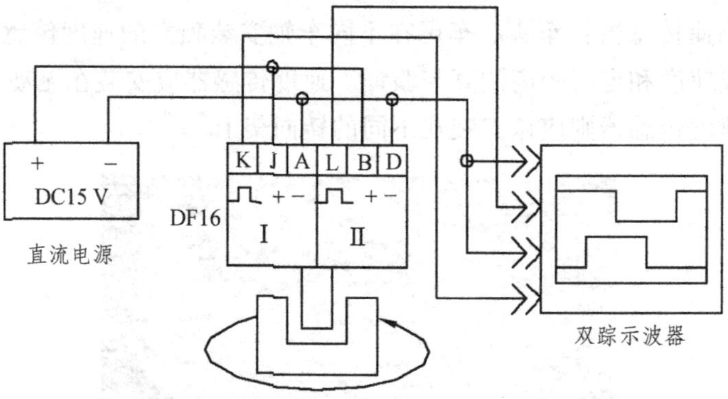

图 9.15　测速电机测试波形

（3）雷达测速传感器：为了能够对列车的速度和位置进行精确测量，防止列车空转打滑的影响，在列车的头尾两端分别安装了一个多普勒雷达传感器，此测速装置一般安装在列车底部，雷达必须安装在轨道扣件的上方，靠钢轨的内侧，在雷达天线与反射面之间不能有任何遮挡物或移动物体，如图 9.16 所示。雷达与速度传感器完成冗余的列车速度和走行测算与验证。

图 9.16　雷达测速传感器

目前使用较多的是德意达公司出产的 DRS05 雷达速度传感器，这是一种适用于轨道车辆、无接触检测速度和距离的传感器，利用多普勒效应原理测量车辆对地速度，从 0.2 km/h 到 600 km/h 的速度它都能进行测量。DRS05 的两组天线持续发射电磁波，同时接收由地面反射回的部分信号，每个天线的功率为 5 mW，无线收发机天线的发射频率为 24.125GHz，双通道原理有两大优点：一是精确性高，通过减小校准偏移的影响（改变地面对测量精度的影响力）提高精确性；二是可靠性高，如果一个天线出现故障，传感器将在精确性降低的情况下继续工作。多普勒效应使得发送信号和接收信号间产生一个与速度成正比，和角度也有关的频率偏移，内部 DSP 系统通过分析获得频率偏移量，计算出实测速度，即利用电磁波可折射的原理，利用雷达发送与接收的频率变化来确定列车的实际运行速度，它可以较准确地测出列车是否打滑或空转。其输出接口包括 RS485 串型通信接口和可配置脉冲输出。DRS05 的保护等级为 IP67，工作温度范围为 – 30 ~ +70 °C。

（4）惯性加速度传感器：加速度传感器是一种能够测量加速力的电子设备。一般加速度传感器根据压电效应原理工作，加速度传感器利用其内部因加速度造成的晶体变形产生电压，只要计算出产生的电压和加速度之间的关系，就可将加速度转化成电压输出。

二、地面 ATP 子系统

地面 ATP 子系统包括安装在室内的地面 ATP 部分和安装在室外轨旁的地面 ATP 两部分。

（一）室内 ATP 设备

室内 ATP 设备管理每辆列车的位置并向每辆列车提供授权结束及相关变量，整条线路 ZC 数量视列车数量和线路长度而定。主要负责根据通信列车所汇报的位置信息以及联锁所排列的进路和轨旁设备提供的轨道占用/空闲信息，为其控制范围内的通信列车计算生成移动授权（MA），保证其控制区域内通信列车的安全运行。

（二）室外 ATP 设备

应答器安装在轨道内（见图 9.17），为点式级别列车提供移动授权（MA）信息，并为 CBTC 级别列车和点式级别列车提供位置信息，是安装在线路沿线反映线路绝对位置的物理标志。其作用是为列车提供定位和传递信息，报文是在列车经过应答器时，应答器车载天线激活应答器传送的，车载设备通过数据总线将报文传输至车载计算机。

图 9.17　应答器

第三节　列车自动防护系统原理及功能

一、列车自动防护系统功能

列车自动防护系统（ATP）提供以下功能：速度和距离测量、列车定位、列车安全间隔及超速防护功能、列车追踪和保护列车运行、临时速度限制、运行方向和后退监测、停稳检测、车门监督和控制、确定驾驶模式、列车折返作业、站台屏蔽门、列车完整性、监视紧急关闭条件、零速检测以及为其他系统提供信息等。

1. 速度和距离测量

列车速度和距离的精确测量是所有与速度有关的安全功能以及列车定位先决条件。测速设备包括测速电机、雷达等，多种设备的结合得到了更加安全、可靠、精确的速度距离值。

影响距离测量精度主要有“空转”和“打滑”等因素。空转在列车加速期间发生，车轮失去与走行轨的黏着接触，因此测量的准确性受到不利影响；打滑在制动期间发生，车轮失去了与铁轨的接触使列车不能定位。使用不受车轮旋转影响的雷达系统可以保证 ATP 系统得到准确的列车位置。

当发生车轮磨损或车辆镟轮等车轮直径发生变换的情况，车轮直径的精确度会引起测量错误，车载设备会通过手动校正轮径或经过列车初始化信标的方法，自动校准车轮直径。例如，2 号线的初始化信标由两个相隔一定距离的信标组成，车载设备经过这两个信标后将测量到的距离与预定距离进行比较，用于校准轮径。

2. 列车定位

定位的任务就是确定列车在路网中的地理位置，它涉及所有的信号装备列车。每个安装在线路上的应答器发送一个包括识别编号（ID）的应答器报文，由列车接收。在车载设备的线路数据库里存有整条线路的静态描述（包括轨旁设备、坡度、永久速度限制、车站说明等）以及应答器的位置，这样列车就能知道它在线路上的确切位置。

列车定位流程如图 9.18 所示，在车载 ATP 启动时，列车未定位，但是车载计算机单元的线路数据库记录有应答器的位置。列车经过第一个应答器时初始化位置，但是列车不知道自己在轨道上的运行方向。列车经过第二个应答器时根据线路数据库里应答器的顺序，确定列车的运行方向。

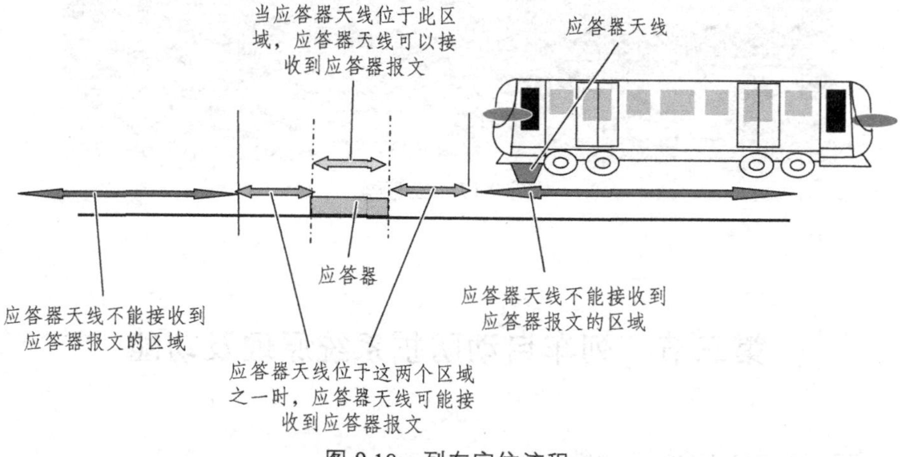

图 9.18　列车定位流程

3. 列车安全间隔及超速防护功能

列车安全间隔及超速防护功能管理列车间隔，并将每个车的移动授权发给车载设备。ATP

子系统对线路限速、车辆限速、驾驶模式限速、临时限速等进行连续监控，保证列车速度不超过线路、道岔、车辆等规定的允许速度，防止列车超速运行；车载 ATP 子系统通过速度距离曲线方式计算列车的限制速度，防护列车间隔，保证列车的安全高效运行。当列车运行速度接近 ATP 推荐速度时，车载 ATP 系统会发出声光报警、常用制动等指令，提醒司机或控制列车制动减速；如果列车未按要求进行减速而列车速度达到 ATP 紧急制动触发曲线速度时，实施紧急制动。

4. 列车追踪和保护列车运行

列车追踪是一个轨旁的安全功能。确定指定区域内所有列车的位置；参与轨旁防护，防止列车碰撞、追尾；确定移动授权。

5. 临时速度限制

临时限速用于在某些区域提供速度限制。车载 ATP 子系统对临时限速进行管理，保证列车在运行过程中不超过临时限速的限制。

6. 运行方向和后退监测

ATP 监督列车按照由移动授权提供的方向运行，如果列车出现了与移动授权运行方向相反的位移，并累积超过了退行余度，系统应实施紧急制动。

7. 停稳监测

监控列车停稳是在站内打开车门和站台屏蔽门的安全前提。为了证实列车停稳，将考虑来自雷达和测速电机的信息。

8. 车门监督和控制

为了保证旅客的安全，车门在列车运行期间必须关闭。当列车停稳并且停在站台的正确位置，ATP 就会释放车门。ATP 子系统监督列车车门的状态、控制列车车门的打开，当不满足列车开门条件时，禁止车门打开。

ATP 提供下列有关车门的监督功能：停车点在车站，且报文信息允许开门，车载数据库里包含有在该站打开哪侧车门的信息；列车在停稳状态；列车位于站内停车窗内。

当上述条件都满足时，车载设备释放将要打开的车门，如果列车没有在规定的位置停车，ATP 将不释放列车车门。车载子系统将有关车门的当前状态和车门的解锁信息通知给轨旁设备，在 ATS 上显示。

9. 确定驾驶模式

列车驾驶模式分为 AM、CM、RM、OFF 等四种模式。

AM：列车在 ATP 系统防护下通过 ATO 系统实现自动驾驶。

CM：司机根据车载设备接收到的限制速度人工驾驶并由车载子系统监督。CM 模式为 ATP 监控下的人工驾驶运行模式。在该模式下，ATP 子系统确定列车运行的最大允许速度，司机驾驶列车在 ATP 保护的速度曲线下运行，ATP 子系统实现列车自动防护的全部功能。

RM：司机在 ATP 系统监督下按照预定的最大速度人工驾驶。车载子系统启动后，RM

模式是初始驾驶模式。在 RM 驾驶模式下，车载 ATP 限制列车在某一固定的低速（如 25 km/h）下运行，司机根据调度命令和地面信号显示驾驶列车，列车运行超过该固定速度时，车载 ATP 设备对列车实施紧急制动，强迫列车停车。

OFF（切除或 EUM）：列车将不受 AT 系统控制，司机控制列车以不高于线路允许的速度行驶。该驾驶模式为完全人工驾驶模式，车载设备处于切除状态而不监控列车的运行，司机根据调度命令和地面信号的显示驾驶列车。

各驾驶模式通常可由人工转换，也可自动转换。图 9.19 为各模式转换条件。

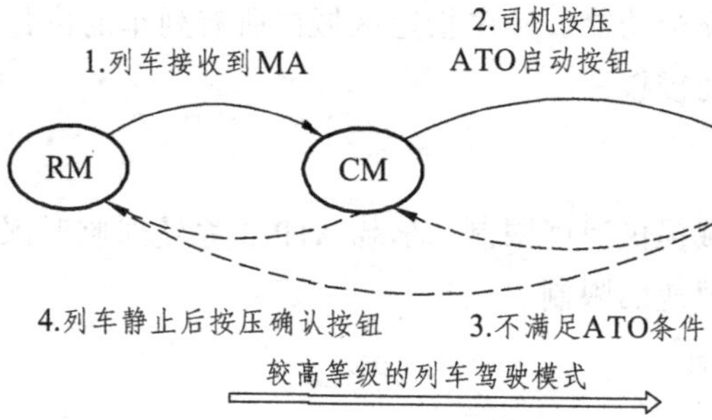

图 9.19　驾驶模式转换条件

列车驾驶模式从低到高的转换可以自动或手动完成。列车驾驶模式从高到低的转换分两种情况：从 AM 转为 CM 时不满足 ATO 运行条件，则自动完成；但从 AM/CM 模式转为 RM 模式需要司机确认。

10. 列车折返作业

列车折返作业包括如下几种折返功能：无人自动折返模式、有人自动折返模式、停稳时的列车自动换端、ATP 监督下的人工折返模式和非限制的人工折返模式。

无人自动折返模式：当列车在折返站规定的停车时间结束且旅客下车完毕，车门和站台安全门关闭后，经过必要的操作确认司机下车，由司机按压站台“无人自动折返”按钮后采用此模式。列车可在无人驾驶的情况下，从到达站台自动驾驶进入和折出折返线，最后进入发车股道自动打开车门和站台安全门，在整个折返过程中无须司机在车上对列车进行操作。列车到达出发站台停稳，确保司机进入另一端驾驶室后方可启动列车。司机须关闭钥匙后才能进行无人折返，打开司机钥匙后，无人折返将被无条件取消。在驾驶室自动换端后，车载子系统具有与之前一样的列车控制等级。

有人自动折返模式：在此模式下，由 ATO 驾驶列车运行到折返线并停车，人工确认折返后关闭本驾驶端设备和启动反向端驾驶设备，ATO 驾驶列车进入发车股道并定位停车后由 ATO 或人工打开列车车门。在驾驶室自动换端后，车载子系统具有与之前一样的列车控制等级。

停稳时的列车自动换端：在终点站或其他规定的车站，列车停稳状态下由司机启动自动换端功能，在驾驶室自动换端后，车载子系统具有与之前一样的列车控制等级。

ATP 监督下的人工折返模式：在此模式下，司机采用“控制手柄”控制列车运行，司机人工驾驶列车运行到折返线并停车，人工关闭本驾驶端驾驶盘设备并启动反向端驾驶设备，在 ATP 监督下人工驾驶列车进入发车股道并定位停车。司机按压开门按钮打开车门和站台安全门。

非限制的人工折返模式：在任何位置、任何模式下，均可以进行手动换端操纵。手动换端后列车驾驶模式为 RM 模式。

11. 站台屏蔽门

ATP 子系统应监督安全门的状态，如果安全门打开或失去状态表示，则不允许列车进入或离开站台；对于已经位于站台内的列车，应禁止其离开站台或在站台内移动。安全门安全关闭后才允许列车自车站发车。屏蔽门的监督和控制功能分为轨旁和车载子系统两部分。只要满足车门开启的车门解锁条件，车载子系统就会向轨旁设备发出屏蔽门开启授权。轨旁设备发送“屏蔽门开”命令或“屏蔽门关”命令到屏蔽门，同时轨旁设备得到来自屏蔽门的“关闭且锁闭”状态。只有在屏蔽门“关闭且锁闭”的情况下才允许列车进入站台区域。

12. 列车完整性

车载设备必须向轨旁设备报告列车前端和尾端的安全位置，为了提供该信息，车载设备必须考虑当前位置的不确定性和当前列车的长度。车载设备连续检查来自车辆的列车完整性信号，只要完整性信号有效，车载 ATP 就能确信当前列车所有编组的完整，此时车载 ATP 给轨旁 ATP 报告一个有效的位置。当 ATP 子系统检测到列车完整性信息丢失，或列车完整性检查电路中断时，系统应对列车施加紧急制动。

13. 监视紧急关闭条件

轨旁或车上发生不安全事件时，车载设备会立即紧急制动。若站台紧急关闭按钮被启动或检测到站台屏蔽门打开，对于已启动而尚未完全离开车站的列车，以及正在进站的列车均应实施紧急制动停车；对于已经停站的列车应切断牵引，禁止列车在站台内移动；对于尚未进入站台区的列车，应禁止其进入站台区。

14. 零速检测

系统具有零速检测功能，即列车的速度持续低于设定的零速门限值达一定时间后则认为是零速度。

15. 为其他系统提供信息

车载 ATP 设备与车辆制动装置之间有接口，保证对列车实施连续有效的控制。

二、列车自动防护系统原理

目前开通的线路均采用 CBTC 移动闭塞设备，其主用模式为移动闭塞（或连续式通信级），后备模式为站间闭塞（或点式通信级）。

（一）移动闭塞原理

CBTC 系统摆脱了用地面轨道电路设备判别列车占用闭塞分区与否的束缚，突破了固定闭塞的局限性，为实现移动闭塞提供了可能，在 CBTC 系统中充分利用先进的通信传输手段，实时地或定时地进行列车与地面的双向通信联络，使得后续列车可以及时了解前方列车运行的实际间隔距离，通过计算，后续列车即可给出最佳制动曲线，既提高了区间通行能力，又减少了频繁减速制动操作，改善了旅客乘车舒适度。由于车地间通信信息量的加大，地面可以实时地向车载信号设备传递车辆运行前方线路的限速情况，指导列车按线路限制条件运行，提高了列车运行安全性。

如图 9.20 所示，轨旁 ATP 建立一个可根据列车位移运动的虚拟安全范围，这种称为自动防护（AP）的安全范围也可被称为移动闭塞分区。轨旁 ATP 是负责列车间隔的子系统，它同时负责保护称为移动闭塞区间的区域。

轨旁 ATP 为轨道上的每辆列车分配一个称为自动防护（AP）的安全范围。确保安全运行的主要原理是一辆列车建立一个 AP，其他列车不能进入这个 AP。AP 实际上是列车周围的安全屏蔽。车载设备根据轨旁设备给出的安全限制驾驶列车。

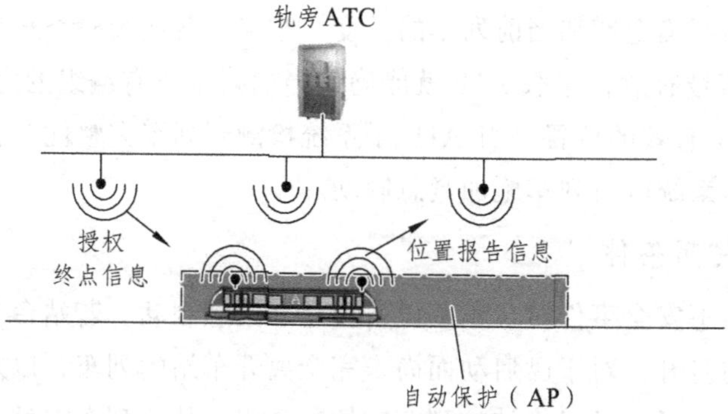

图 9.20　建立自动防护

如图 9.21 所示，由于轨旁设备为区域内每辆列车建立一个 AP，因此可进行列车间隔保护。

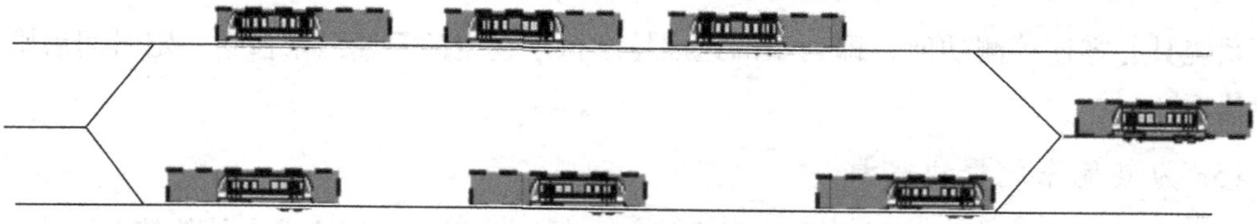
图 9.21　列车间隔保护

作为对列车位置报告的响应，轨旁 ATC 计算授权终点。授权终点描述了将要受到保护的点。如图 9.22 所示，列车 A 发送一个位置报告，并收到一个授权终点信息。因此车载设备了解其授权终点在列车 B 车尾的 AP 处。列车 B 授权终点是作为进路结束的红色信号。列车在此点以外不受保护。

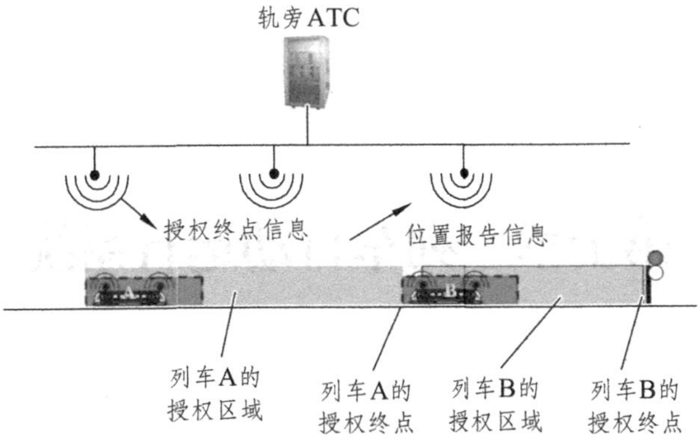

图 9.22　计算授权终点

如图 9.23 所示，根据接收到的授权终点（EOA）和速度限制，下一辆列车的车载 ATP 建立一个紧急制动曲线，ATO 或司机必须始终遵循紧急制动曲线。若这些限制交叉，车载 ATP 将启动紧急制动进行保护。

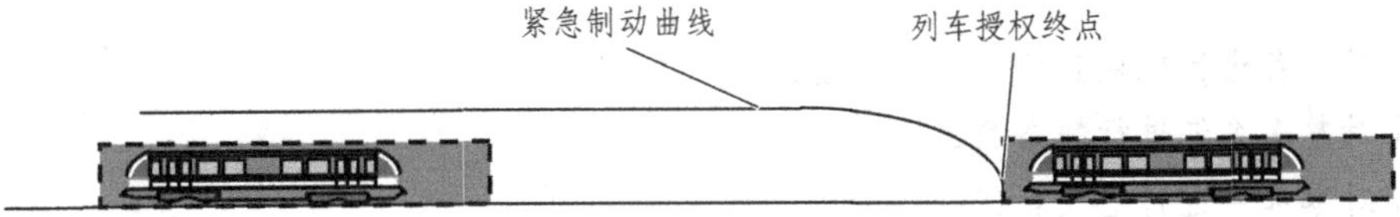

图 9.23　紧急制动曲线

（二）站间闭塞原理

该模式为移动闭塞运行的后备模式。其列车间隔功能取决于由始端和终端信号机定义的进路，该功能是基于相关连锁区域的轨道空闲信息来确保在一个闭塞分区内最多只能有一列列车。通过可变数据应答器向列车发送该运行模式下的移动授权报文。在这种降级情况中，轨旁设备和车载设备间的通信变为单向通信。

第十章　列车自动运行系统

【学习目标】

1. 掌握列车自动运行系统的组成、功能、原理；
2. 了解列车自动运行系统的重要性。

【知识要求与技能要求】

1. 能对设备进行机械安装和电气连接；
2. 能对整套系统进行静态测试；
3. 能对零部件进行电气测试；
4. 能使用专用测试仪器进行检测。

第一节　列车自动运行系统概述

列车自动运行系统（ATO）对列车的控制是在 ATP 的监督下完成的，ATO 能自动控制列车的起动、巡航、精确停车以及车门和安全门的自动打开关闭，安全由 ATP 完全保证。CBTC 级别下列车通过无线设备与地面系统、ATS 系统等进行双向通信。站间闭塞（或点式通信级）级别下，列车通过点式应答器与地面系统进行通信。

列车的自动驾驶通常可以分为两类：有人监控的列车自动驾驶和无人监控的列车自动驾驶。无人监控的列车自动驾驶，简称 FAO。在全程不需要司机的列车自动运行的线路，车辆在控制中心的统一控制下实现全自动运营，自动实现列车休眠、唤醒、准备、自检、自动运行、停车和开关车门，以及在故障情况下实现自动恢复等功能，包括洗车也能在无人操作的情况下完成。如北京地铁机场线、上海地铁 10 号线。无人驾驶技术运用成熟的设计思想和运行辅助系统。实现了列车的精确定位、高速运行、实时跟踪和自动折返，缩短了列车运行间隔，提高了行车密度和旅行速度，并确保其具有较高的安全可靠性。它可以根据客流自动调整列车开行密度和运营策略，灵活适应高、低峰客流。

无人驾驶技术优势主要有以下几个方面：

（1）全自动无人驾驶地铁具有列车唤醒启动、休眠、出入停车场、清洗、行驶、停车、开关车门、故障恢复等一系列的自动功能，并具有常规运行、降级运行、运行中断等多种运行模式，可有效提高运量和系统运行效率。

（2）无人驾驶列车由于起动和制动的均匀性，乘客乘坐更加舒适。列车最高速度可达 80 km/h，同时，高新技术保障了运营的安全。

（3）全自动无人驾驶地铁自动化程度较高，节省了人力、物力。虽然初期建设成本较普通地铁高，但维护成本低，降低了运营成本。

无人驾驶技术与现有的有人监控的列车自动驾驶技术在信号系统各子系统设备的功能上无太大差异，目前大部分新开通线路均具备自动驾驶功能，运行一段时间进入平稳状态后，经过相应调试则具备无人驾驶功能，如北京地铁机场线。

全自动无人驾驶技术是一项全球领先的技术，已经相对发展成熟，随着技术的革新和新技术的产生和发展，势必会融入更多更全面的车辆、信号、运营的相关新技术，而更先进列控系统的开发无疑是保证列车更安全可靠的基石，下一步建议进行新一代列控系统的开发。

第二节　列车自动运行系统构成

ATO 分为轨旁 ATO 和车载 ATO 两部分，实际上 ATO 与 ATP 从设备上已经很难严格区分。车载 ATO 主要部件在列车上；轨旁 ATO 一般不需额外的物理设备，但可能会增加一些用于 ATO 控制的定点停车专用信标。

一、车载 ATO 子系统

ATO 车载设备机箱的平面图、立体图如图 10.1 和图 10.2 所示，机箱由多个模块组成。

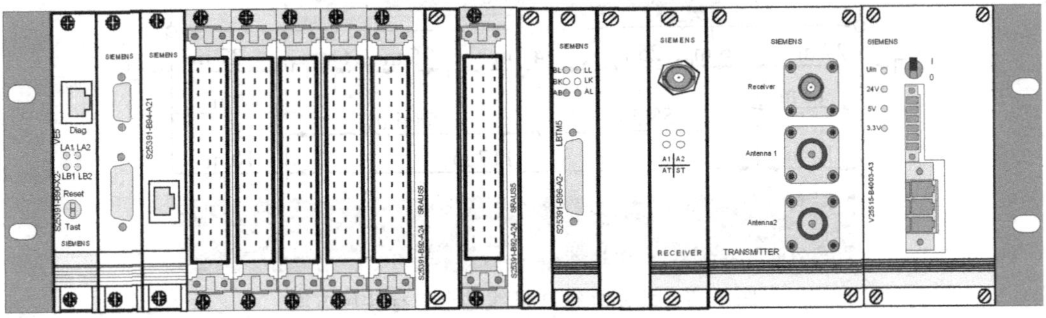

图 10.1　ATO 车载设备机箱平面图

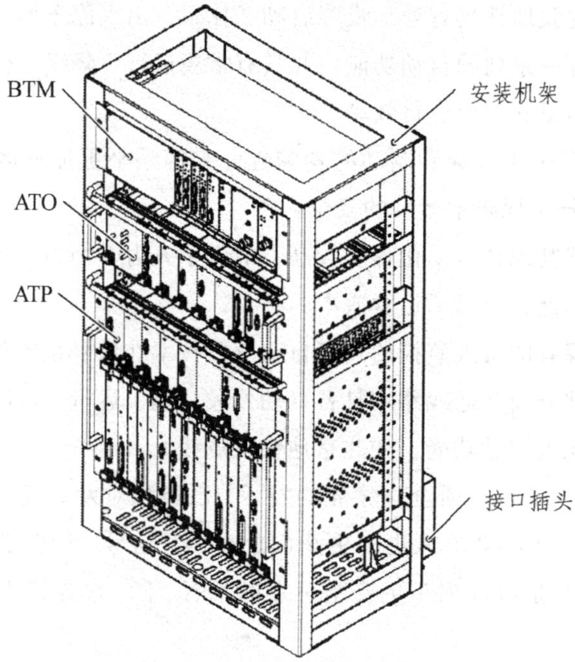

图 10.2　ATO 车载设备机箱

二、轨旁 ATO 子系统

轨旁 ATO 子系统接近车站信标。信标安装于轨旁，专门用于激活由 ATO 控制的车站停车，如图 10.3 所示。

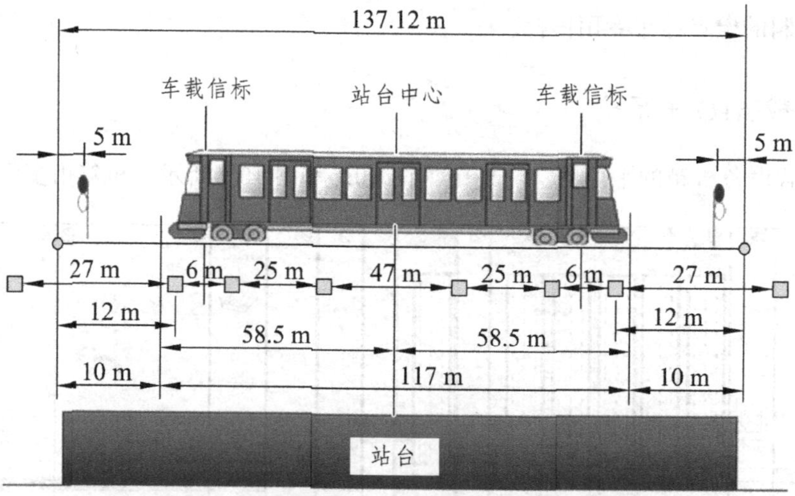

图 10.3　北京地铁 2 号线站台信标实施方案

第三节　列车自动运行系统原理及功能

一、列车自动运行系统功能

列车自动运行系统的功能包括：自动驾驶功能、列车测速定位、管理临时限速、车门/屏蔽门管理、发车授权、速度曲线控制和目标点停车。

（1）自动驾驶功能：在 ATO 模式下，可以根据 ATS 的调整指令调整区间走行时间。

（2）列车测速定位：ATO 子系统直接接收和使用 ATP 子系统的速度和位置信息，并计算列车的加速度信息，进行列车的控制。

（3）管理临时限速：ATO 子系统从 ATP 子系统接收临时限速等信息，利用这些信息计算生成 ATO 驾驶曲线，驾驶列车运行。

（4）车门、屏蔽门管理：列车抵达车站并停稳后，经 ATP 子系统允许后，ATO 子系统向列车发送开门指令，ATO 功能将会打开列车车门，并经通信通道触发打开站台屏蔽门。车门关闭将由司机或在停站时间到时触发。

在 ATO 驾驶列车时，系统可具备以下三种开/关门模式：自动开车门，人工关闭车门；人工开车门，人工关闭车门；自动开、关车门。

（5）发车授权：系统自动发车前应检查以下所有条件。

站内发车需检查的条件：紧急制动没有施加；超出停站时间；没有扣车命令；系统处于 AM 模式；列车车门和安全门关闭；MA 长度满足 ATO 发车需求。

站间发车需检查的条件：紧急制动没有施加；系统处于 AM 模式；列车车门关闭；MA 长度满足 ATO 发车需求。

发车条件满足后，ATO 通过 ATO 启动灯的闪亮来提示司机。

（6）速度曲线控制：在 ATP 子系统的安全保护下，根据 ATS 子系统的指令，实现列车的自动驾驶和列车在区间运行的自动调整功能，即 ATO 子系统控制列车按目标曲线行车，自动完成对列车的启动、加速、巡航、惰行、减速和停车的合理控制。确保达到要求的设计间隔及旅行速度，并实现列车的节能运行控制等。

（7）列车在目标点制动停车：即列车精确地停在计划规定的位置。设备对所采用的制动等级以及制动起点和速度曲线进行了定义，并密切监控列车对 ATO 命令的反应，尽可能符合速度曲线。在 ATO 模式下，列车在站台的停车精度满足：99.99%的情况下，停车精度保证在 $-300 \sim 300$ mm，在 99.999 8%的情况下，保证在 $-500 \sim 500$ mm。

二、列车自动运行系统原理

在自动驾驶模式条件满足时，由 ATP 输出 ATO 使能信号，若 ATO 设备有效，列车的控制将在 ATP 保护下由 ATO 设备来完成。ATO 系统将控制列车的牵引、制动，并保证精确停在预定的停车点后自动打开和关闭车门。

轨旁 ATO 单元通过车地通信，发送相关的控制命令以及运行限制给车载 ATO，车载 ATO 根据这些命令以及运行限制控制车辆按照运营要求行驶。

ATO 车-地通信通过无线和应答器等设备完成。无线单元提供连续的车-地通信信道，车-地之间通过该信道交互相关的控制及状态数据。应答器单元仅在固定的位置发送信息给车载 ATO 单元，车载 ATO 单元根据该信息进行控制及调整操作。

自动驾驶模式主要的激活条件：ATP 在手动驾驶模式（SM、CM 等）；停站时间已过（运行停车点已被释放）；从轨旁接收到移动授权；门已关闭；驾驶手柄在零位置。

司机通过启动按钮启动自动驾驶模式，如果任何一个前提条件不满足，自动驾驶模式将被取消。ATO 由启动按钮激活后，系统控制列车按速度曲线运行，ATP 将 ATO 控制信号传输到列车牵引制动系统，当达到制动触发点时，ATO 设备将自动控制常用制动使列车跟随制动曲线运行。

ATO 根据 ATS 发送的控制命令，根据线路条件、车辆特性等数据计算的目标速度曲线需要考虑的主要因素有：EB（紧急制动）限速曲线、站间运行时间、扣车跳停命令、线路坡度、曲率、车辆加/减速性能、舒适度、车辆载重、舒适度、节能。ATO 安全制动模型如图 10.4 所示。

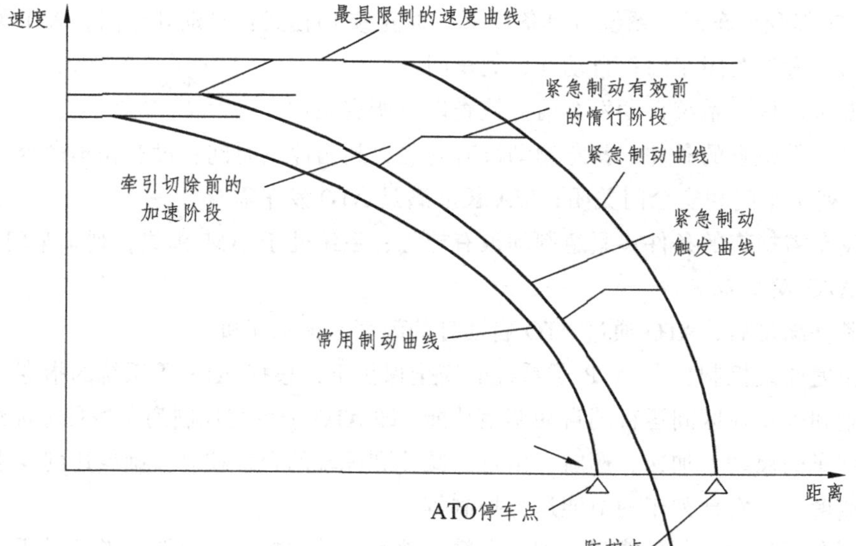

图 10.4　ATO 安全制动模型

橙色代表紧急制动曲线，红色代表紧急制动触发曲线，蓝色代表常用制动曲线。

第十一章　数据通信系统

【学习目标】

1. 了解通信与信号系统的接口；
2. 了解通信与信号系统传输方式；
3. 了解无线局域网技术的优点与不足。

【知识要求与技能要求】

1. 掌握车-地通信实现无线与有线网络的信息交互；
2. 掌握有线网络设备组成；
3. 掌握无线网络设备组成。

第一节　通信技术在信号系统中的应用

基于通信的列车控制（Communication Based Train Control，CBTC）系统采用感应通信或无线通信技术，实现了车-地双向、大容量的信息传输，构成新型列车控制系统，是实现移动闭塞制式的最佳技术手段。CBTC 技术的引入是综合利用 3C 技术——计算机技术（Computer）、通信技术（Communication）、控制技术（Control），代替轨道电路技术，在真正意义上实现了列车运行的闭环控制。

目前，我国城市轨道交通采用从西门子、阿尔卡特、阿尔斯通、USSI、庞巴迪等公司引进的基于无线通信的 CBTC 系统。

CBTC 系统的使用代表目前世界上列车运行控制系统的发展趋势，是近年来国际、国内轨道交通领域认可的一种闭塞方式。它摆脱了用轨道电路判别列车对闭塞分区占用与否，突破了固定（或准移动）闭塞的局限性。较以往的系统具有更大的优越性。

CBTC 的突出优点是可以实现车-地之间的双向通信，并且传输信息量大、传输速度快，很容易实现移动自动闭塞系统，大大减少了区间敷设电缆、一次性投资及日常维护工作，可以大幅度提高区间通过能力，灵活组织双向运行和单向连续发车，容易适应不同车速、不同运量、不同类型牵引的列车运行控制等。在 CBTC 中不仅可以实现列车运行控制，而且可以综合运行管理，因为双向无线通信系统既可以双向传输安全类信息，也可以双向传输非安全类信息，如车次号、乘务员班组号、车辆号、运转时分、机车状态、油耗参数等大量机车、工务、电务等有关信息。利用 CBTC 既可以实现固定自动闭塞系统（CBTC-FAS），也可以实现移动自动闭塞系统（CBTC-MAS）。在 CBTC 应用中的关键技术是双向无线通信系统、列车定位技术、列车完整性检测等。双向无线通信系统在欧洲是应用 GSM-R 系统，在美洲则采用扩频通信等其他种类无线通信技术。列车定位技术也有多种方式，如车载设备的测速-测距系统、全球卫星定位、感应回线等。

CBTC 相比传统的铁路信号系统有着诸多特性，如无须繁杂的电缆，而以无线通信系统代替，减少了电缆铺设及维护成本；可以实现车辆与控制中心的双向通信，大幅度提高了列车区间通过能力；信息传输流量大、效率高、速度快，容易实现移动自动闭塞系统；容易适应各种车型、不同车速、不同运量、不同牵引方式的列车，兼容性强；可以将信息分类传输，集中发送和集中处理，提高了调度中心工作效率。CBTC 系统传输的可靠性和安全性是系统关注的核心，尤其是无线移动闭塞系统，其可靠性和安全性的要求更高。CBTC 分为基于轨间电缆的和基于无线通信的两类。

一、基本结构

典型无线移动闭塞系统的结构如图 11.1 所示。该系统以列车为中心，主要子系统包括：区域控制器（ZC）、车载控制器（VOBC/CC）、列车自动监控（ATS）、数据通信系统（DCS）和司机显示（CDU/DMI）等。

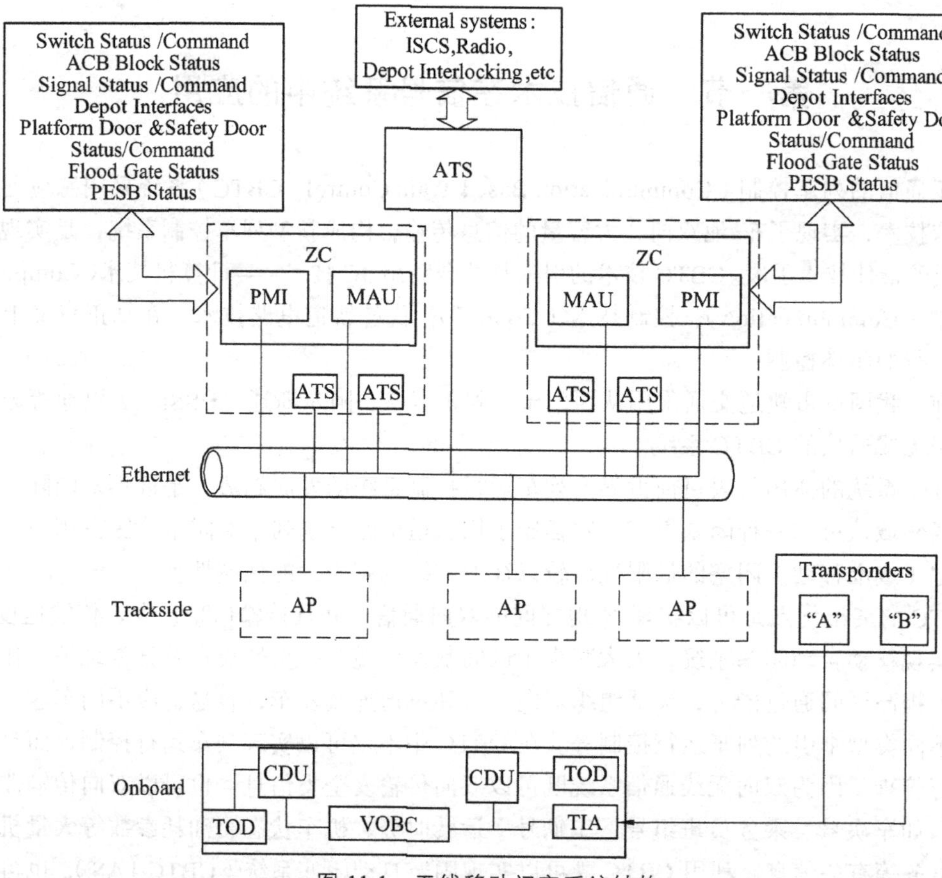

图 11.1 无线移动闭塞系统结构

区域控制器（ZC）即区域的本地计算机，与联锁区一一对应，通过数据通信系统保持与控制区域内所有列车的安全信息通信。ZC 根据来自列车的位置报告跟踪列车并对区域内列车发布移动授权，实施联锁。区域控制器采取三取二的检验冗余配置。

冗余结构的 ATS 可实现与所有列车运行控制子系统的通信，用于传输命令及监督子系统状况。

车载控制器与列车一一对应，实现列车自动保护（ATP）和列车自动运行（ATO）的功能。车载控制器也采取三取二的冗余配置。车载信标天线和地面的应答器（信标）进行列车定位，测速发电机用于测速和对列车定位进行校正。

司机显示提供司机与车载控制器及 ATS 的接口，显示的信息包括最大允许速度、到站距离、列车运行模式及系统出错信息等。

数据通信系统实现所有列车运行控制子系统间的通信。系统采用开放的国际标准：以 802.11 作为无线通信接口标准。

DCS 是 CBTC 系统中的一个子系统，主要负责在各设备之间通过有线网络和无线网络两种不同的网络实现双向通信，用以提供各设备子系统之间的有线信息传输以及地面设备与车载设备之间的无线信息传输。DCS 由有线网络系统、车-地无线系统和 DCS 管理系统组成，采用 802.11 技术组建无线传输网络的整体组成，如图 11.2 所示。

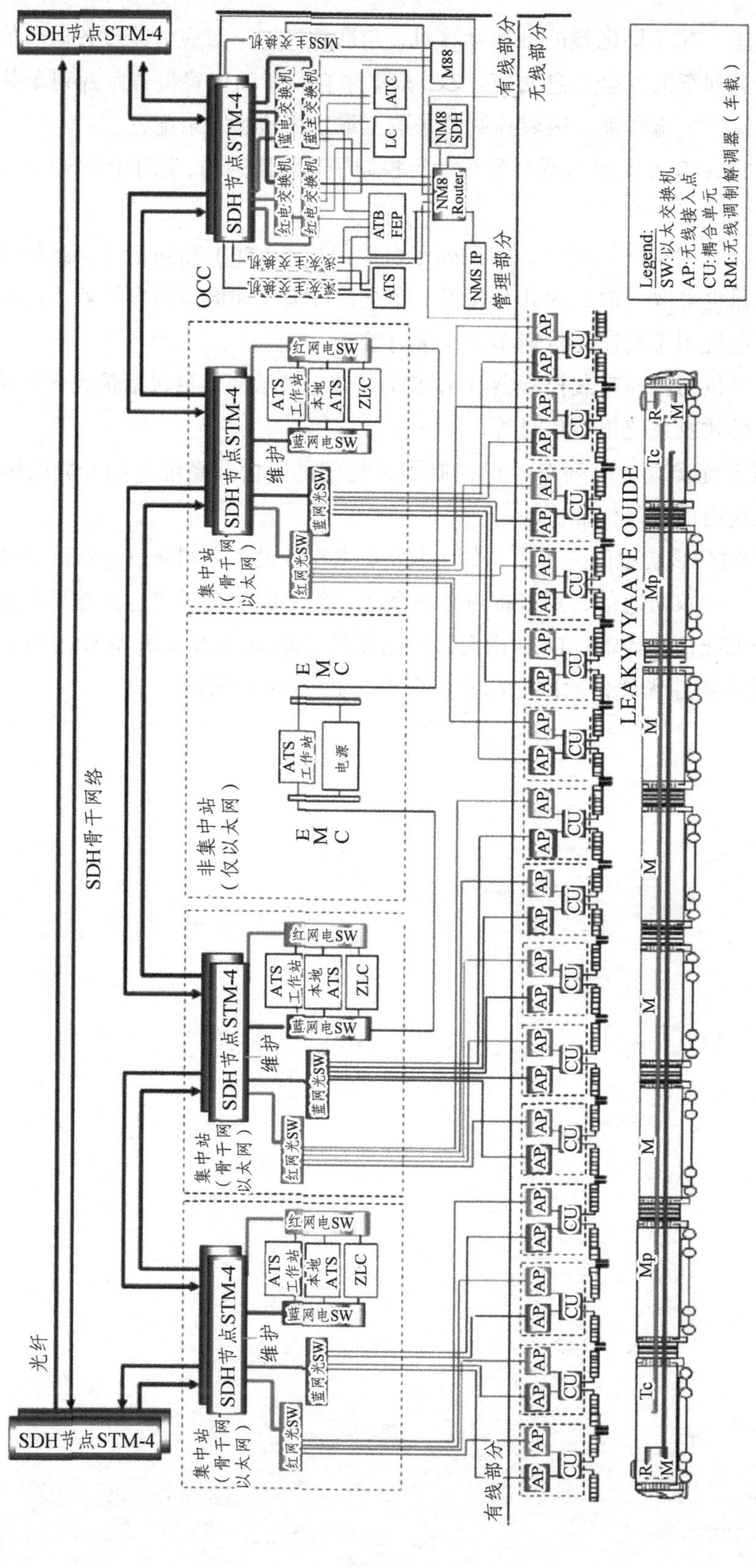
SDH节点STM-4
SDH骨干网络
光纤
OCC
红电交换机
蓝电交换机
红电交换机
蓝主交换机
ATS
ATB FEP
LC
ATC
NM8 Router
NM8 SDH
M88
NMS IP
管理部分
有线部分
无线部分
集中站（骨干网以太网）
非集中站（仅以太网）
红网电SW
蓝网电SW
红网光SW
蓝网光SW
ATS 工作站
本地 ATS
ZLC
维护
EMC
电源
AP
CU
LEAKYYAAVE OUIDE
Tc
Mp
M
Legend:
SW:以太交换机
AP:无线接入点
CU:耦合单元
RM:无线调制解调器（车载）

图 11.2 DCS 组成

第二节　有线网络子系统

信号系统有线网络由工业以太网交换机组成。工业以太网交换机采用环形网络结构。DCS有线网络为信号系统提供专有有线信息传输，为控制中心/备用控制中心、车站、停车场/车辆段之间提供信息的透明传输通道，为控制中心/备用控制中心、车站、停车场/车辆段和试车线的信号设备提供局域网连接。根据 CBTC 信号系统传输的数据量，骨干网的传输带宽在实际使用带宽的基础上预留了超过 30%的裕量。

DCS 有线网络系统的各个部分通过冗余的光纤骨干网互相连接起来。一段骨干网络以及相应的节点和以太网交换机构成了轨旁网络的一部分，该轨旁网络沿线路延伸，构成整个信号系统的有线网络系统。

有线网络全部采用工业级以太网交换机。骨干网由五个独立的网络组成，其中 ATC 网络为 2 个冗余备份的环网，ATS 网络为 2 个冗余备份的环网，维护网为 1 个环网。

ATC 网在控制中心、备用控制中心及试车线配置三层交换机，在各个车站配置二层交换机，利用无线综合通信系统进行车-地数据传输。

ATS 网和维护网使用二层网络进行数据转发。SDH 节点将安装于沿线的联锁站和车辆段。选择的光纤拓扑接口是两纤环（一纤用于传输 TX，一纤用于接收 RX）。有线网络结构如图 11.3 所示。

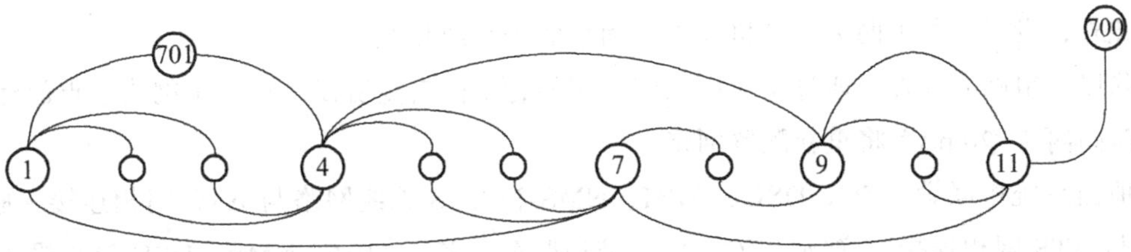

图 11.3　DCS 骨干网结构示意图

有线网络采用工业以太网交换机。该交换机支持超级冗余环网（TurboRing）技术，在网络上由 250 台交换机组成环网的情况下，可保证在 20 ms 内完全恢复所有业务通信。与有线网络连接的应用系统主要包括：ATP/ATO 子系统、ATS 系统、联锁系统、MSS 系统及电源监测系统。从逻辑上讲，根据应用数据的安全性和可靠性，可将有线网络划分为 5 个独立网络：2 个冗余的 ATC 网、2 个冗余的 ATS 网和 1 个维护网。

DCS 骨干网的上下行各使用一根 16 芯光缆进行组网。骨干网组网采用隔站跳接的方式，其中，1 ~ 10 芯用于组网，11 ~ 16 芯为备用芯；11 ~ 12 芯为 ATC 网的备用芯，13 ~ 16 为 ATS 网和维护网的备用芯。

光缆需要根据实际应用在 DCS 有线机柜内进行光纤的熔接和跳接。具体熔接和跳接的地点按照后期出具的 DCS 骨干网光缆配线图执行。

1. 有线网络设备

信号系统工程采用的工业以太网交换机通过了多个工业自动化行业的国际（或国内）认证及标准，如通用的 UL508 和 UL1604，电力行业的 IEC61850-3 和 IEEE1613，轨道交通行业的 EN50121 和 EN50155 等。

2. 有线网络连接

CBTC 信号系统解决方案中的有线网络通过工业以太网组网构建的环形网络结构，实现三类不同网络之间的通信。

（1）ATC 网络，完全冗余（蓝网、红网），使各联锁、ATP 等信号子系统之间直接通信。

（2）ATS 网络，完全冗余（橙色、紫色），使各 ATS 子系统之间直接通信。

（3）维护网络，非冗余，使各维护子系统之间直接通信。

有线网络由 5 个独立的网络（2 个冗余的 ATC 网、2 个冗余的 ATS 网、1 个维护网与电源监测网共用）组成。这些网络在逻辑上是完全独立的，且 2 个 ATC 网互为冗余，2 个 ATS 网互为冗余。其中，ATC 网络带宽为 2 × 100 Mb/s，ATS 网络带宽为 2 × 100 Mb/s，维护网带宽为 100 Mb/s。

联锁、ATP 子系统通过独立的 ATC 网络进行通信，通过网关计算机与 ATS 网络进行通信。

有线网络的组网方式为将车站、车辆段/停车场和控制中心/备用控制中心连接起来，然后将各种信号系统地面设备接入骨干网。

此外，设置了若干网关计算机使不同网络的子系统相互通信。

除以上组网方式外，通过工业以太网采用的骨干网自愈协议，在一个网络节点故障后的很短时间内（<20 ms）将重新配置网络。

地面系统中联锁、ZC、DSU、APM、NMS 和 DCS 无线网络与 ATC 网相连接，联锁、ATS 与 ATS 网相连接，联锁、ZC、信号维护监测设备、APM、NMS、DSU 等与维护网相连接。

有线网络在各设备集中站和控制中心/备用控制中心配置冗余 ATC 交换机，将 ATP 等设备接入 ATC 网络；配置冗余 ATS 交换机，将 ATS 工作站接入 ATS 网络；配置维护网交换机，将信号维护监测工作站、电源监测维护设备接入维护网。

有线网络在正线各非集中站配置冗余 ATS 交换机，将 ATS 工作站接入 ATS 网络；配置维护网交换机，将电源监测维护设备接入维护网。

有线网络在车辆段/停车场配置冗余 ATC 交换机，为 ZC、联锁、APM 和 DCS 无线网络提供接口与 ATC 网相连接；配置冗余 ATS 交换机，为 ATS 提供接口与 ATS 网相连接；配置维护网交换机，为信号维护监测设备、NMS、电源监测提供接口与维护网相连接。

有线网络在维修中心配置维护网交换机，为维护监测等提供接口与维护网相连接。

有线网络在控制中心培训/模拟演示室配置冗余 ATS 交换机，将控制中心培训/模拟地面设备接入培训/模拟演示室局域网。

3. 有线网络冗余方式

有线网络采用模块化网管型工业以太网交换机，每个网络交换机有 2 个千兆光纤口和 24 个快速以太网口。该交换机支持 Turbo Ring 和 Turbo Chain（自愈时间<20 ms@250 台交换机）、RSTP/STP 和 MSTP 网络冗余协议，支持 TACACS+，SNMPv3，IEEE802.1X，HTTPS 和 SSH 协议，可以通过 web browser，CLI，Telnet/Serial console，Windows utility 和 ABC-01 进行网络管理配置。骨干网设计时提供了完善有效的网络自愈保护方案，从而可以根据不同的网络拓扑实现灵活可靠的自愈保护倒换。骨干网采用 TurboRing 环网冗余协议。

如图 11.4（a）所示，在组成环网时，环网上会产生一个 Ring Master 交换机，Ring Master 可以手工指定也可以通过选举的方式产生。Ring Master 的作用是监视环网的运行状态，确定备份路径。备份路径确定后，此时环网蜕化为总线拓扑结构，网络处于正常状态。

一旦网络上的某条路径出现故障时，该线路两侧的交换机能够立刻侦测到线路发生中断，并立刻向 Ring Master 发送一个错误报警信息，见图 11.4（b）。

Ring Master 收到错误报警信息之后，会做两个动作。第一，将阻塞端口打开，激活备份路径。第二，通知环网上的所有交换机刷新自己的 MAC 地址表，重新学习。这两个动作完成之后，网络就可以正常转发数据了，如图 11.4（c）所示。

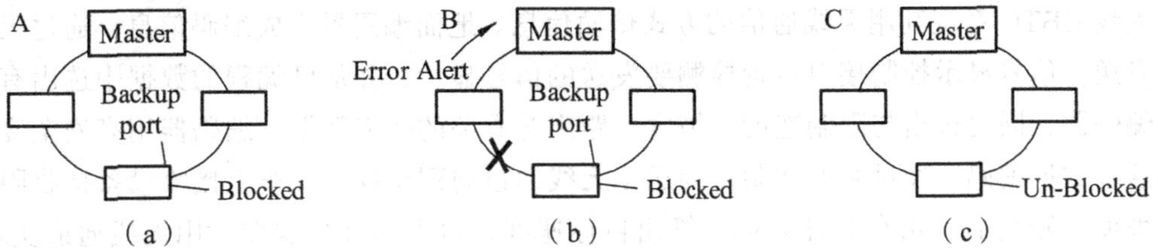

图 11.4　骨干环网冗余保护原理图

骨干网采用 Turbo Ring 环网保护协议可以提供线路冗余能力，环网上任意一段线路出现故障，都可以切换到备份路径，保持数据的不间断传输。

第三节　无线网络子系统

一、无线局域网组成

为了实现 CBTC 系统中的车-地数据传输，一般需要有中心控制系统、车站控制系统、车站交换机、中心与车站间的有线传输网络、车载控制设备、网卡、天线、区间信号覆盖设备如 AP（无线接入点）或波导管等设备等。

无线系统包括安装在车上、车辆段、隧道（高架）和车站的设备，为两轨道各提供一套完整的设备。无线 DCS 为信号（安全和非安全）提供通信连接。无线 DCS 为车载 ATC 和轨旁设备提供接口，如图 11.5 所示。

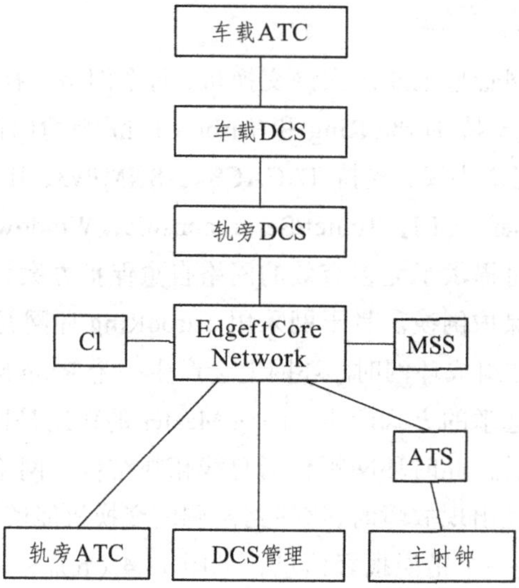

图 11.5　无线系统结构

二、无线通信基本原理

无线 CBTC 系统利用无线通信的方式传输信息。地面编码器生成编码信息，通过天线向车上发送。信号显示控制接口负责检测要发送的信号显示，并从已编程的数据中选出有用数据送编码器，同时选出与限制速度、坡度、距离等有关的轨道数据。编码器用高安全度的代码将这些数据编码，经过载波调制，馈送至无线通道向列车发送。车上接收设备接收限制速度、坡度、距离后，由车载计算机计算出目标速度，对列车进行监控。用无线通道实现地-车数据传输的 ATC 才是真正意义上的移动闭塞。

典型的移动闭塞线路中，线路被划分为若干个区域，每一个区域由一定数量的线路单元组成。区域的出城和划分预先定义，每一个区域均由本地控制器和通信系统控制。本地控制器和区域内的列车及联锁等子系统保持连续的双向通信，控制本区域内的列车运行。列车从一个控制区域进入下一个区域的移交通过相邻区域控制器之间的无线通信实现。当列车到达区域边界，后方控制器将列车到达信息传递给前方控制器，同时命令列车调整其通话频率；前方控制器在接收并确认列车身份后发出公告，告知移交完成。两个相邻的控制区域有一定重叠，保证了列车移交时无线通信不中断。在采用轨旁 AP 的无线通信系统中，一般考虑 100% 的无线信号冗余率进行布置，以消除在某个单点 AP 故障时可能出现的信号盲区。

三、网络管理子系统

网络管理系统（NMS）由 NMS 服务器和 NMS 工作站组成，DCS 在备用控制中心设置

NMS 服务器，采集、处理并存储来自所有 NMS 工作站的网络设备状态信息，并向 MSS 提供被监控设备的状态信息。NMS 的设置如图 11.6 所示。

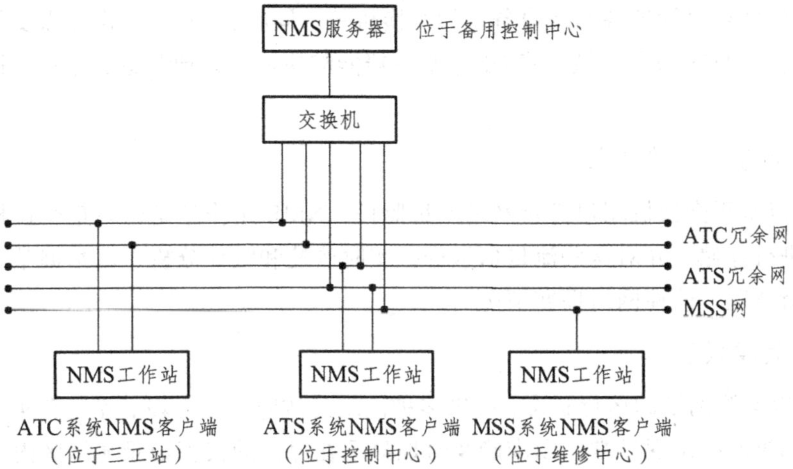

图 11.6　NMS 的设置

DCS 在三工站设置 NMS 工作站，与 ATC 网相连接，管理和监控正线（包括出入段线）、车辆段/停车场和车辆段/停车场列检库所有的网络设备的工作状态，同时接收 NMS 服务器发送的所有网络设备的状态信息。

在控制中心设置 NMS 工作站，与 ATS 网相连接，管理和监控 ATS 网中的网络设备，同时接收 NMS 服务器发送的所有网络设备的状态信息。

在维修中心设置 NMS 工作站，与维护网相连接，管理和监控维护网中的网络设备，同时接收 NMS 服务器发送的所有网络设备的状态信息。

NMS 系统的工作站采用基于简单网络管理协议（Simple Network Management Protocol，SNMP）获取采集网络设备的工作状态信息。由于 ATC 网络的网络设备较多，NMS 采用轮询方式检查所辖网络。为实现实时监控设备状态需要多设置网管工作站，因此 ATC 网络将设置两台 NMS 工作站。

所有网络设备支持 SNMP。NMS 工作站周期地向沿线的交换机发送 SNMP 查询 UDP 报文，查询设备的工作状态。被查询设备收到该报文后，返回应答报文，实现对沿线设备工作状态的实时监控。

NMS 提供统一的方式对网络管理支持，即全面监测网络的运行情况，可管理所有支持 SNMP 的网络设备，是适合于网络管理员和安全管理员的管理工具；其操作方便，功能实用，能够帮助管理员全方位地监管网络，有效地预测、定位并处理网络故障，掌握网络中各种系统资源的利用状况，定制各种性能报表，帮助客户有效地管理和提升网络的使用价值，并提高信号系统的可维护性。

NMS 的具体功能如下：

1. 展现网络拓扑结构，进行网络拓扑管理

NMS 工作站和服务器通过提供的各种网络设备数据，可以准确地呈现网络拓扑连接视

图，展现网络拓扑关系，直观地展示网络的基本组成和连接关系。

2. 及时监测各种网络设备的工作运行状态

NMS 工作站可以管理各网络设备，如交换机等。同时，NMS 工作站需要将设备的工作状态定时发送给 NMS 服务器端，使 NMS 服务器能够快速有效地收集、显示并记录全线网络设备状态。

3. 监控并分析网络流量

NMS 可以基于交换机端口进行网络流量监控，NMS 工作站定时采集交换机端口的输入输出流量，进行存储，并对这些流量信息进行实时监控和统计分析，以掌握整个网络各层次的交换机负荷情况，监控网络拥塞情况。

4. 网络故障报警

NMS 可以监测网络的运行状态，提供多种网络的故障诊断手段，并具有实时分析和告警显示功能，如果网络出现异常，则准确及时地显示在界面的报警记录显示区内。

5. 提供维护数据

在系统运行过程中，NMS 服务器按照规定的时间间隔通过维护网络向 MSS 服务器发送指定信息格式的 UDP 报文，以便实现数据存储、场景复现、历史信息查看及故障分析等功能。UDP 报文应包括 NMS 工作站所监控的所有网络设备的状态信息及 NMS 系统的各种操作信息。

NMS 服务器以 2 s 的固定周期向维护网汇报所有网络设备的状态信息，网络状态信息包含交换机及其端口 NMS 的操作记录信息。

复习思考题

1. CBTC 的含义是什么？
2. 信号系统中，DCS 的作用是什么？
3. DCS 有哪些组成系统？

第十二章　微机监测系统

【学习目标】

1. 了解微机监测系统构成；
2. 了解微机监测系统原理及功能。

【知识要求与技能要求】

1. 了解道岔监测原理；
2. 了解电缆绝缘监测原理。

第一节　微机监测技术系统概述

微机监测系统是保证行车安全、加强信号设备管理、监测信号设备状态、发现信号设备隐患、分析信号设备故障原因、辅助故障处理、指导现场维修、反映设备运用质量、提高维护部门的维护水平和维护效率的重要行车设备。微机监测系统由监测工作站、采集机等构成，对各种信号设备的工作状态进行实时监测，并记录保存数据，供回放查看。

第二节　微机监测系统构成

信号集中监测系统车辆段/停车场设置信号集中监测工作站（以下简称监测工作站）及监测机柜，信号集中监测系统结构如图 12.1 所示。

为满足信号集中监测系统需求，监测系统主要包括：监测工作站、监测机柜、各种采集器、绝缘组合等。各种采集设备将各种格式的数据通过 CAN 总线、485 总线等方式传送到监测工作站，监测工作站实时显示、存储，同时提供与联锁等信号设备的接口。

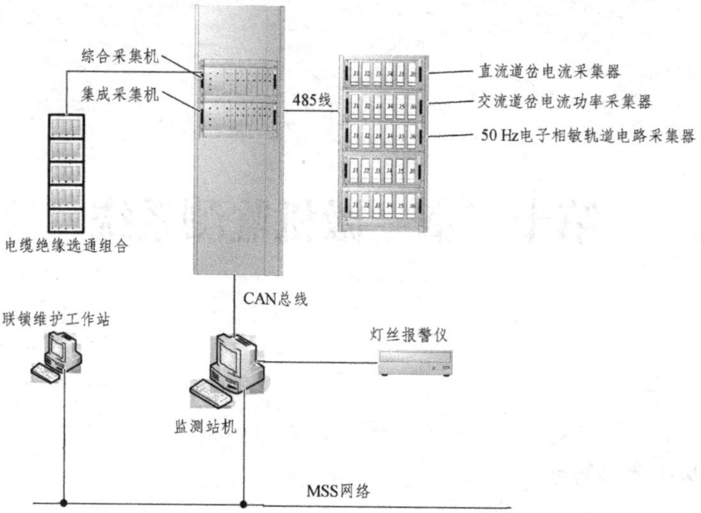

图 12.1　信号集中监测系统结构

第三节　微机监测系统原理及功能

一、综合采集机原理

综合采集机对电缆绝缘和开关量报警信息进行监测。

（一）电缆绝缘监测

综合采集机通过开关量输出板驱动安全型继电器，由继电器接点组成多级选路网络和互切电路，将所测电缆芯线通过选路网络逐条接入综合采集机电缆绝缘监测电路板，采用500 V直流高压在线测试方法，将电缆全程对地绝缘电阻转换成相应的0 ~ 5 V标准直流电压，送入CPU进行A/D转换和数据处理。电缆绝缘原理如图12.2所示。

每一台综合采集机配一个电缆绝缘选通组合架，最大容量为512根电缆芯线。

监测点：分线盘或电缆测试盘处。

测试电压：DC 500 V。

监测量程：0 ~ 20 MΩ，超出量程时显示“>20 MΩ”。

测量精度：+10%。

测试方式：人工启动，自动测试。

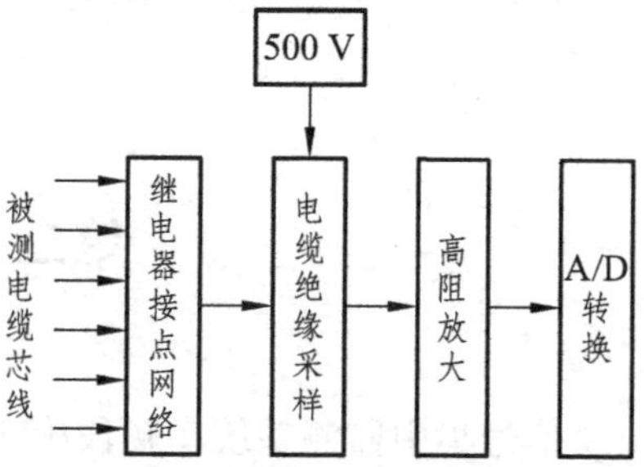

图 12.2　绝缘测试原理框图

综合采集机同时具有电源对地漏流测试的功能，通过电源对地漏流的测试，可以了解各电源线是否破损或接地及时发现线路故障。由于电源屏各种输出电源对地漏流的测试是关系到安全生产的，特规定：仅可在天窗时间内人工启动。

漏流与绝缘共用一个电缆绝缘选通组合架。绝缘漏流配线图如图12.3所示。

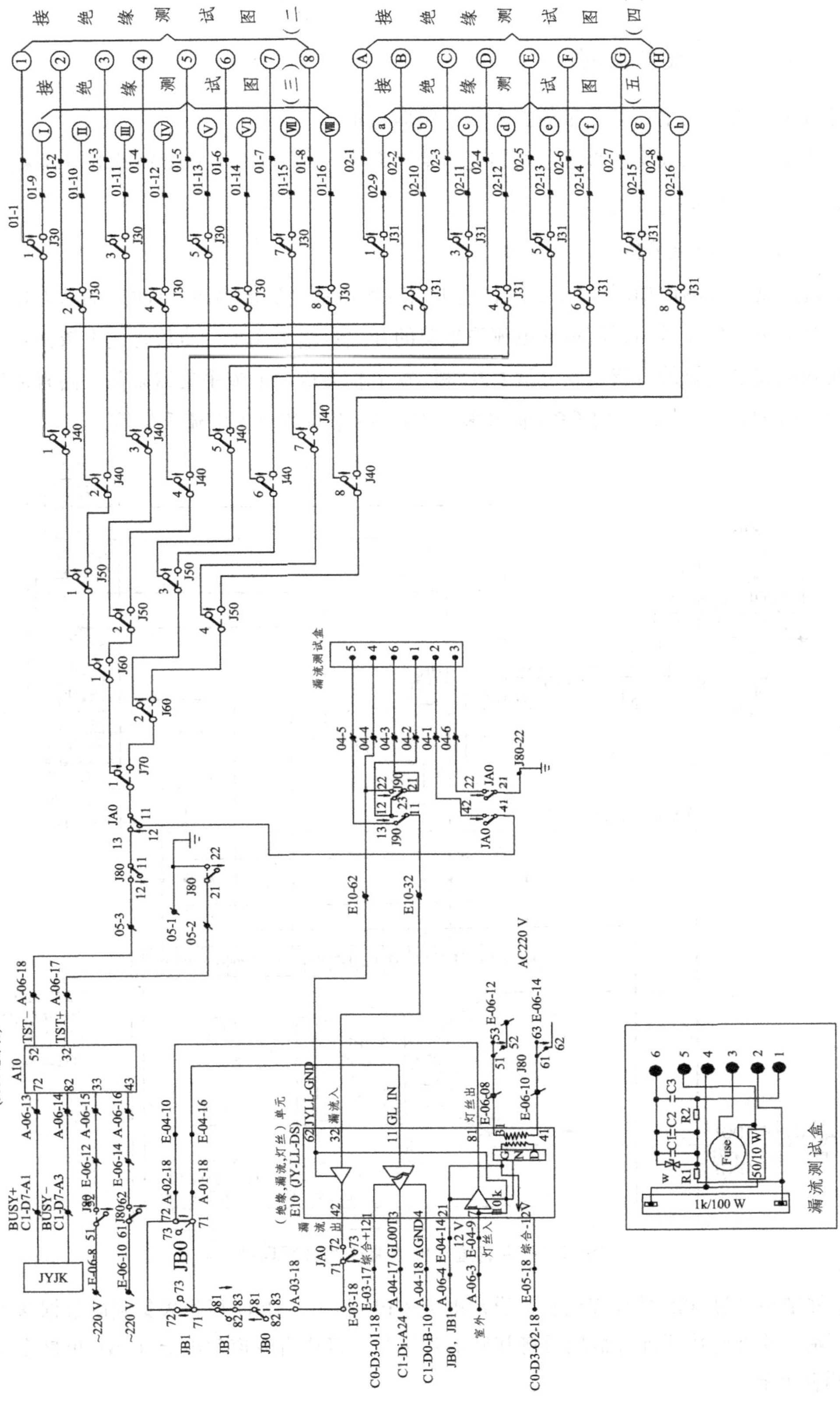

图 12.3　绝缘漏流配线图

（二）开关量报警监测

综合采集机还能采集开关量信息，如断路器总报警等。

集成采集机可完成交、直流道岔相关的特性采集、50 Hz 电子相敏轨道电路的采集。

1. 道岔电流采集

1）直流道岔电流采集

直流道岔电流测试如图 12.4 所示，它采用直流道岔电流传感器。1DQJ 的状态通过就近的 5 V 开关量采集器送到直流道岔电流采集器的开关量输入端子。直流道岔电流采集器的输出连接到集成采集机的直流道岔电流 CPU 板。每个直流道岔电流采集器采集一路直流道岔电流和对应的 1DQJ 状态，一块 CPU 板最多可连接 30 个直流道岔电流采集器。

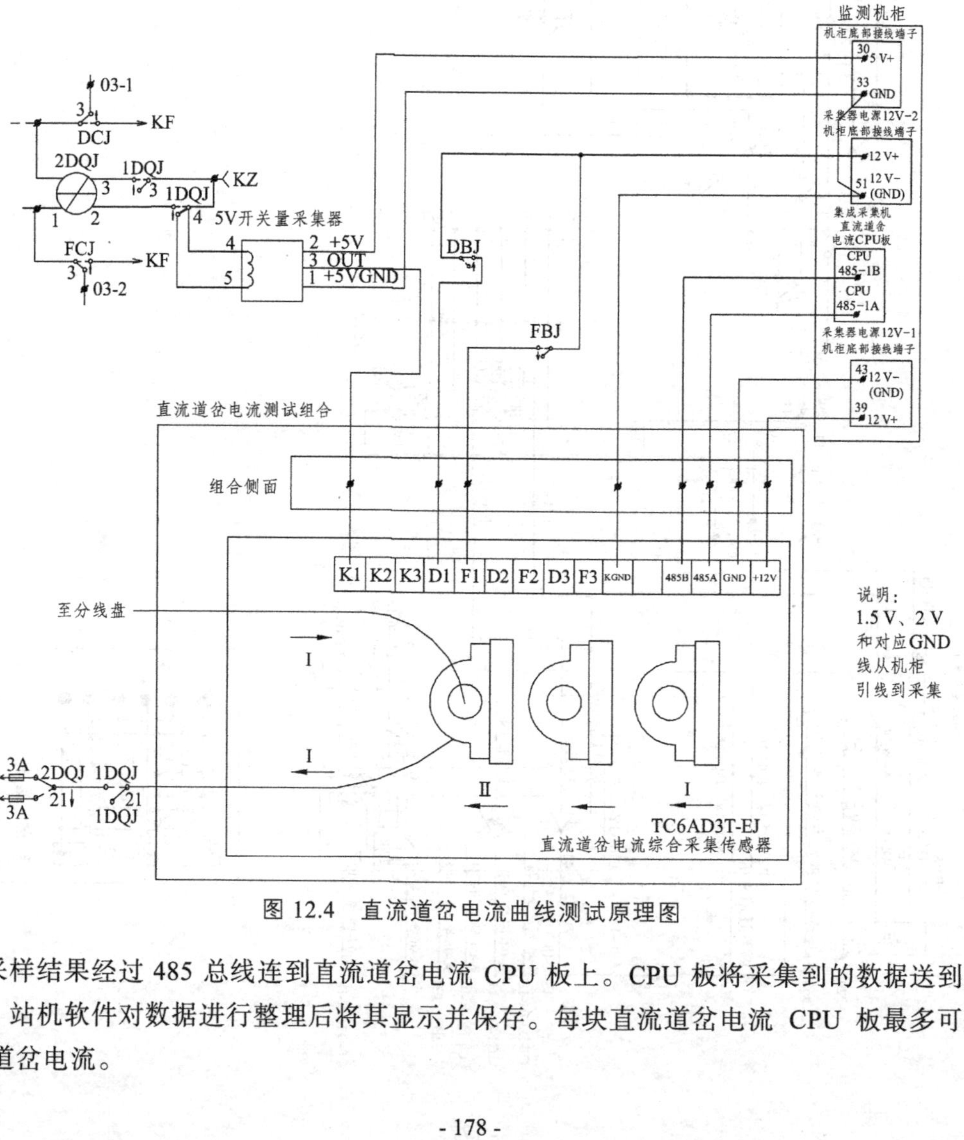

图 12.4 直流道岔电流曲线测试原理图

采样结果经过 485 总线连到直流道岔电流 CPU 板上。CPU 板将采集到的数据送到监测站机，站机软件对数据进行整理后将其显示并保存。每块直流道岔电流 CPU 板最多可采集 30 组道岔电流。

2）交流道岔电流功率采集

道岔采集分机用于实现对道岔动作电流曲线、功率曲线原始数据的跟踪采集，能够记录道岔转换时间和动作次数、动作方向、绘制道岔动作电流曲线，根据以上信息能够分析处理道岔转辙机的故障。

所以道岔采集机的功能实现主要包括道岔动作电流的监测、1DQJ 状态和定/反位状态的监测。

监测点性能下：

（1）电压采样点在 DBQ 输入端（11，31，51），1QDJ 之前；电流采样点在 DBQ 输出端绕过电流互感器模块后的电流输出端。

（2）组合内 1QDJ 如果有空接点，从空接点直接采集相应开关量。

（3）组合内 1QDJ 如果没有空接点，按图中配线线，使用 1DQJ5 V 开关量采集器采集半组接点。

采样模块性能如如下：

（1）电流互感器输入：3 × 10 A；输出 3 × 10 mA。

TC6APS-J 使用电流互感器采集电流变化情况，电流互感器把转辙机工作电流按比例转换成小电流，连接到 TC6APS-J 采集器监测端子上。供电方式：+12 V，输出方式：电压信号。

2. 5 V 开关量采集器

5 V 开关量模块用于采集一路开关量信息，其特点是仅需要半组空节点就能够采集该继电器的信息，在没有整组空节点的采集环境下使用（见图 12.6）。该采集器可用 5 V 或者 12 V 供电，输出电压根据供电电压而定。

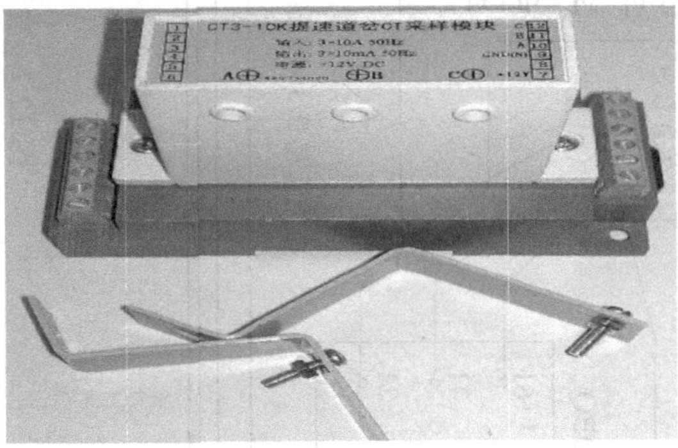

图 12.5　电流互感器及支架照片

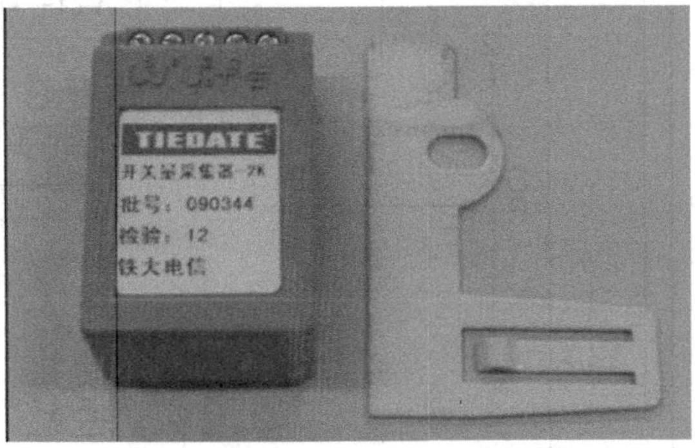

图 12.6　开关量采集模块及支架照片

3. 智能传感器

采样模块输出的电压信号连接到智能传感器，由智能传感器完成测量。

智能传感器选用 TC6APS-J 提速道岔电流功率综合采集传感器，可分别对道岔系统的电量进行测量，包括电压电流及功率的测量；并可通过判断开关量来输送功率、电流曲线。

每个智能采集器可以实时测量 1 组交流道岔的工作电流、功率、1QD 和定/反位开关量信息，采集机使用 485 总线访问智能采集器，根据 1QD 状态判断道岔状态，在道岔的动作过程中读取各测量信息，并发送给站机。交流道岔电流功率监测原理如图 12.7 所示。

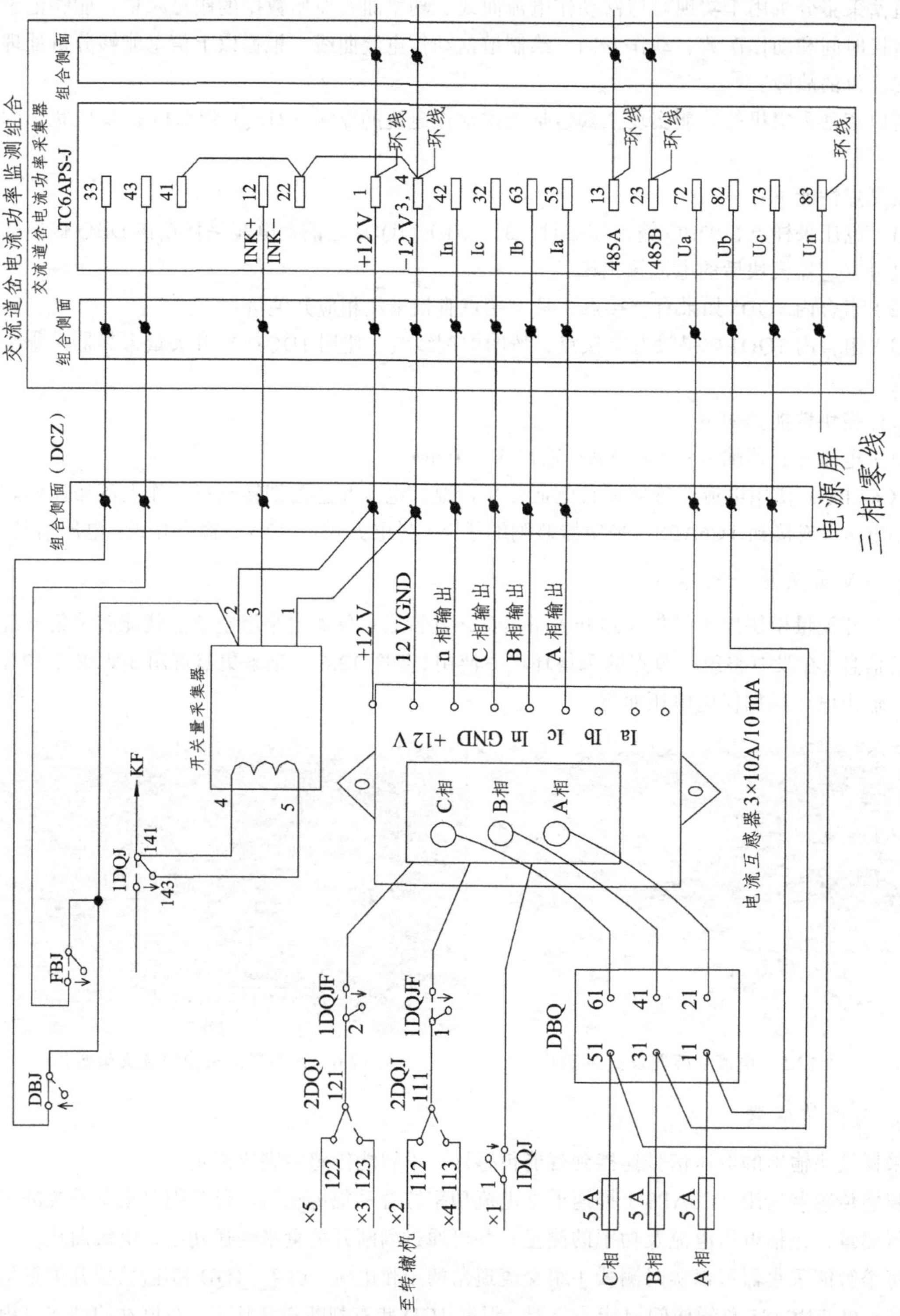

图 12.7 交流道岔电流功率监测原理图

每个交流道岔功率采集器采集一组交流道岔功率，每个道岔功率采集机最多连接 30 个功率采集器，即可测试 30 组交流转辙机动作电流、功率、动作时间和道岔控制电路的定、反位表示。如果功率采集器的数量大于 30，需增加功率采集机的数量。

4. 50 Hz 轨道电压相位角采集

50 Hz 相敏轨道采集机由 CPU 板和轨道智能采集单元组成，监测内容包括轨道电压和轨道占用状态。监测点在轨道电路继电器端和轨道继电器的半组下接点。

轨道电压的采集原理图 12.8 所示。

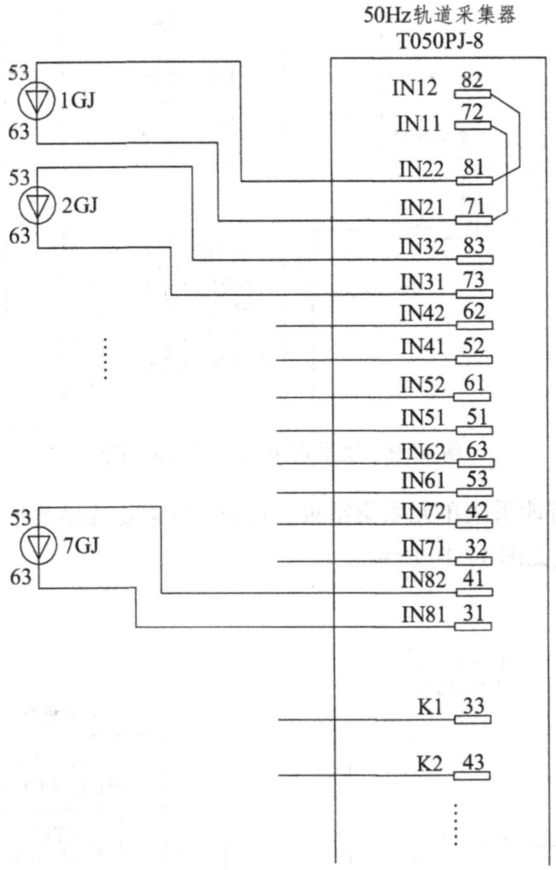

图 12.8　轨道电压/相位角采样原理图

轨道占用状态采集原理如图 12.9 所示。

轨道智能采集单元采用高阻隔离和电压互感器隔离的方式，对采样后的信号进行调整，将模拟信号高速采样后进行数据处理运算，得到轨道电路交流电压值，在进行模拟量采集、运算的同时，使用光电隔离的方式实时采集轨道占用状态开关量。轨道智能采集单元使用 485 总线，将采集结果发送给 CPU 板。

每个智能采集单元可以采集 7 个轨道区段电压、占用状态的监测。

CPU 板通过 RS485 线获取智能采集单元采集结果，通过 CAN 总线将采集结果发送给站机。

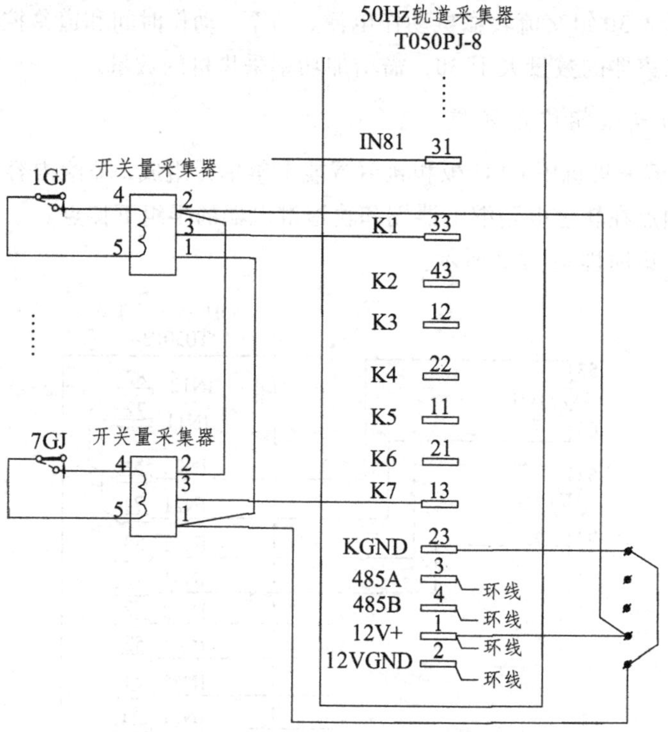

图 12.9　轨道占用状态采样原理图

CPU 板汇总各个智能采集单元采集结果，通过 CAN 总线将采集结果发送给站机。采集单元与监测机柜的配线如图 12.10 所示。

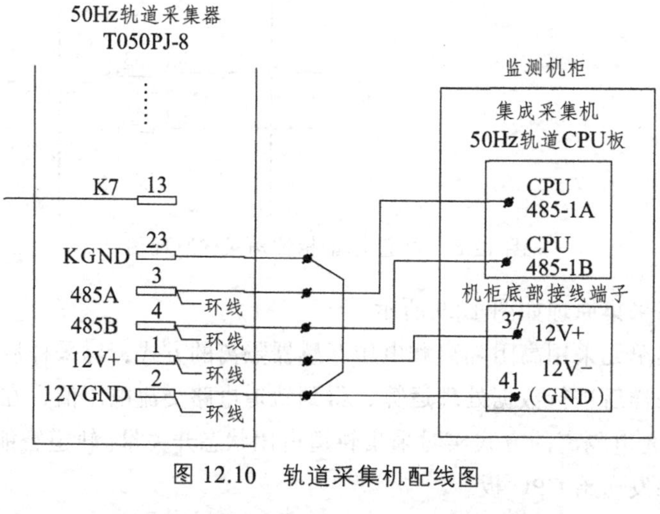

图 12.10　轨道采集机配线图

每块 CPU 板最多连接 30 个智能传感器，监测 210 个轨道区段。

根据车站轨道电路区段数目的多少配置相应数量的智能采集单元和 CPU 板。

（二）微机监测功能

1. 信号集中监测系统

信号集中监测系统满足中国铁路总公司《信号集中监测系统技术条件》(运基信号〔2010〕709号）的要求，采用成熟可靠的技术手段，实现信号设备运用过程的动态实时监测、数据记录、统计分析，包括以下主要功能：

（1）通过与联锁维护机的通信获取站场图实时信息，并保存数据。对站场进行实时跟踪和运行回放，既可以动态跟踪当前的站场信息，也可以查看过去的作业情况。并且系统支持对回放过程进行人工控制（如暂停、后退等）。

（2）转辙机的监测，包括转辙机全程动作电流、功率、动作时间、动作次数等。

（3）通过在室外分线盘对信号机的点灯电压进行监测并通过灯丝报警仪对故障灯位进行报警。

（4）利用模拟盘分别对各个轨道进行占用和空闲两种状态测试，监测站机应相对应轨道电压和轨道状态调整分路相对应。

（5）对计算机联锁CPU板、输入板、输出板、驱动板的监测和故障定位。信号集中监测能够正确反映各种插接板的工作状况。一旦出现故障，可以给出故障点所在插接板及其在板中的位置。

（6）根据运营需要向正线远程维修诊断子系统传送信号设备的状态、故障及报警信息。

（7）全程监测信号电缆对地绝缘电阻。通过电缆绝缘选通组合把被测电缆线接到综合采集机，测量信号电缆对地绝缘电阻值情况。一台综合采集机最多可以测量1024路信号电缆绝缘。

（8）具有良好的自检功能，可正确反映自身工作状态。

（9）具有声光报警功能。

2. 监测工作站

监测工作站负责收集、分类、逻辑分析处理监测系统采集到的开关量、模拟量、报警信息等，具有报警输出、数据统计汇总、存储回放等功能。监测工作站提供了人性化的人机交互界面，以图形、列表及曲线等方式给维护人员提供最有价值的维修状态信息。同时，监测工作站接受用户数据和指令的输入，实现了实时、交互式浏览和查询。

其主要功能如下：

（1）显示及存储。

（2）报警及事件管理。

（3）站场运用状态图的显示与回放，站场图能够放大、缩小和全屏显示。

（4）开关量的实时状态显示以及历史记录查询。

（5）模拟量的实时测试表格、日报表、实时曲线、日曲线、月曲线、年趋势线。

（6）转辙机动作电流及功率曲线。

（7）关键设备动作次数及时间表，包括转辙机动作次数，破封按钮运用次数，区段占用次数，列车、调车按钮运用次数，故障通知按钮运用次数、列车、调车信号开放次数等。

（8）生成电缆绝缘的测试表格。

（9）开关量和模拟量滚动数据存储，存储时间不少于 1 年。

复习思考题

1. 微机监测系统的功能是什么？
2. 监测系统主要由哪些设备组成？
3. 请简述电缆绝缘监测的原理。

第十三章　维修支持系统

【学习目标】

1. 了解维修支持系统系统构成；
2. 了解维修支持系统原理及功能。

【知识要求与技能要求】

1. 了解维修支持系统各子系统采集原理；
2. 了解维修支持系统模拟/数字采集点。

信号维修支持系统（Maintenance Support System，MSS）是整个信号系统的设备状态监测和维护的辅助工具，其设备利用计算机网络和通信技术，完成对信号系统所有设备的状态的集中监视和报警，实时监测信号设备的使用情况，定位故障地点，统计故障时间，管理维修作业，以实现预防故障发生、提高系统维护管理水平的功能。

MSS 对正线信号系统（包括 ATS、ATP、ATO、联锁、DCS 等各子系统设备、配套电源设备、计轴设备、室外信号设备、微机监测设备、道岔缺口监测设备等）和车辆段/停车场信号系统（包括联锁系统设备、配套电源设备、微机监测设备、室外信号设备、道岔缺口监测设备等）的工作状态进行监测和报警，并在相应的人机界面上进行集中显示。

第一节　维修支持系统概述

MSS 由维护监测服务器、维护监测系统工作站（又名：维护管理工作站或维护工作站）、数据存储设备、数据中心、移动终端，以及构成维护网络的网络设备等组成。MSS 的设备设置在控制中心、备用控制中心、维修中心、各设备集中站、车辆段/停车场、维护部、项目部等地。所有设备通过维护网连接，维护网与信号系统安全网隔离，不影响被监测设备的正常工作。

目前所建线路通常在车辆段/停车场和正线设备集中站设微机监测设备，对信号系统基础信号设备模拟量和开关量进行监测，并将监测信息上传至 MSS 进行集中存储、显示、报警和打印等。

一、维护监测服务器

维护监测服务器采用冗余配置，负责采集并处理来自 ATS、联锁、微机监测、VOBC、ZC、DSU、DCS、电源、计轴、LEU、道岔缺口监测等系统的系统运行状态和设备工作状态信息，并向各维护（管理）工作站提供数据查询、维护指导、维护计划、维护管理、数据统计报表等功能。

维护监测服务器配置磁盘阵列，用于存储整个信号系统的报警数据、行车信息、操作记录等数据。磁盘阵列采用冗余配置，维护数据存储保留不少于 3 个月，并可将维护数据导出至外部存储设备进行长期保存。

维护监测服务器通过维护网向数据中心实时发送采集到的数据信息，并预留通过以太网向互联网发送数据的接口。

二、维护管理工作站

维护管理工作站可监视全线信号设备的工作状态。用户能通过维护管理工作站制定维护计划，并可向维护网内各维护工作站下达维护工单。维护管理工作站具备统计分析功能，用户可在该工作站上对维护数据进行各种分析，分析结果可作为维护调度制定维护计划和调整维护策略的依据。信号系统中所有在线设备、备品备件的编号、生产厂商信息以及设备历史信息都记录在 MSS 中，维护管理人员可通过维护管理工作站查询设备的使用情况，并及时更新各设备信息。

三、维护工作站

维护工作站负责显示所管辖区域内的 ATS、联锁、微机监测、VOBC、ZC、DSU、DCS、电源、计轴、LEU、道岔缺口监测等系统的报警信息和各种报表，接受维护任务并提供维护技术支持。当设备发生故障需紧急维修时，维护员可在维护工作站填写紧急故障处理工单，系统将对紧急故障处理工单进行记录。

四、数据中心

数据中心采用 hadoop 数据集群，可以通过维护网或以太网收集维护监测服务器采集的信号 ATS、联锁、微机监测、VOBC、ZC、DSU、DCS、电源、计轴、LEU、道岔缺口监测等系统的维护信息进行存储，并对维护信息进行大数据的挖掘和分析运算，向各显示终端提供运算结果。

五、移动终端

移动终端用于接收和处理报警推送信息与维护任务，维护员可以在移动终端中查看推送的报警信息，完成维护工单处理、设备二维码扫描、设备资产和履历的查询与登记等功能。

第二节 维修支持系统构成

MSS 的设备根据线路状况、信号系统的构成及分布等情况进行配置。目前所建线路将 MSS 部署在控制中心、备用控制中心、维修中心、各设备集中站、车辆段/停车场、维护部、项目部。MSS 的配置结构如图 13.1 所示。其设备配置如表 13.1 所示。

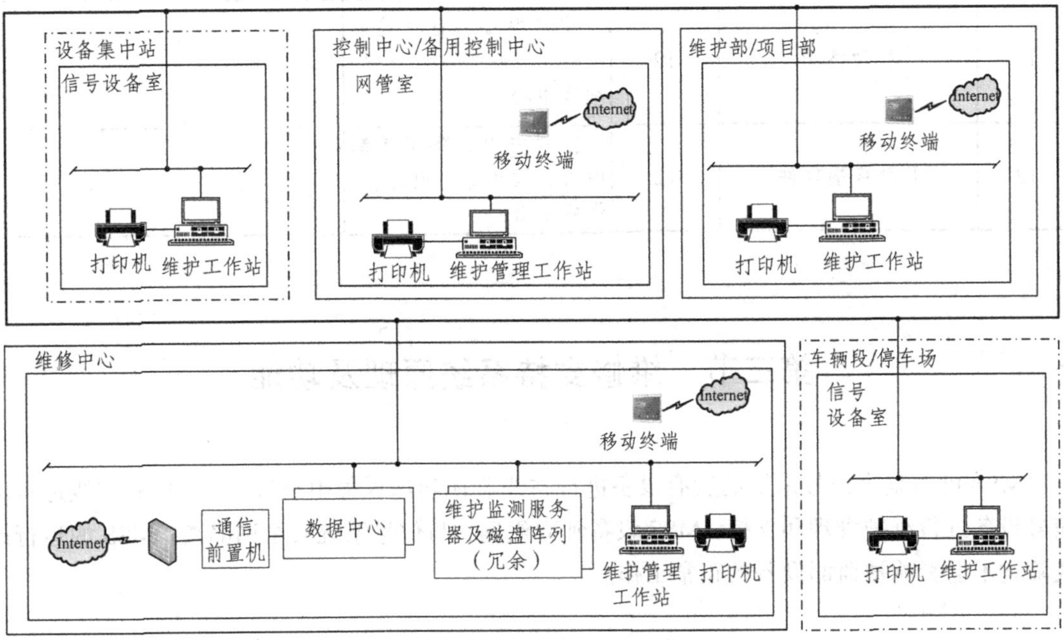

图 13.1 MSS 子系统结构示意图

表 13.1 MSS 设备

序号	设备名称	数量	地点	备注
1	维护管理工作站	2 套	控制中心、备用控制中心	每台维护管理工作站配置 20″的液晶彩色显示器、彩色打印机
2	维护监测服务器	1 套	维修中心	包含两台冗余配置的服务器及一台 KVM
3	磁盘阵列	1 台	维修中心	
4	维护管理工作站	1 套	维修中心	每台维护管理工作站配置 20″的液晶彩色显示器、彩色打印机

续表

序号	设备名称	数量	地点	备注
5	维护工作站	7套	设备集中站	每台维护工作站配置 20″的液晶彩色显示器、彩色打印机
6	维护工作站	2套	车辆段/停车场	每台维护工作站配置 20″的液晶彩色显示器、彩色打印机
7	维护工作站	9套	维护部、项目部	每台维护工作站配置 20″的液晶彩色显示器、彩色打印机
8	数据中心	1	维修中心	Hadoop 集群及存储设备
9	通信前置机	1	维修中心	
10	防火墙	1	维修中心	
11	移动终端	12	控制中心、备用控制中心、维护部、项目部、维修中心	
12	移动终端软件	12	控制中心、备用控制中心、维护部、项目部、维修中心	

第三节　维修支持系统原理及功能

MSS 可对整个信号系统的所有设备进行在线监视和远程集中报警，并对所有在线运行的信号设备进行维护管理和支持。MSS 设备独立组网，与信号系统安全网隔离，MSS 的运行或故障均不会影响被监测设备的正常工作。

一、MSS 工作原理

MSS 完成 CBTC 信号系统各子系统的自诊断信息的检测以及维护。信息的传输原理如图 13.2 所示。

各子系统均具备独立的自诊断模块，并能将故障和异常定位到板级，同时将这些诊断信息发送给 MSS。各子系统维护模块通过维护网将维护信息传输给维护监测服务器，并通过维护（管理）工作站进行显示，从而实现对信号系统的中央设备、车站设备、轨旁设备、车载设备以及车-地通信设备进行实时监督、记录和集中报警的功能。MSS 子系统能以逼真的站场图、设备间接拓扑图、设备分布图以及设备结构图等图像形式直观形象地向用户展示设备故障状况和异常定位。

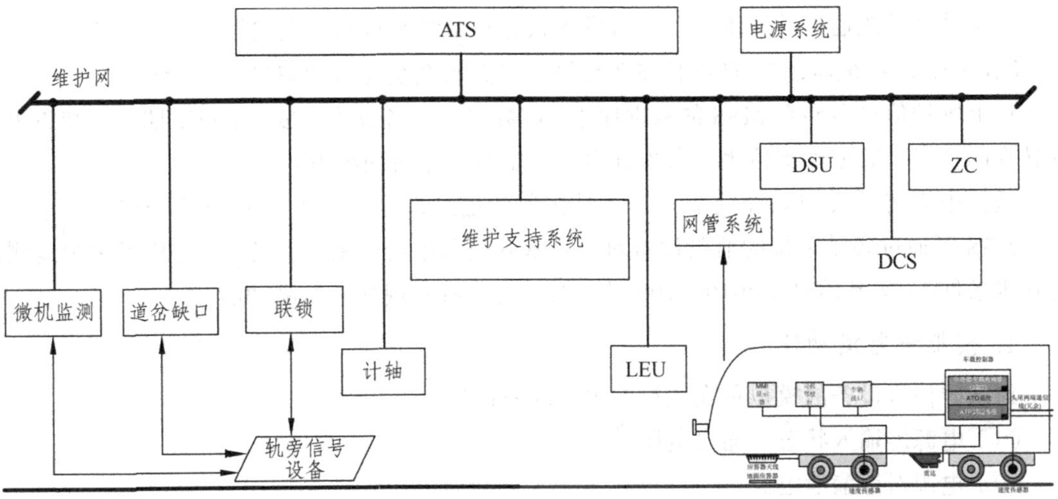

图 13.2　MSS 信息原理

各子系统数据采集途径如图 13.3 所示，具体描述如下：

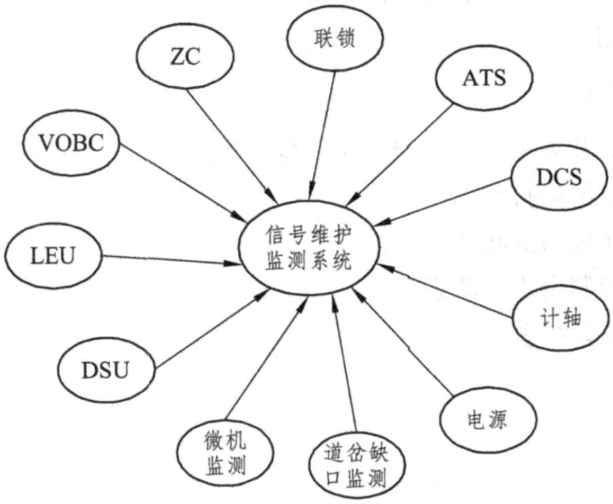

图 13.3　各子系统数据采集途经

（1）ZC 通过 ZC 维护设备将设备状态和系统运行状态发送给 MSS。

（2）ATS 通过 ATS 维护设备将设备状态和系统运行状态发送给 MSS。

（3）DSU 通过 DSU 维护设备将设备状态和系统运行状态发送给 MSS。

（4）VOBC 通过网管系统将车载设备维护信息报告给 MSS。

（5）联锁通过联锁维护设备将联锁主机和基础信号设备开关量信息发送到 MSS。

（6）微机监测通过微机监测终端将基础信号设备模拟量信息发送到 MSS。

（7）网管系统采集 DCS 系统的网络状态及故障信息，网管系统再把网络设备故障信息发送给 MSS。

（8）电源系统监测模块通过独立通道采集所有电源系统信息，并将电源设备的故障信息发送到 MSS。

（9）计轴系统通过计轴维护单元将设备状态和系统运行状态发送给MSS。

（10）LEU系统通过LEU维护设备将设备状态和系统运行状态发送给MSS。

以上维护信息存储在MSS的数据库中。该数据库具备故障恢复、用户定期复制和历史数据转存的功能。数据库支持手工备份和自动（定时）备份两种方式。

数据中心实时从MSS服务器获取上述采集的信息，并存储在hadoop集群中。

MSS可通过各子系统的监测设备对信号基础设备进行监测，满足《铁路信号集中监测系统技术条件》（运基信号〔2010〕709号）的规定，可实现如下监测功能：

1. 模拟量监测功能

对基础信号设备的模拟量在线检测主要内容包括：

（1）电源屏输入状态、输出电压。

（2）电源对地漏泄电流。

（3）转辙机故障电流、动作电压。

（4）轨道电路受电电压。

（5）电缆绝缘测试（信号机、转辙机、轨道电路）。

（6）道岔缺口监测。

2. 开关量监测功能

对基础信号设备的开关量在线检测主要内容包括：

（1）基础信号设备的运行状态。

（2）站台紧急关闭按钮的状态。

（3）按钮状态、控制台表示状态。

（4）信号机灯丝断丝报警。

（5）挤岔。

（6）转辙机动作。

（7）道岔状态。

（8）电源设备的报警。

（9）熔丝报警。

（10）主要设备的工作状态和故障报警等。

3. 分类故障报警

MSS在监测到报警后向各工作站发送报警内容并以报警列表、图形和声光报警等形式呈现。MSS各工作站的设备监视页面以逼真的站场图、设备间拓扑图、设备分布图以及设备结构图等图像为用户提供最直观的设备故障状况以及定位显示。

MSS能提供以下各类报警信息：

（1）ATS、联锁、ZC、DSU、DCS、电源（含UPS）、计轴、LEU系统室内设备硬件故障。

（2）信号机、道岔、计轴等轨旁设备硬件故障。

（3）车载设备硬件故障。

（4）ATS、联锁、ZC、DSU、DCS、VOBC、电源、计轴、LEU 系统的系统间通信故障。

（5）ATS、联锁、ZC、DSU、DCS、VOBC、电源（含 UPS）、计轴、LEU 的系统功能故障。

（6）熔丝报警、站台紧急停车按钮等开关量报警。

1）报警级别

MSS 根据接收到的维护数据提取报警信息，报警信息按照不同的等级分类，如表 13.2 所示。

表 13.2　报警分类

报警类型	报警原因	报警方式
一级	涉及行车安全的报警信息	在维护管理工作站和相应维护工作站报警，采用声光报警，须经人工确认后才能停止报警
二级	影响列车运行和设备正常工作的报警信息	在维护管理工作站和相应维护工作站报警，采用声光报警，须经人工确认后才能停止报警
三级	设备的电器特性指标超过规定范围等	在维护管理工作站和相应维护工作站报警，采用黄色显示报警信息，恢复正常后自动停报

一级报警和二级报警除在维护管理工作站和维护工作站进行报警外，同时可在相应的行车调度人员工作站进行报警。一级报警可推送到移动终端进行显示。

2）报警显示

报警分等级显示在 MSS 子系统各工作站上，MSS 子系统将报警和设备进行关联，用户可迅速跳转到站场图、设备间接拓扑图、设备分布图以及设备结构图等监视页面查看设备的故障状态和定位。报警信息显示包含：

（1）年/月/日/时/分/秒。

（2）报警名称。

（3）报警内容。

（4）报警类型。

（5）报警地点等。

报警根据报警级别及确认和处理的状态显示为不同的颜色，并给出提示信息。

维护管理工作站和维护工作站在用户的请求下显示维护监测服务器发送的所有报警，这些报警可按等级和时间顺序显示，用户可查询历史报警信息。显示的报警由维护监测服务器根据预定规则和错误事件进行发送。

维护管理工作站监测所有信号设备状态和报警，接收并确认报警。

维护工作站监视各自管辖范围内的信号设备状态和报警，接收并确认报警。

MSS 的报警信息主要包括信号系统各子系统的设备报警和系统运行状态报警，设备报警定位到板级。

故障报警的打印内容可以人工选择和排版，但不可改变事件及报警的内容，对于全部故障事件及报警可通过安全存储设备进行实时保存。

MSS 子系统采用符合标准协议的统一接口，构建高速可靠的信号系统维护网络。

信号设备故障时，MSS 子系统可显示具体设备故障信息，并具备相关维护指导，辅助维护人员迅速排除故障。针对不同的用户角色，划分工区级维护员、项目部级维护调度员和中心级的调度主任三个层次。一条报警按如下步骤处理：

（1）当有故障报警发生时，触发维护提醒，该维护提醒下发到工区主任。

（2）工区主任应在 10 min（该时间可配置）内响应并处理故障，如未能及时处理，该报警信息将发布至其上级项目部维护调度员。

（3）项目部调度员收到故障提醒信息后，应在 5 min 内（该时间可配置）向工区直拨电话。

（4）如 5 min 内未处理，该故障信息则推送至其上级中心级调度主任。

具体处理流程如图 13.4 所示。

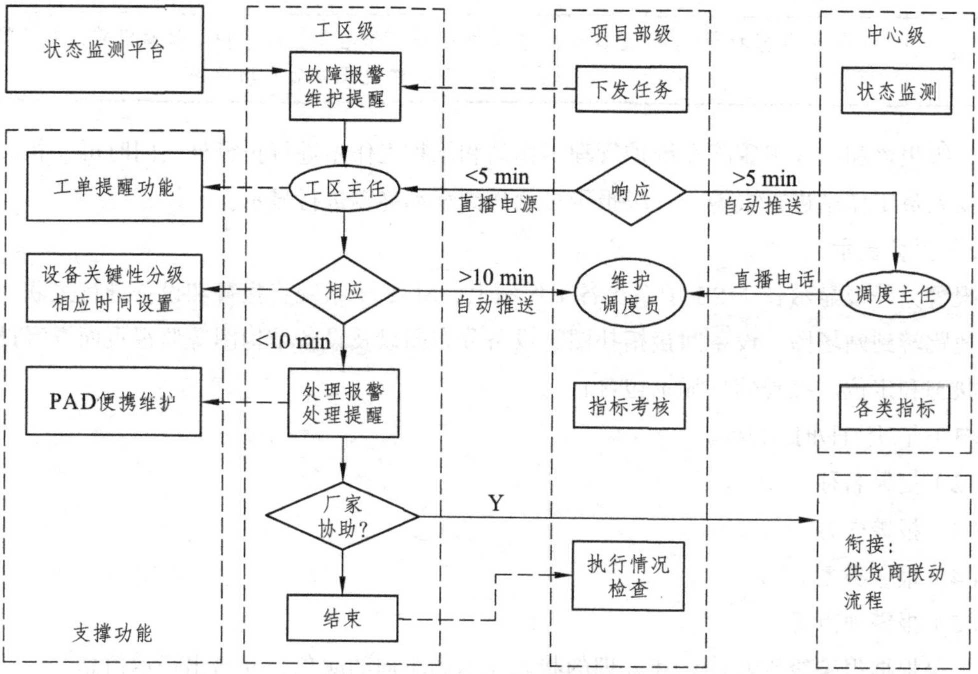

图 13.4　信息发布流程示意图

4. 维护管理功能

MSS 具有智能化管理功能，对信号系统的各设备进行维护信息分析，根据分析结果，提出对信号设备的维护管理计划建议。系统还能提供智能的设备维护指导，为用户的维护维修提供技术支持。系统将整个维护管理的流程“电子化”，对维护管理的过程进行智能化的管理。

1）制订维护计划

用户可编写维护计划或者由系统根据经验模型生成维护计划。

维护计划主要针对系统预防性维护进行管理，展示定修、临修及厂修的各种行动安排。

维护计划内容包括：

（1）检修项目。

（2）检修内容。

（3）检修日期。

（4）检修周期。

2）管理维护工单

维护终端在维护人员的请求下显示维护监测服务器发送的所有工单。这些信息将根据维护员请求定制并过滤。

系统应根据维护计划自动生成计划性维护工单，维护调度人员也可以制定纠正性维护命令，从维护管理工作站向维护工作站发出，并由维护人员接受执行。

工单包括以下内容：

（1）设备名称。

（2）工单类型。

（3）计划时间。

（4）下单时间。

（5）下单人。

（6）接收人。

维护人员依据维护工单执行维护作业，并填写工单回执，回执内容包括：

（1）完成时间。

（2）执表人。

（3）执表情况。

（4）超期说明。

当工单的维修工作状态为完成，设备状态为正常时，关闭工单。

3）添加维护指导

系统提供添加维护指导的功能。维护指导包含若干个步骤，每一个步骤可包含：

（1）文字描述。

（2）文档链接。

（3）视频链接。

（4）图片说明。

（5）动画展示。

（6）相关人员联系方式。

5. 故障统计和报表功能

控制中心、备用控制中心、维修中心的监测报警设备接收、统计和处理整个信号系统的故障报警信息，并能按要求自动/人工生成所有信号设备报警和各单项设备的日表、月表、季表和年表，实现集中监测信息的汇总、报告、显示、打印等集成处理。所有的故障报警信息及生成的各类报表均汉化（简体中文）。

系统自动储存各种报表，存储时间根据报表类型不同而各不相同。

MSS 子系统包含如下方式进行故障统计：

（1）报警次数统计。

（2）报警比例统计。

（3）报警趋势统计。

（4）计数统计。

（5）行车指标统计。

MSS 子系统可按照用户需求定制报表形式。

所有统计和报表可通过提供的打印机输出。

6. 设备信息管理功能

1）二维码设备管理

设备出厂后统一粘贴二维码。通过二维码进行跟踪管理。需要配置移动终端，并开发相应软件，实现设备二维码扫描，对设备入库、上线、维修、返厂、重新上线、淘汰等全生命周期进行记录。

用户可查询在线设备情况，包括：

（1）设备编号。

（2）设备类型。

（3）规格型号。

（4）供货商。

（5）安装地点。

（6）总数。

（7）寿命周期。

用户可查询备品备件情况，包括：

（1）设备编号。

（2）设备类型。

（3）规格型号。

（4）供货商。

（5）存放地点。

（6）总数。

（7）寿命周期。

2）设备履历管理

针对每个设备，系统提供该设备的履历查询。查询内容包括：入库时间、上线时间、维修次数、每次维修的开始结束时间、返厂次数、返厂开始时间和结束时间、重新上线时间。

7. 行车信息回放功能

MSS 具备行车信息回放功能，在控制中心、维修中心可通过 MSS 的维护管理工作站实现对历史数据回放功能。维护工作站具有历史数据的回放功能。具体回放内容包括：

（1）信号机状态。

（2）区段状态。

（3）道岔状态。

（4）站台状态。

（5）列车信息屏蔽门状态。

（6）临时限速状态。

8. 系统管理功能

1）用户管理

用户在使用 MSS 的维护管理工作站和维护工作站前必须先创建用户并设置用户密码，用户必须通过用户名和密码登录到维护管理工作站和维护工作站。

MSS 默认包括管理员、维护调度、维护员三种不同等级和权限的角色。

除默认用户角色外系统可根据用户需求定制用户角色。

MSS 对操作员所进行操作的时间、对象、内容、结果等信息进行记录。

2）软件配置管理

软件配置功能负责管理 MSS 的配置参数，用户可以定义报警类型的显示方式（报警显示的颜色、报警声音等）。

复习思考题

1. MSS 对哪些设备进行监测和报警？

2. 请说明 MSS 的组成。

第十四章 信号电源系统

【学习目标】

1. 了解信号电源系统的分类；
2. 了解信号电源系统构成；
3. 了解信号电源系统工作原理。

【知识要求与技能要求】

1. 掌握 CDT-HW 系列 UPS 电源功能及工作原理；
2. 掌握 DSXD/DT 型铁路信号电源功能及工作原理；
3. 掌握鼎汉智能电源屏的构成及工作原理。

第一节 信号电源系统概述

城市轨道交通信号电源设备是为轨道交通信号设备提供高可靠性、高稳定性交-直流电源的设备，是信号系统的重要组成部分。随着微电子技术、计算机技术、电源技术及信息技术的不断发展，以及系统可靠性和容错技术的提高，利用计算机及相关技术实现了铁路信号电源的模块化、插接化、标准化和智能化。

北京地铁已有线路中，信号电源设备主要采用 CDT-HW 系列 UPS 电源，DSXD/DT 型铁路信号电源和鼎汉智能电源屏，他们是本章节介绍的重点。

第二节 CDT-HW 系列 UPS 电源

不间断供电系统（Unintrruptable Power System，UPS）又称不间断电源或不停电电源，是一种现代化电源设备。两路电源转换过程中至少要中断供电几十毫秒，这对一般的继电设备没有严重影响，但计算机系统及计算机控制的负载对供电的质量和可靠性有着更严格的要求，不允许有 3 ~ 5 ms 的中断供电。否则，计算机正在处理的信息便会丢失或发生错误。此外，供电电压、频率、波形的变动，也会使计算机造成错码、漏码而无法正常工作。

计算机已越来越广泛地应用于铁路信号领域的各个方面，对于应用计算机的各信号系统，必须配备 UPS，以保证不间断供电，使系统正常工作。

UPS 的主要功能有两路电源无间断切换、隔离干扰、电压变换、频率变换和后备等。

（1）两路电源的无间断切换：两路电源可通过 UPS 实现无间断切换。

（2）隔离干扰：在 UPS 中，交流输入电源经整流后由逆变器对负载供电，可将电网电压的瞬时间断、谐波、电压波动、频率波动、噪声等各种干扰与负载隔离，使电网的干扰不影响负载，而且负载也不干扰电网。

（3）电压变换：通过 UPS，可将输入电源的电压变换成所需要的电压。

（4）频率变换：通过 UPS，可将输入电源的频率变换成所需要的频率。

（5）后备：UPS 中的蓄电池储存有一定能量，市电间断时蓄电池通过逆变器继续供电。

一、CDT-HW 系列 UPS 电源构成

UPS 电源设备由 UPS 电源柜（见图 14.1），电池柜，交、直流开关柜 CAK、CBK（或 CPKM 系列智能电源屏 A、B 屏）组成。

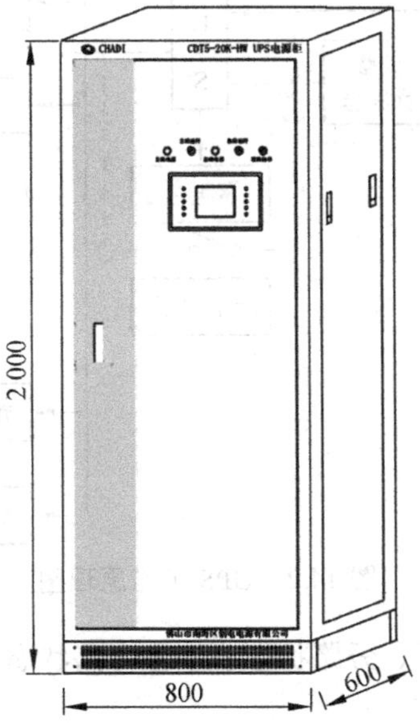

图 14.1 UPS 电源机柜

二、CDT-HW 系列 UPS 电源特点

信号设备 UPS 为三进单出 UPS 电源，是高度可靠的工业级、工频、纯在线电源设备，可完成双路输入电源自动/手动切换；是自动旁路线路带自动交流稳压器的 UPS 电源，在 UPS 处于旁路运行期间，仍可以为电气设备负载提供更为稳定的交流电。

交、直流开关柜（CPKM 系列智能电源屏）具有完善的稳压、隔离、净化、分配、防雷、过流保护、短路保护等功能。所有分路输出均采用双路并联冗余结构，可向信号设备提供所需各种交、直流电源。

三、CDT-HW 系列 UPS 电源功能

UPS 电源可以向信号设备负载提供经过调整的不会间断的稳定电力，当电网出现断电、电压不稳、电压干扰、突波、尖峰及市电杂讯等不良现象时，能保障负载正常工作。在正常工作时，UPS 先把电力送到整流器进行调整，消除了电压不稳现象，然后送到逆变器把直流电变换成稳定的纯交流电供给负载。当 UPS 检测到市电电压降至低于负载可接受的电压时，将从市电供入状态转换到电池后备供电状态，在此状态下，电池通过逆变器提供稳定交流电给负载。当市电电压回复到可接受水平时，UPS 将再度调节电力并通过整流器、逆变器提供给负载，同时对电池充电。

四、CDT-HW 系列 UPS 电源工作原理

CDT-HW 系列 UPS 电源的工作原理如图 14.2 所示。

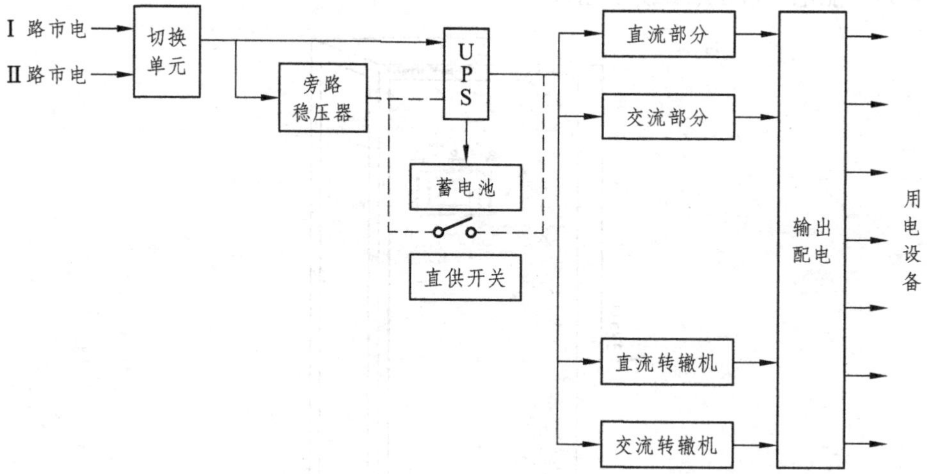

图 14.2　UPS 工作原理图

下面具体讲述市电停电状态、旁路状态、维修旁路状态、全自动交流稳压器单元的工作原理。

（一）市电停电状态工作原理

市电输入电源经滤波器滤去杂波，送到整流器进行整流调整，把经过整流的直流电源送到逆变器变换成稳定的交流电，经过静态开关切换到 EMI 输出滤波器进一步滤波，然后在输出端得到一个纯净稳定的交流电源供应给负载。同时，市电经过另一支路供给充电器并对电池进行充电。在整个工作过程中，电池不对外输出电力。当市电输入停电时，电池通过隔离

二极管向逆变器供电，再由逆变器变换成稳定的交流电，经过静态开关切换到 EMI 输出滤波器进一步滤波，最后在输出端同样得到一个纯净稳定的电源供应给负载。从市电断电到电池供电的整个过程，UPS 输出完全没有间断时间。在电池供电期间，当市电恢复供电时，UPS 电源将自动转入市电输入供电状态，停止电池放电。当电池放电至电池保护低压值时（330 V/32 节，165 V/16 节），将自动关闭逆变器，切换到旁路输出状态，此时若无市电输入，UPS 电源将关闭。整个工作过程如图 14.3 所示。

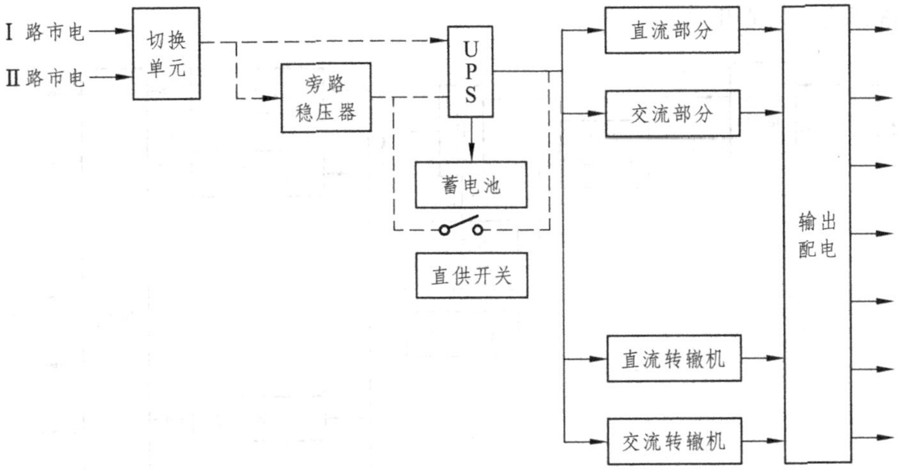

图 14.3　市电停电状态工作原理图

（二）旁路状态工作原理

如图 14.4 所示，当处于下列情况时 UPS 会自动切换到旁路状态供电：按前面显示板开/关机键进行关机操作（关闭逆变器）；UPS 输出超载保护动作（≥额定负载 130%）；电池放电至低压保护值（330 V/32 节，165 V/16 节）；机内逆变电路出现故障。

当出现以上情况时，输入市电不再通过逆变器转换，而是直接送到静态开关，经切换后再送到 EMI 滤波器滤波后输出。在旁路状态时，市电亦能对电池充电。

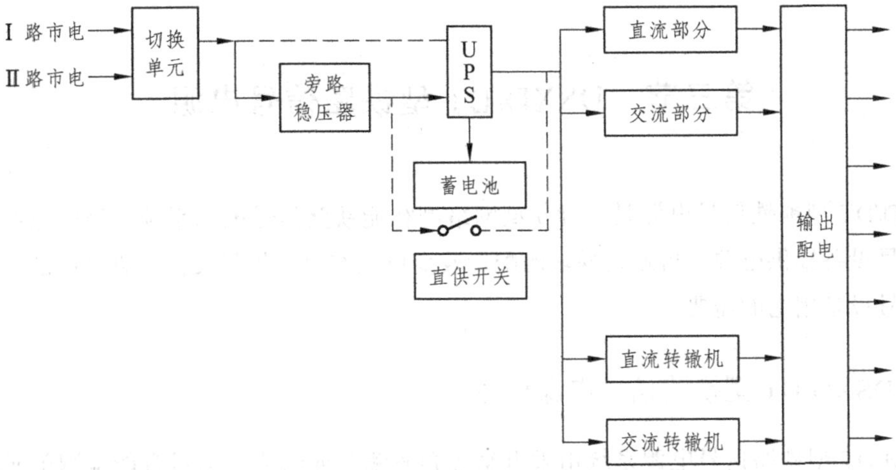

图 14.4　旁路状态工作原理图

（三）维修旁路状态工作原理

如图 14.5 所示，当 UPS 电源柜需要维修或定期检修时，输入市电不再通过逆变器和自动旁路转换，而是由维修开关直接送到负载提供与市电相同电源电压、频率的交流电源供应给负载。此时 UPS 的整流开关、旁路开关、输出开关、电池开关均已切断，市电经维修开关向负载供电。

注意：只有在旁路状态时才能合上维修开关。合上维修开关后就可关闭输出开关、整流开关、旁路开关、电池开关。

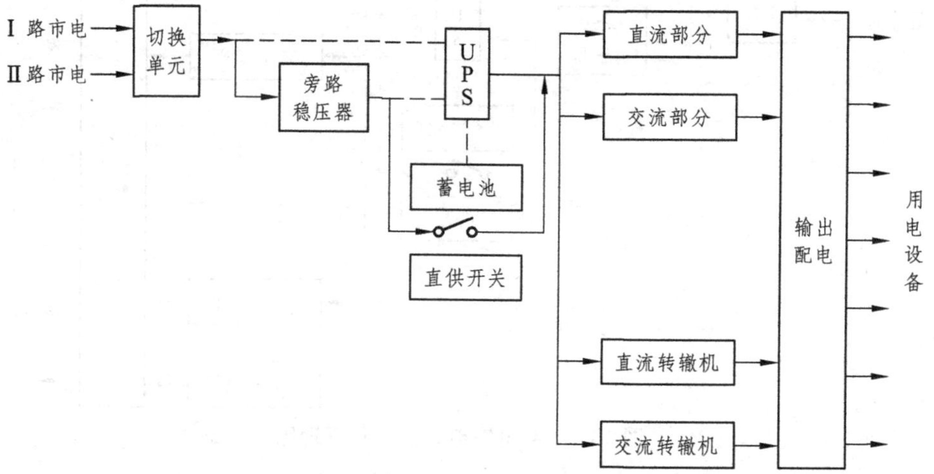

图 14.5　维修旁路状态工作原理图

（四）全自动交流稳压器单元工作原理

交流稳压器主电路采用补偿变压器和调节变压器组合的结构，通过晶闸管模块的零电压通断改变补偿电压的大小和极性达到稳压的目的。其电压调节系统结构简单、无机械接触的磨损，故称为无触点交流稳压器，其机械引起的故障为零，从而达到经久耐用的目的。

第三节　DSXD/DT 型铁路信号电源

DSXD/DT 型地铁信号电源是一种新型网络型智能铁路信号电源系统，该电源系统为地铁车站信号设备提供电源。可通过模块的配置改变供电容量，提供交流或直流电源，满足车站各种信号设备用电的需要。

一、DSXD/DT 型铁路信号电源构成

DSXD/DT 型铁路信号电源系统由供电系统和监测单元组成。通过智能检测单元实现系

统实时在线检测、远程数据传输、故障提示、数据历史记录查询、故障历史记录查询等。系统设有 RS232、RS485、CAN 等接口，可通过 ATC 系统或电源独立组网将系统运行状态传输至运行管理中心（控制中心或维护中心），实现信号智能化管理。

二、DSXD/DT 型铁路信号电源特点

某些信号电源系统设置了双套报警电路(声光报警和智能监测报警),通过智能监测单元，可查询各电源模块和供电回路的工作参数、各输出回路的对地泄漏电流、工作状态及历史记录及机柜温度等，电源故障时通过监测主机显示故障类型及故障方位。当智能监测单元故障时，不影响供电系统正常工作，仍可通过电源系统声光报警单元及面板工作指示灯指示电源系统工作状态。系统采用多级防雷设计，可有效抑制雷击、过电压对电源及信号设备的危害，提高系统安全性、可靠性。

系统电源模块包括交流电源模块、直流电源模块等，各种模块均可带电插拔，提高系统维护水平。

三、DSXD/DT 型铁路信号电源功能

DSXD/DT 型铁路信号电源功能包括：电池管理功能、延时软启动功能、告警和保护功能、市电恢复自启动功能、监控系统功能。

（1）电池管理功能：UPS 系统具有先进的电池管理功能，主要包括电池故障检测、电池放电后备时间预测及电池自检等。

（2）延时软启动功能：UPS 系统的延时软启动功能，能大大减小系统启动过程中对设备和电网的冲击。

（3）告警和保护功能：UPS 系统具有多种告警方式，可通过声、光、LCD、输入/输出接点以及网络传输方式对当前发生的告警进行及时、准确和详细的提示。

（4）冷启动功能：UPS 系统在没有交流电源输入时，可用电池组直接启动 UPS。

（5）市电恢复自启动功能：市电恢复自启动功能是专门针对 UPS 设备接有后备电池的应用场合设计的，可以在后备电池实施欠压保护以后，输入交流电恢复正常时，UPS 电源自动启动，按照预先设定好的工作模式选择供电方式。

（6）监控系统功能：UPS 系统的监控系统具有优异的本机监控功能和并机控制方法，支持灵活的网络化监控，可以充分满足不同用户的应用需求。

四、DSXD/DT 型铁路信号电源工作原理

DSXD/DT 型铁路信号电源主要包括整流模块（REC）、逆变模块（INV）、旁路静态开关、维修旁路空开 SW3、输出隔离变压器、逆变静态开关、蓄电池组以及输入 SW1/输出空开等。单机主电路如图 14.6 所示。

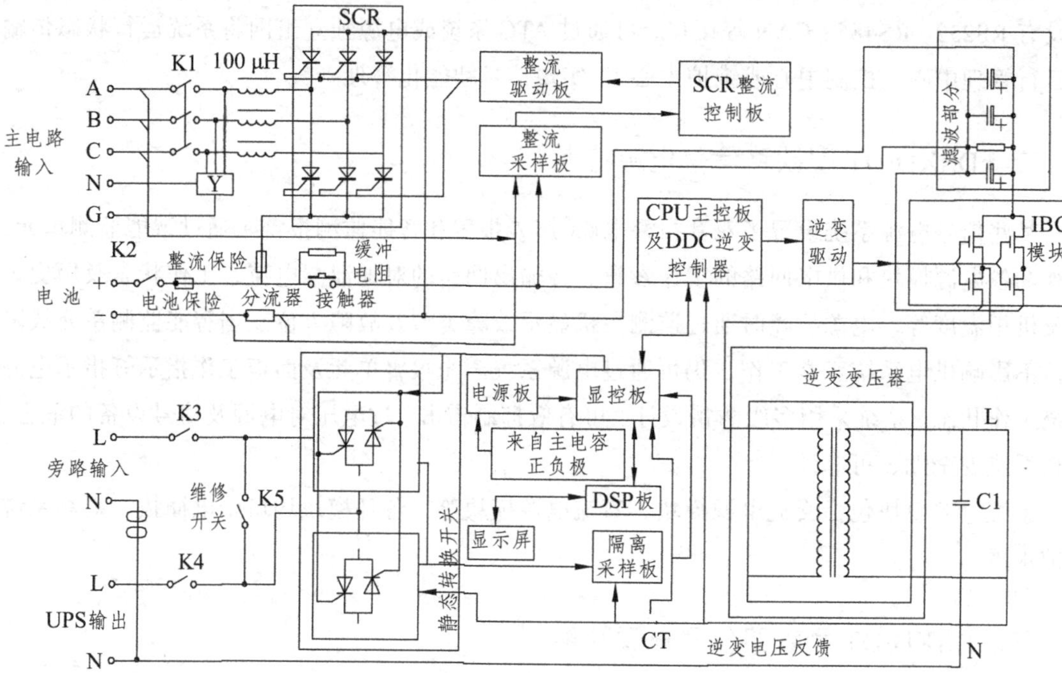

图 14.6 单机主电路图

主电路输入电源从空气断路器 SW1 输入，通过熔断器，经输入电感进入高频管整流单元，高频整流将三相交流电变换为稳定的直流电源，整流器同时具有充电器的功能。该部分电路采用延时软启动和全相控控制技术，提高了系统的抗冲击能力和直流母线电压的稳定性，可减小蓄电池充电纹波，延长蓄电池的寿命。

蓄电池通过接触器接入，只有在直流母线电压达到一定阈值时接触器才能将蓄电池组与直流母线接通，蓄电池通过直流滤波电路向逆变器提供直流电源。

逆变器采用 DSP、MCU 和 DDC 实时处理的全数字矢量控制技术，通过 DSPWM 调制 4 只 IGBT 功率开关器件，把直流电源变换成单相交流。输出经过变压器、静态开关、快速熔断器、空气断路器等功能单元，实现负载端与输入侧的隔离。旁路输入电源从空气断路器 SW2 输入，通过旁路静态开关的控制后输出。

第四节 鼎汉智能电源屏

鼎汉智能电源屏为地铁信号设备提供稳定可靠的各种交-直流电源。整个电源系统采用智能信号电源屏和 UPS 组成，电源模块采用冗余热备方式。

一、鼎汉智能电源屏构成

鼎汉智能电源屏包括交流输入双路自动切换单元、UPS（单机带稳压旁路）、开关柜（电源屏）等单元。电源屏提供包括联锁、ATP、转辙机、信号机等信号设备的电源。两路独立的交流输入电源经切换单元切换后送至 UPS，再由 UPS 向电源屏供电。系统输出分为直流电源部分和交流电源部分。

直流电源部分主要为车站的信号设备提供 DC 24 V、DC 60 V（DC 50 V）、DC 24 ~ 48 V、DC 220 V 以及 DC 110 V 电源。交流电源部分主要为车站的信号设备提供 AC 220 V、AC 110 V 电源。经 UPS 输出到电源屏进行各路交流输出的分配和监测，供电回路采用隔离变压器输出。系统结构图如图 14.7 所示

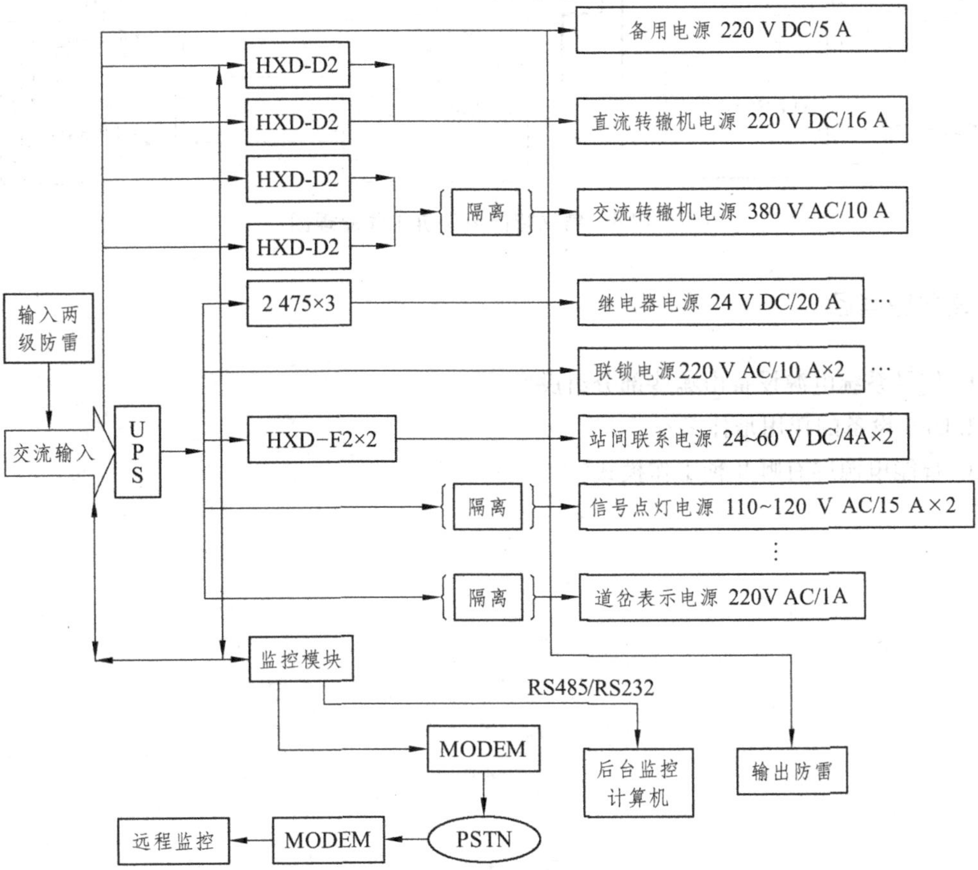

图 14.7　系统结构

二、鼎汉智能电源屏工作原理

鼎汉 PZ 系列智能电源屏采用“H”型切换系统，外电网 I、II 路经过电源屏切换控制系统后到系统内部仍为两路，即 I、II 路互为主备，均挂有负载。切换控制系统通过控制接在主回路上的 4 台交流接触器（KM）的励磁线圈来控制接触器动作，以实现“H”型桥式切换。对于三相电输入电系统，切换系统分别切换两路三相火线，两路零线并联后直接接入系统内

部；而单项系统则零、火线同时经过切换，再介入系统内部。鼎汉智能电源屏工作原理如图 14.8 所示。

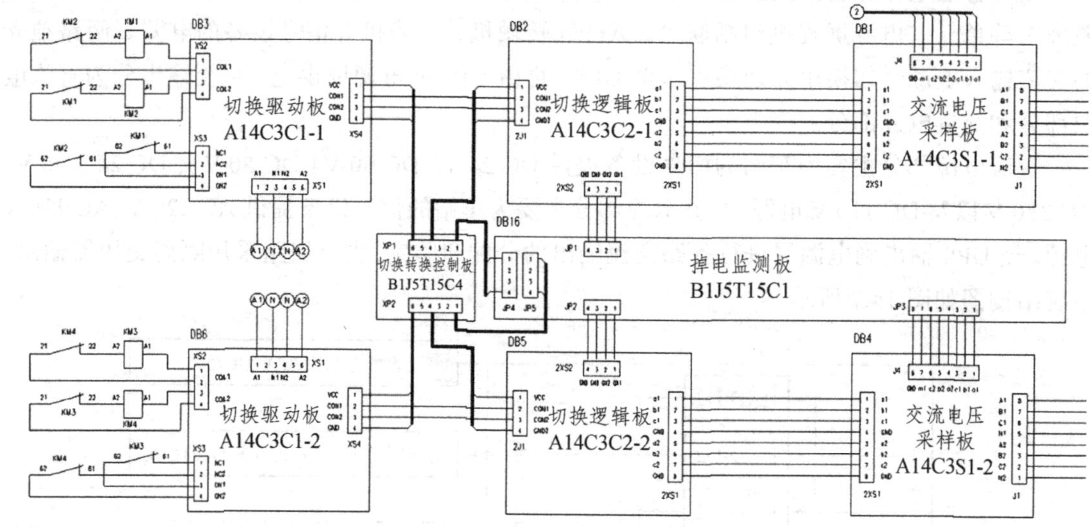

图 14.8　鼎汉智能电源屏工作原理图

复习思考题

1. 信号系统电源设备由哪些部分组成？
2. UPS 设备的作用是什么？
3. 智能电源屏有哪几种工作模式？

第十五章　信号设备雷电防护

【学习目标】

1. 掌握雷电的概念与对信号设备的危害；
2. 掌握基本的信号设备防雷措施；
3. 熟悉车站防雷设备。

【知识要求与技能要求】

1. 掌握机柜内防雷布置；
2. 了解现代防雷基本方法。

第一节　雷电防护设备概述

信号设备遭受雷击的途径分为直击雷、感应雷、传导雷和地电位反击等。结合信号设备的分布特点和雷电攻击的途径，信号雷电防护存在以下特点：

（1）信号室外设备分布范围广，站场内设备密集，钢轨又是雷击的良导体，信号楼等建筑物集中，如防雷方式不当，一旦遭遇雷击将引起连锁反应，损失巨大。

（2）信号楼室外线路遭受雷击后，线路中大电流将会随电缆进入各机房，从而引起内部设备损坏。室内外采用多种接地系统，如果接地电阻不均衡，受到雷击后，电流将引起地电位差，造成“地电位反击”，使人员和设备遭受损害，如图 15.1 所示。

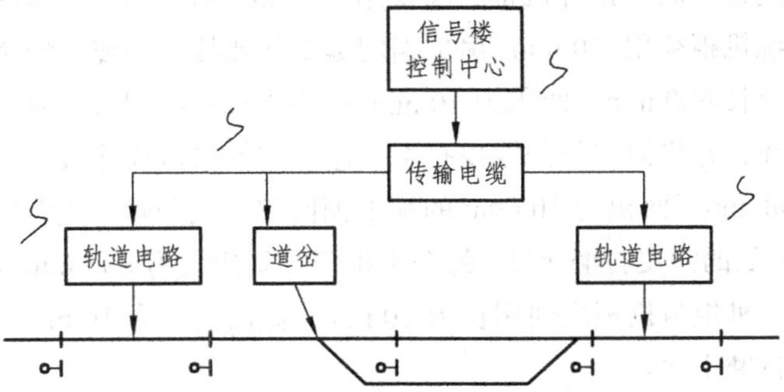

图 15.1　信号楼室外线路遭受雷击示意图

一、整体防雷与系统接地

各无绝缘轨道电路区段内均应进行等电位连接。信号机械室内所有金属设备必须与室内接地网连接。当信号机械室有基础接地体时，应与信号室内接地网连接，以确保所有金属设备等电位。信号楼接地网络的接地电阻值≤1 Ω。接地线与接地体之间应可靠连接，严禁虚焊虚接。两条完全等电位线间的距离应≥1 500 m。当该距离≥2 000 m 时，应在其间增加一条简单的等电位线。简单等电位线与完全等电位线间的距离应≥1 000 m，等电位线长度<100 m。简单等电位线与完全等电位线间的距离应≥1 000 m，等电位线长度<100 m。

二、接地汇集端子排

信号楼需设置接地汇集端子排。接地汇集端子排固定在电缆引入口处防静电地板下的墙上。接地汇集端子排采用 1500 mm × 50 mm × 5 mm（长 × 宽 × 厚）的铜板，钻直径 8 mm 孔 40 个，孔间距 30 mm。所有进楼电缆的钢带需在电缆引入口用 6 mm^2 的铜芯塑料软线焊接后与接地汇集端子排连接。若接地汇集端子排与电缆分线柜间的距离≤5 m 时，可在电缆分线柜处与电缆铝护套连接在一起后连接到电缆分线柜出的接地端子牌上。室外环形地网或综合接地体需用两条 35 mm^2 的电缆焊接后，与接地汇集端子排连接，焊节点间距>1 m。靠近信号楼的完全横向连接的空心线圈中点或扼流变压器中点，采用 2 条 10 mm^2 接地电缆与接地汇集端子排连接，电缆长度≤100 m。如果相邻空心线圈或扼流变压器中点与信号楼长度>100 m，则在靠近信号楼侧增设扼流变压器和纵向防雷单元，经纵向防雷单元与接地汇集端子排连接。

三、机　柜

分线柜设接地端子排一块，规格为 700 mm × 50 mm × 5 mm（长 × 宽 × 厚）的铜板，钻直径 6 mm 孔 30 个，孔间距 20 mm。接地端子排须分别用一条 25 mm^2 接地电缆与接地汇集端子排和网格地线连接。每根信号电缆的排流线、内屏蔽层、铝护套和钢带用 2 根 7 × 0.52 mm 的铜芯塑料软线环接后与接地端子排可靠连接。分线柜、组合柜及设备柜和网格地线以及走线架的连接采用长度≤600 mm 的 10 mm^2 扁平铜网编织线连接。引入分线柜、组合柜和设备柜的所有屏蔽线的屏蔽网应在机柜处进行接地连接。机柜门与柜体的连接采用 1 条 6 mm^2 的多股铜芯塑料软线连接。同一排各机柜之间采用 10 mm^2 扁平铜网编织线或接地铜缆与网格地线连接。电源系统机柜须用 10 mm^2 扁平铜网编织线或接地铜缆与网格地线连接。每个机柜底部两端各用一根长 600 mm、面积为 10 mm^2 的扁平铜网编织线分别与网格地线相连，机柜连接处用压接线环，并将固定处的漆皮打磨干净，与网格地线连接处焊接。每个机柜底部两端各用一根长 600 mm、面积为 10 mm^2 的扁平铜网编织线分别与走线槽相连，两端连接处压接线环，并将固定处的漆皮打磨干净。每个机柜门分别用长为 600 mm、截面面积为 10 mm^2 的铜网编织线相连，机柜与机柜之间用长为 10 mm、截面面积为 10 mm^2 的铜网编织线相连，并将固定处的漆皮打磨干净。

四、屏蔽线

防雷柜零层的屏蔽线在走线槽内开剥，到移频柜、综合柜等机柜的屏蔽线在走线槽内开剥。屏蔽线的屏蔽网在走线槽内汇集后，与 10 mm^2 的引接线压接（或焊接）在一起，引接线的另一端和机柜的接地端子排连接在一起。电源线的屏蔽网在走线槽内开剥，每一机柜的电源线屏蔽网汇集后用 10 mm^2 的引接线压接（或焊接）在一起后接至接地端子排上。屏蔽线的端头制作：按使用长度剥去外防护层，将芯线从屏蔽网根部抽出，将屏蔽网倒折，在屏蔽线头上套 20 mm 热缩管。

第二节　雷电防护设备构成

一般防雷装置由接闪器、引下线和接地体三部分组成，其作用是防止直接雷击或将雷电流引入大地，以保证人体和建筑物安全。

接闪器包括避雷针（见图 15.2）、避雷线、避雷网、避雷带、避雷器（见图 15.3）等，是直接受雷击的金属部分。避雷针一般设在高层建筑物的顶端和烟囱上，保护建筑物免受雷击。避雷线常用来架设在高压架空输电线路上，以保护架空线路免受直接雷击。避雷网和避雷带普遍用来保护建筑物免受直接雷击和感应雷。

图 15.2　避雷针

引下线是避雷保护装置的中段部分。上接接闪器，下接接地装置。一般敷设在建筑物的外墙，并经最短线路接地。每座建筑物的引下线一般不少于两根。

接地装置包括埋设在地下的接地线和接地体，在腐蚀性较强的土壤中，应采用镀锌等防腐措施或加大接地体截面。

图 15.3　避雷器

避雷器是防止雷电过电压侵袭配电和其他电气设备的保护装置。避雷器安装在被保护设备的引入端，其上端接在架空输电线路上，下端接地。其中阀型避雷器是保护变、配电装置常用的一种避雷装置；管型避雷器一般用于线路上；保护间隙是最简单最经济的防雷装置，俗称简单避雷器，一般安装在线路的进户处。

信号防雷设备是保护信号系统设备免遭雷暴产生的电磁脉冲损害的装置。安装在信号系统内的信号防雷设备必须保证信号系统的正常工作，在雷电电磁脉冲侵入时应能及时限制雷电压和将雷电流引导入地下。防雷器件包括电源线防雷保安器、信号线防雷保安器、电源线防雷变压器、轨道防雷变压器、电源防雷低通滤波器等。

第三节　雷电防护设备工作原理

一、传统防雷方法

传统的防雷方法主要就是对击雷的防护，其技术措施可分接闪器、引下线、接地体和法拉第笼。

二、现代防雷保护原理及方法

德国防雷专家希曼斯基在《过电压保护理论与实践》一书中，给出了现代计算机网络的防雷框架图，如图 15.4 所示。

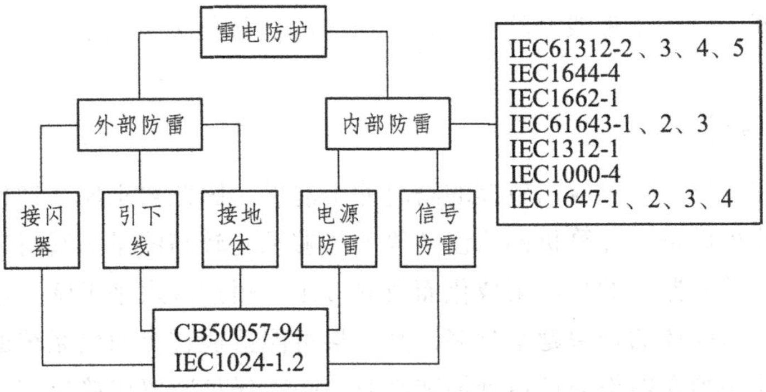

图 15.4 防雷框架图

外部防雷，即将绝大部分雷电电流直接引入地下泄散；内部防雷，即快速泄放沿着电源或信号线路侵入的雷电波或各种危险过电压。这两道防线，互相配合，各尽其责，缺一不可。因此，防雷工程是一项系统工程。

（一）外部防雷

外部防雷主要是指建筑物的防雷，一般是保护建筑物或设施（含室外独立电子设备）免受直击雷危害，其技术措施可分为接闪器（避雷针、避雷带、避雷网等金属接闪器）、引下线、接地体和法拉第笼。

（1）接闪器：根据建筑物的地理位置、现有结构、重要程度等，决定是否采用避雷针、避雷网、避雷带或其联合接闪方式。

（2）引下线：断面面积足够大，连接牢固。

（3）接地体：建筑物的防直击雷接地宜和防雷电感应、电气设备、信息系统等接地共用同一接地装置（对于室外独立设备可以采用独立接地），并宜与埋地金属管道相连接。但当有雷电对地泄放时，高电压将可能通过直流地反击设备。因此对于这种情况宜在防雷地和直流地之间加装地网均压仪，避免反击现象，此为暂态接地方式。

（二）内部防雷

内部防雷系统主要是对建筑物内易受过电压破坏的电子设备（或室外独立电子设备）加装过压保护装置，在设备受到过电压侵袭时，防雷保护装置能快速动作泄放能量，从而保护设备免受损坏。内部防雷又可分为电源线路防雷和信号线路防雷。

1. 电源线路防雷

电源线路防雷主要是为了防止雷电波通过电源线路而对计算机及相关设备造成危害。为避免高电压经过避雷器对地泄放后的残压过大，或因更大的雷电流在击毁避雷器后继续毁坏后续设备，以及防止线缆遭受二次感应，应采取分级保护、逐级泄流原则。一是在大楼电源的总进线处安装放电电流较大的首级电源避雷器，二是在重要楼层或重要设备电源的进线处加装次级或末级电源避雷器。为了确保遭受雷击时，高电压首先经过首级电源避雷器，然后再经过次级或末级电源避雷器，首级电源避雷器和次级电源避雷器之间的距离要大于 5 m，如果两者间距不够，可采用带线圈的防雷箱，这样可以避免次级或末级电源避雷器首先遭受雷击而损坏。

2. 信号线路防雷

由于雷电波在线路上能感应出较高的瞬时冲击能量，因此要求网络通信设备（包括消防报警设备、视频监控设备、计算机网络设备等）能够承受较高能量的瞬时冲击，而目前大部分通信设备由于电子元器件的高度集成化而致耐过压、耐过流水平下降，通信设备在雷电波冲击下遭受过电压而损坏的现象越来越多，其后果可能造成整个通信系统的运行中断，消防系统失灵等，因此必须在网络通信口处加装必要的防雷保护装置以确保网络通信系统的安全运行。

复习思考题

1. 请说明信号设备防雷的必要性。
2. 信号设备要防护的雷电有几种，请各自进行简要说明。
3. 信号设备应设哪几种地线，请分别说明。

第十六章　信号光电缆及配线

【学习目标】

1. 掌握信号光电缆及配线基本用途；
2. 掌握信号电缆基本型号；
3. 掌握信号光缆基本型号。

【知识要求与技能要求】

1. 了解信号电缆敷设要求；
2. 了解信号配线要求。

第一节　信号光电缆及配线概述

信号光、电线缆是构成轨道交通信号系统的极其重要的组成部分，由其完成各种控制信息的传递，才能使信号系统中的各部分设备有序动作，给出相应的信号显示，从而保证列车安全运行。

信号光、电缆线路除了光、电缆线路以外，还包括各种线路附件，如接续盒、光纤连接器、配线箱、芯线绝缘套管、保护装置等。

第二节　信号电缆

信号电缆必须采用铜芯电缆，室外必须采用铠装电缆，一个站（场）内可同时采用普通型和综合扭绞型信号电缆，音频信号设备应采用综合扭绞型、星绞型电缆中的扭绞线对。信号电缆的备用芯线数量不少于表 16.1 中的规定。

表 16.1　普通型（层绞型）信号电缆用于非音频制式信号设备备用芯线数

电缆芯线	备用芯线
9 芯以下	1
12 ~ 21 芯	2
24 ~ 30 芯	3
33 ~ 48 芯	4

综合扭绞及星绞型信号电缆，备用芯线数按表 16.2 的要求执行。

表 16.2　普通型（层绞型）信号电缆用于非音频制式信号设备备用芯线数

芯数	扭绞形式		备用芯数
4	1×4	星绞	1 对
6	3×2	对绞	1 对
8	4×2	对绞	1 对
9	4×2+1	对绞+普通	1 对
12	3×4	星绞	1 对
14	3×4+2	星绞+普通	1 对
16	4×4	星绞	1 对
19	4×4+3	星绞+普通	2 对
21	4×4+5	星绞+普通	2 对
24	5×4+1×2+2	星绞+对绞+普通	2 对
28	7×4	星绞	2 对
30	7×4+2	星绞+普通	2 对
33	7×4+5	星绞+普通	2 对
37	7×4+3×2+3	星绞+对绞+普通	2 对
42	7×4+4×2+6	星绞+对绞+普通	2 对
44	7×4+4×2+8	星绞+对绞+普通	2 对
48	12×4	星绞	3 对

注：以备用星绞组的线对为原则，如无星绞组时，再备用绞线对。

信号电缆 A 端的线序、组序及编号规定如下：

（1）绝缘芯线的色标为：Ⓗ红；Ⓛ绿；Ⓑ白；Ⓐ蓝。

（2）⦸表示对绞组线对，其绝缘线芯色标如下：

(B/H)红、白；(B/L)绿、白；(L/A)蓝、绿；(B/A)蓝、白。

（3）星绞组扎丝色标：(红)　(绿)　(白)　(蓝)　(红蓝)。

信号电缆敷设须符合下列要求：

（1）电缆埋设深度一般不少于 0.7 m。

（2）电缆径路应避开酸、碱、盐聚集，石灰质、污水、土质松软和承受重压可能发生大量塌陷危险的地带，以及道岔的岔尖、辙岔心、钢轨接头等处所。

（3）电缆径路应尽量保持直线，如有弯曲时，电缆弯曲半径应为其外径的 15 倍以上，并不得损伤电缆的钢带和绝缘物。

（4）敷设于地下的电缆要采用电缆槽（管）防护。

（5）应设有标明电缆走向的电缆埋设标。

（6）电缆的两端应有 2 m（电缆长度在 20 m 以下时为 1 m）的余量，室内的引出端要有 5 m 的余量。在敷设综合扭绞型和星绞型信号电缆时，电缆的接线应设电缆盒。车场的干线电缆应以水泥槽防护。

（7）各种箱盒须符合下列要求：

引入电缆时有保护管及防止电缆下沉措施，封闭处理完好。

各种电缆盒、变压器箱的盘根完整、盖要严密、防尘及防潮作用良好。

第三节　信号光缆

单模光纤通用技术参数如表 16.3 所示。

表 16.3　单模光纤通用技术参数

序号	项目	技术标准	备注
1	工作波长	1 300 nm	—
2	衰减特性	≤0.4 dB/km	
3	包层直径	125 μm±2 μm	外径
4	模场直径	9～10 μm	纤芯直径
5	包层/模场同心度误差	0.5 μm	—
6	包层不圆度	<2%	
7	有效截止波长	1 100～1 280 nm	
8	温度附加衰减	≤0.1 dB/km	－30～50 °C
9	零色散波长 λ_0	1 295 nm≤λ_0≤1 322 nm	—
10	零色散斜率 S_0	≤0.095 ps/nm·km	
11	总色散系数	≤3.5 ps/nm·km ≤6.0 ps/nm·km	1 285～1 330 nm 1 270～1 340 nm
12	接头平均损耗	每点≤0.12 dB	熔接法

12 芯多模光缆截面图如图 16.1 所示。

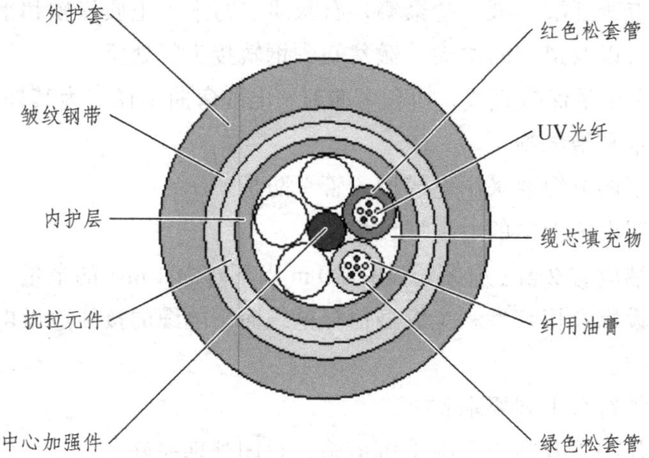

图 16.1　12 芯多模光缆截面图

12 芯多模光缆技术参数如表 16.4 所示。

表 16.4　12 芯多模光缆技术参数

项　　目	材　　料	说　　明
中心加强件	FRP	ϕ1.5 mm
松套管	PBTP	红色×1＋绿色×1；ϕ2.2 mm/1.5 mm
填充绳	PP	本色×3；ϕ2.2 mm
UV 光纤	多模 62.5/125 光纤	光纤颜色：蓝，橙，绿，棕，灰，白
纤用油膏	抗水性油膏	阻水防潮
缆芯扎纱	扎纱	捆绑、扎紧缆芯
缆芯填充物	阻水油膏	阻水防潮
内护层	黑色聚乙烯（PE）	壁厚：0.8 mm
抗拉元件	白色玻璃纱	785×6
外护套	低烟无卤料（LSZH）	标称厚度：1.8 mm
光缆外径		13.1 mm
光缆重量		160 kg/km

48 芯单模光缆截面图如图 16.2 所示。

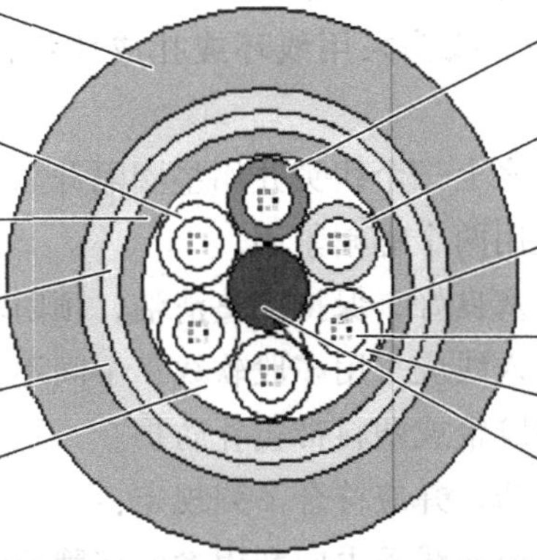

图 16.2　48 芯单模光缆截面图

48 芯单模光缆技术参数如表 16.5 所示。

表 16.5　48 芯单模光缆技术参数

项　目	材　料	说　明
中心加强件	FRP	ϕ2.2 mm
松套管	PBTP	红色×1＋绿色×1＋本色×4；ϕ2.2 mm/1.5 mm
UV 光纤	单模石英光纤	光纤颜色： 蓝，橙，绿，棕，灰，白，红，黑
纤用油膏	抗水性油膏	阻水防潮
缆芯扎纱	扎纱	捆绑、扎紧缆芯
缆芯填充物	阻水油膏	阻水防潮
内护层	黑色聚乙烯（PE）	壁厚：0.8 mm
抗拉元件	白色玻璃纱	785×6
皱纹钢带	双面覆膜皱纹钢带	厚度（0.15+0.05×2）mm
外护套	黑色聚乙烯（PE）	标称厚度：1.8 mm
光缆外径		14.7 mm
光缆质量		220 kg/km

第四节　配　线

各种信号设备的配线，应符合下列要求：

（1）引入线及配线不破皮、不老化、不漏胶。

（2）配线整齐，绑扎良好，留有余量。

（3）电线无伤痕，焊头焊接牢固（焊接时禁止使用腐蚀性焊剂）。

（4）多股线与端子连接时，线头采用线环或扎成环状，并垫以垫圈，线头环部套以塑料管。

（5）一个端子柱上允许最多上三个线头并用垫圈隔开。

（6）每个端子柱的上部应用两个螺帽紧固。

（7）引入、引出口处要堵塞良好，保持完整清洁，预防动物寄生。

信号机、电动转辙机的引入线应采用多股软线，中间不得有接头。引入线应采用蛇管或橡皮管防护，并在引入口处用胶带或塑料带包扎防护。

各种箱、盒配线整齐、清洁，并应符合下列规定：

（1）箱、盒内的配线附有说明线条去向和用途的铭牌或端子配线示意图。

（2）自信号楼/室方向引来的电缆进入电缆盒主管，其他方向引来的电缆进入副管，并应尽量采取不会导致线位错误的措施。

（3)电缆盒的电缆配线紧固在相应的端子上,芯线的长度需留有可做 2 ~ 3 次接头的余量。变压器箱电缆芯线的余量绑扎成把，平行地存留在端子板下方。

各种配线使用的电线规格，一般应符合下列要求：

（1）信号机、变压器箱（轨道电路用）使用（或代以相当于）7×0.52 mm 的多股铜芯塑料线。

（2）电源屏的引出配线根据负载选用不同截面的多股铜芯塑料线。

复习思考题

1. 信号电缆的作用是什么？

第十七章　跨座式单轨信号

【学习目标】

1. 掌握跨座式单轨信号系统设备组成及特点；
2. 掌握跨座式单轨信号设备的结构功能。

【知识要求与技能要求】

1. 掌握城市轨道交通信号系统基础知识；
2. 掌握基于感应环线的跨座式单轨交通 ATC 系统；
3. 掌握基于 CBTC 的跨座式单轨交通 ATC 系统。

第一节　跨座式单轨信号设备概述

跨座式单轨交通是一种车辆直接骑跨在单根轨道梁上运行的特殊轨道交通形式（见图 17.1），其特殊性主要反映在车辆、轨道和道岔等方面，此外其供电方式、通信、信号系统等与一般轨道交通也有所区别。信号系统因其线路形式直接决定了跨座式单轨交通信号系统的安装方式、运行方式及布置方式。

图 17.1　跨座式单轨

跨座式单轨交通信号系统的列车自动控制系统（Automatic Train Control，ATC）主要包括列车自动监控系统(Automatic Train Supervision，ATS)、列车自动防护子系统(Automatic Train Protection，ATP)、列车自动驾驶系统（Automatic Train Operation，ATO)、计算机联锁系统（Computer Based Interlocking，CI 或 CBI)。此外跨座式单轨交通线路信号系统中还有微机监测子系统，其主要功能是监测信号设备状态、加强信号设备结合部管理、发现信号设备隐患、分析信号设备故障原因、辅助故障处理等，监测范围比各子系统维护终端范围广。

一、基于感应环线的跨座式单轨交通 ATC 系统设备

基于感应环线的跨座式单轨交通 ATC 信号系统由列车自动防护（ATP）及列车位置检测（TD）子系统、ATS 子系统和计算机联锁系统（CBI）构成。

1. ATP/TD 系统

ATP/TD 系统采用基于轨道环线的感应技术，实现列车运行超速防护和列车在线位置检测，确保列车安全可靠运行。

2. 计算机联锁系统（CBI）

计算机联锁系统采用国内成熟的计算机联锁系统，主要有 TYJL-Ⅱ型、TYJL-Ⅲ型联锁系统，实现道岔、信号机、进路之间的联锁关系，确保列车行车安全。

3. ATS 系统

ATS 系统实现对监控范围内的列车运行及所控制的道岔、信号机等设备运行状态监督和控制，能实时、安全、可靠、高效地工作。

车辆段/车场信号系统配置与正线基本相同，车辆段/车场不设置 ATP 发送设备，仅配置 TD 位置检测设备，在道岔前设置防误出发区段，ATS 子系统在车辆段/车场设置有 ATS 分机。

二、ATP/TD 系统

列车自动防护（ATP）及列车位置检测（TD）子系统设备包括车载信号设备和地面信号设备。

1. 车载信号系统

车载信号系统由位置检测子系统、ATP 子系统、司机显示子系统构成，如图 17.2 所示。

（1）位置检测子系统设备：包括位置检测单元柜、MC1 天线接线盒、ATP/TD 天线、电磁式测速机。

（2）ATP 子系统设备：包括 ATP 单元接收柜、ATP 单元控制柜、MC2 天线接线盒、ATP/TD 天线、电磁式测速机、MC1 中间继电器盘、MC2 中间继电器盘。

（3）司机显示子系统设备：包括速度表补偿器、单音铃、状态指示灯、速度表及限速指示灯、模式开关、后退检测切除开关、开门方向控制切除开关等。

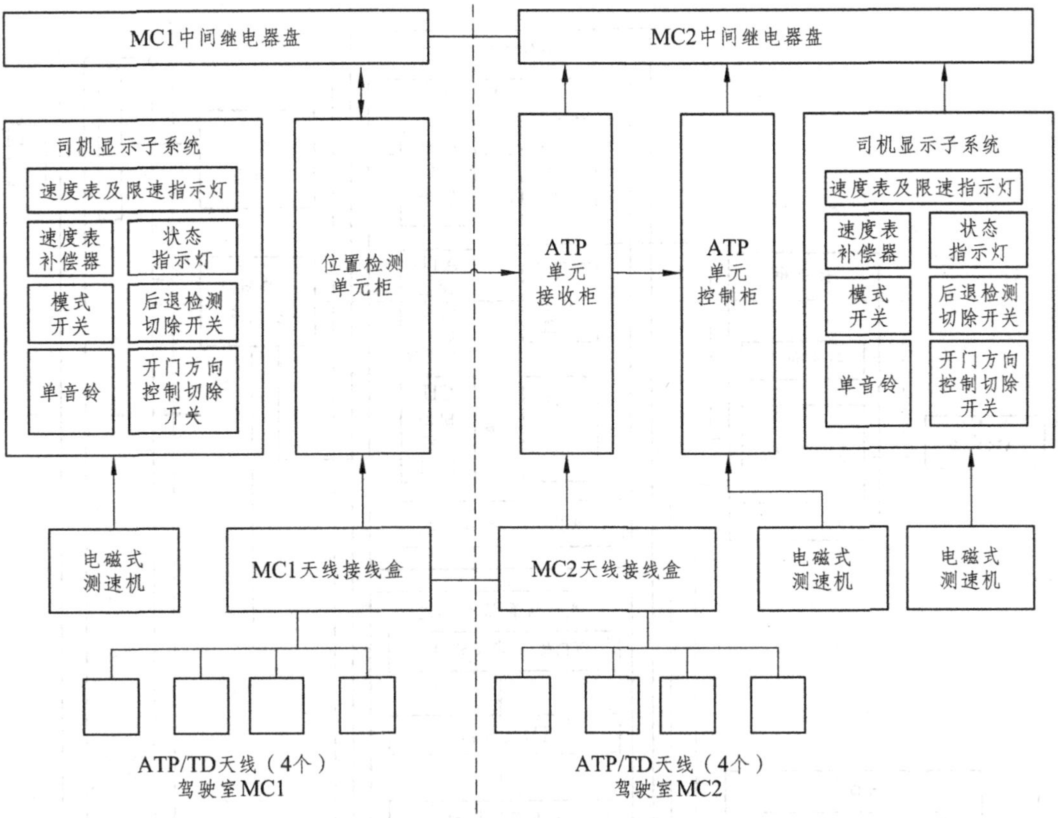

图 17.2　车载设备

2. 地面 ATP 与位置检测子系统

地面 ATP 与位置检测子系统由室内子系统、轨旁子系统构成，如图 17.3 所示。

（1）室内子系统设备：包括 ATP 与位置检测柜、监控柜、接口柜、老化柜、移动仪表架。

（2）轨旁子系统设备：包括环路阻抗匹配箱（MT 箱）和环线电缆。

三、基于 CBTC 的跨座式单轨交通 ATC 系统

基于 CBTC 的跨座式单轨交通 ATC 信号系统由 ATS 子系统、CI(联锁)子系统、ATP/ATO 子系统、无线子系统、维修检测子系统构成。

1. ATS 子系统

ATS 系统对监控范围内的列车进行控制、监控和管理，能实时、安全、可靠、高效地工作。系统主要由中心各种服务器、调度终端、运行显示器、时刻表编辑器、ATS 车站分机等构成，除与 CI、ATP/ATO 地面设备接口，还与 SCADA、BAS 等外部设备有接口。

2. CI 子系统

CI 系统采用国内成熟的计算机联锁系统，主要有 EI32-JD 型联锁系统，由 CI 设备、联锁操作终端、联锁维护终端组成，实现道岔、信号机、进路之间的联锁控制。

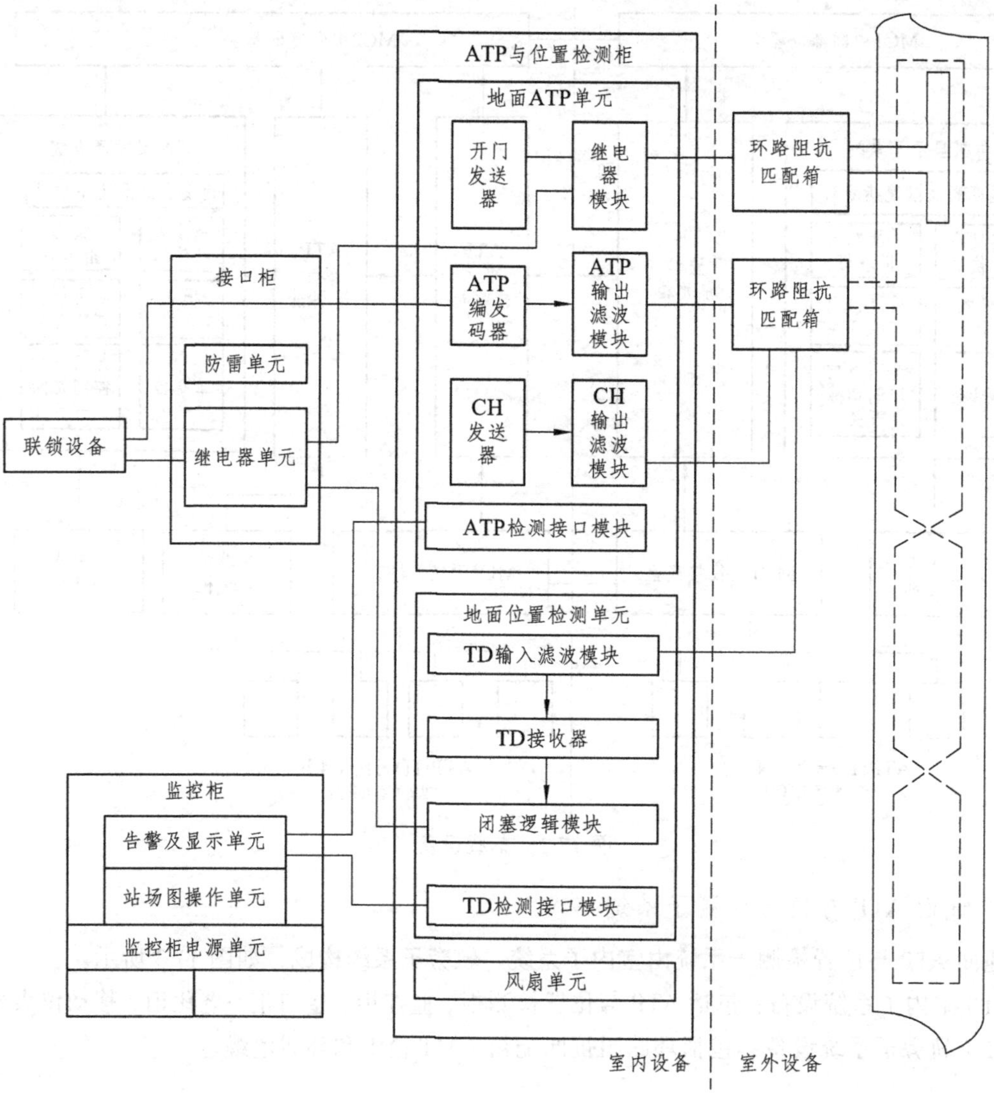

图 17.3　地面设备

3. ATP/ATO 子系统

（1）地面 ATP/ATO 设备。地面 ATP/ATO 设备主要包括 ATP 逻辑部、认证主单元（SM）、I/O 控制设备、维护终端等，实现列车在线检测、管理、生成并输出列车控制命令。

（2）车载 ATP/ATO 设备。车载 ATP/ATO 设备有 ATP 车载设备、ATO 车载设备、车载认证主单元（车载 SM）BTM、DMI 等构成，生成并向地面设备发送列车位置信息，根据地面设备接收的列车控制信息向车辆输出牵引或制动命令，实现列车控制。

4. 无线子系统

无线子系统主要包括 APM、AP 箱、AP 天线及车载 STA、STA 天线等，实现 ATP/ATO 地面设备与 ATP/ATO 车载设备之间的通信。

5. 计轴设备

在跨座式单轨交通信号系统中，计轴设备作为 CBTC 后备模式下的列车位置检测设备。计轴设备主要包括车轴检测器（含车轮传感器 CC32 K 简称磁头和车轮电子检测盒，简称 JCH）、计轴主机柜、防雷柜、计轴检测点和室内主机的外部电缆连接系统（分线盘）、室外电缆接续箱、计轴主机与结合电路之间的接口电路等。

6. 维修检测子系统

维修检测子系统由通信服务器、维修监视终端等构成，能够实现各个子系统的状态监视、辅助维修作业、统计各设备的状态和报警信息等功能。

各子系统设备根据不同需要分布在不同的地域：控制中心主要包括 ATS 中心设备和大屏幕设备；正线联锁设备集中站室内有联锁设备、ATP/ATO 室内设备、车地通信设备、ATS 分机、接口单元、组合柜、分线柜、电源屏及 UPS 设备等；非设备集中站主要有 ATS 车站分机、UPS 等；室外设备主要有应答器、AP 箱、AP 天线、计轴和信号机等。

四、ATP/ATO 系统

（一）地面 ATP/ATO 设备

地面 ATP/ATO 设备结构如图 17.4 所示。

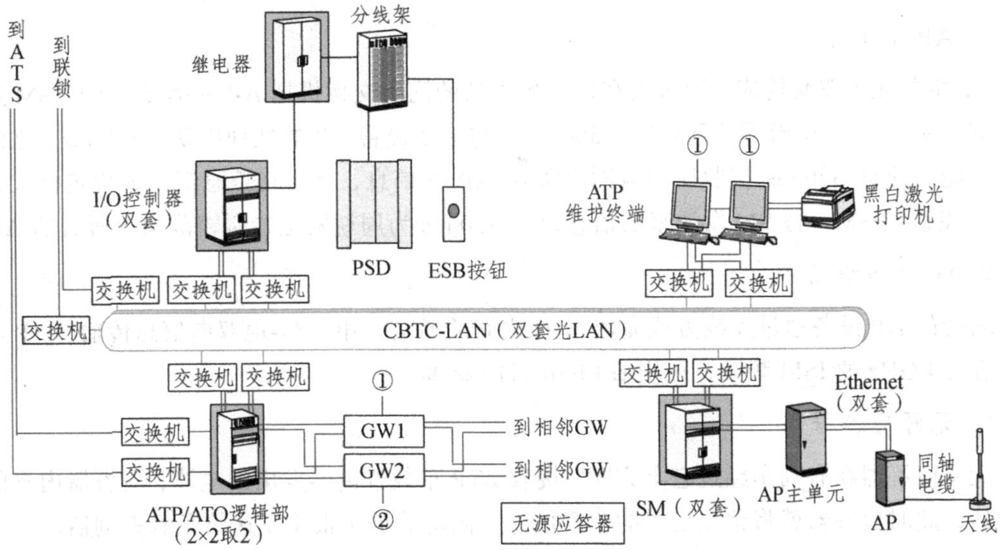

图 17.4 地面设备结构

1. ATP/ATO 逻辑部

逻辑部基于来自车载系统的列车在线位置信息，生成发给车载系统的列车控制报文（停车位置信息等），并发送给各个 SM（认证主单元）设备。

2. SM（认证主单元）

SM采用通用的、带故障-安全电路的CPU板，从逻辑部接收ATP报文进行加密后通过Ethernet发给AP主单元，通过AP/APM主单元从车载设备接收列车检测报文（TD），并将其解密后发给逻辑部。

3. GW（网关）

车站的GW通过站间LAN与相邻车站的GW连接。GW从本站逻辑部接收报文，发送至站间LAN，并且将从站间LAN接收到报文发送给本集中站的逻辑部，以此方式实现本集中站逻辑部与相邻集中站逻辑部之间的通信。

4. I/O控制部

I/O控制部采用基于通用的带故障-安全电路的CPU板的双套结构，采集轨旁设备信息以及驱动轨旁设备。

5. ATP维护终端

ATP维护终端设备连接在CBTC-LAN上，用于ATP/ATO设备状态显示、线路状态显示及输入信息显示的维护装置。

6. CBTC-LAN

CBTC-LAN是一个双重冗余的光纤网，用于ATP/ATO逻辑部、SM、I/O控制部之间的信息传输。

7. AP主单元

AP主单元为双套构成，通过设在设备集中站的网络交换机把AP主单元、AP、SM连接在一起，实现ATP逻辑部处理周期（500 ms）与无线设备AP的处理周期（320 ms）之间的转换功能。即每320 ms接收所辖范围内所有AP的信息，然后将信息组织成规定格式，每500 ms发送给SM，将SM发送来的信息以每320 ms为周期发送给所辖范围内所有的AP。

8. AP轨旁设备

轨旁的AP设备通过无线方式完成车-地之间的通信，用于车-地双向信息传输。AP设备工作在2.4 GHz的ISM频段，采用IEEE802.11g标准。

9. 无源应答器

无源应答器在有列车经过它上方时，接收ATP车载查询器发出的电波，应答器内置的电路激活，此时应答器就将预先设置的位置信息（固定数据）报文发送给车载查询器。

10. 有源应答器

有源应答器只布置在车辆段内，实现列车在车辆段中的防冒进功能。

11. 输入/输出继电器架

输入/输出继电器架与外部装置连接的继电器集中安装在继电器架。

（二）车载 ATP/ATO 设备

车载 ATP/ATO 设备构成如图 17.5 所示。

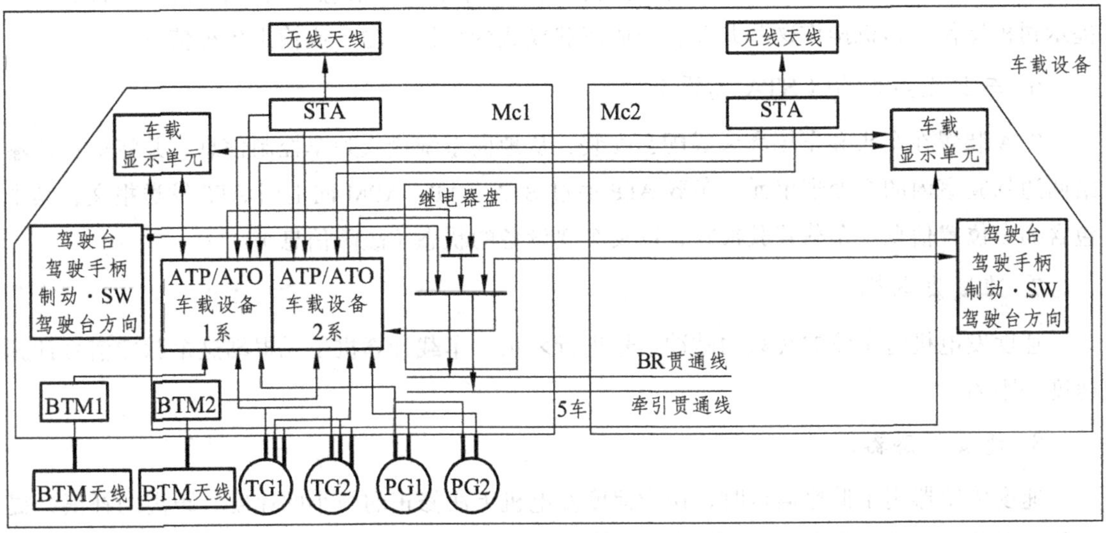

图 17.5　车载 ATP/ATO 设备

1. 车载计算机单元

车载计算机单元采用 2×2 取 2 结构，集中安装在一侧的驾驶室。车载计算机单元根据从车载无线设备接收的停车点信息监督列车速度，并具有通过连续自诊进行故障检测的功能和记录功能。

2. 车载查询器（BTM1/BTM2）

车载查询器安装在车头，用来与轨旁的应答器进行通信。车载计算机单元与应答器收发信部进行周期性传输和接点信息的交换，以获取与列车位置及位置校正等相关的信息。

3. 继电器单元

继电器将来自车载计算机的制动指令发送给车辆，同时将车辆的状态发往车载计算机。实时检测车载计算机故障检测接点信息，当检测到车载计算机的两个热备单元中一个发生故障时，对故障单元的输出进行隔离，仅将正常系的输出送给车辆。如果车载计算机的两系都发生了故障，继电器单元则认为整个系统出现故障。

4. 车载数据库

ATP 车载装置的数据库（DB）电路板中保存有 ATP 控制所需的数据信息，具体包括：管理信息、进路信息、速度制限信息（限制位置及限制速度）、坡度信息（坡度位置及值）、车辆性能信息。数据库根据现有的数据，离线地自动地编辑生成这些信息。运行时，车载系统可对这些信息进行检索，用于生成照查曲线。

5. MMI

车载显示单元（简称 MMI）是车载计算机单元的显示器，可提供触摸屏输入。MMI 放在驾驶室里的台子上，通过声音和图像为司机提供列车的各项信息以及车载控制设备的状态，提示司机操作。司机操作这些开关，完成车载模式的切换，输入或输出各种信息。

6. 车载无线电台（STA 装置）

STA 装置在车头和车尾和天线配套安装，从地面系统接收列车控制信息，并将信息传输给两边驾驶室内的主处理单元。车载 ATP 通过 STA、AP、APM 向地面 ATP 发送报文，其中包含列车位置信息、车载驾驶模式，以及车载设备的状态（故障信息）。

7. 速度发电机

速度发电机将车轮的转数用脉冲信号进行表示。车载计算机单元根据这个脉冲信号计算速度和距离。

8. 速度传感器

速度传感器用于低速运行时，作为速度发电机无法修正的微小的速度、距离的补偿，提高停车精度。它具有低速时的后退检测功能，车载 ATP 根据测速电机或速度传感器发来的脉冲信息进行后退检测。

第二节　跨座式单轨信号原理

一、基于感应环线的列车运行自动控制（ATP/TD）系统

ATP/TD 子系统是保证列车运行安全、具有列车间隔保护及超速防护功能的系统，符合故障-安全原则。ATP 与位置检测系统采用分级速度阶梯控制，固定闭塞方式，每个闭塞区间的轨道区段仅分配一个速度等级。列车在闭塞区间的入口处，接收到 ATP 信号所定义的限速指令后，立即对列车实际运行速度进行检查。

列车检测采用 TD 轨道环线的形式，TD 设备能连续、安全、可靠地对区段的占用/空闲进行检测。ATP 地面设备能通过轨道环线安全通道向列车发送必要的速度、允许开门等信息，并保证车载设备安全、可靠地接收信息，以确定列车运行的最大安全速度。

列车位置检测信号的产生：车载 ATP 与位置检测子系统能够产生列车位置检测信号，f_1 产生载频 13.5 kHz，调制频率为 112 Hz 的信号；f_2 产生载频 15 kHz 调制频率为 112 Hz 的信号，传送给地面 ATP 与位置检测子系统。ATP 与位置检测子系统通过识别列车首尾的位置检测信号 f_1 和 f_2，判别列车在轨道区段的实际占用位置。当地面 ATP 与位置检测子系统分别或同时检测到 f_1、f_2 时，表示该区段被列车占用。

二、基于通信的列车运行自动控制（CBTC）系统

1. 列车位置检测

如图 17-6 所示，列车利用车载查询器，经过地面应答器时，从地面应答器接收绝对位置信息，根据此位置信息修正自身位置。其次，用速度发电机，通过累计行车距离进行连续的位置检测。地面逻辑部根据车载传来的位置信息知道列车位置。地面将停车点信息（LMA）发送给列车，车载控制器根据当前的列车位置和停车点，参照车载线路信息，计算得出运行路径，完成位置检测。根据每列车的车载控制器向地面发送的列车位置而随时更新的信息，地面设备完成列车跟踪。列车的停车点信息是在列车的运行方向上，根据前方障碍条件，再加上一个安全保护距离后，由地面设备生成的。

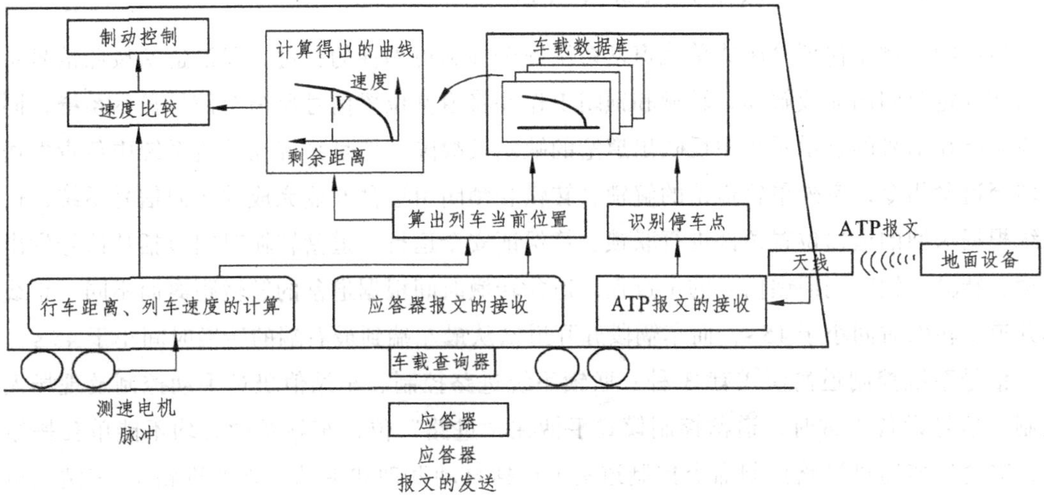

图 17.6　列车检测

2. 二级控制

在跨座式单轨交通信号系统中，计轴设备作为 CBTC 的后备模式下的列车位置检测设备，使得在发生故障时也能维持列车运行。另外，常用系统与后备系统是完全独立的系统，而且可以同时工作（故障时可马上切换到后备）。CBTC 系统的二级控制如表 17.1 所示。

表 17.1　CBTC 系统的二级控制

等级	模式	闭塞方式	控制对象
Level1	CBTC	基于无线的移动闭塞	CBTC 车
Level2	后备	基于 CI 的固定闭塞 通过物理检测（计轴）控制信号	所有车辆

1）一级：CBTC 模式

在该模式下，有 ATO 自动驾驶、ATP 防护下的人工驾驶等运行模式。

2）二级：后备模式

后备系统实现 CBTC 故障时的后备模式控制。常用系统与后备系统是完全独立的两个系

统，而且可快速切换到后备系统。后备系统通过计轴方式的安全型列车检测系统进行闭塞区间占用/出清状态检测，联锁子系统在后备模式下采用列车检测系统提供的闭塞区间占用/出清状态进行安全联锁逻辑控制。

第三节　跨座式单轨信号设备维护

一、跨座式单轨信号与道岔的接口

（一）信号与跨坐式单轨道岔的关系

道岔的控制是保证跨座式单轨道岔系统安全性和可靠性的关键，保证道岔按照信号系统要求在规定时间内完成解锁、转辙和锁闭工作并将道岔位置信号反馈至信号显示系统，同时还应该能在信号的显示系统中反映出道岔的缺陷及故障。信号系统在单轨系统中负责发送道岔转至道岔指令，室外单轨道岔的解锁、转辙和锁闭由道岔专业完成并送回信号系统，信号系统根据送回的道岔位置条件进行联锁运算保证安全运行。道岔转辙时间包括从信号发出、解锁、转辙、锁闭到回馈信号的全过程，道岔转辙时间根据道岔的转辙距离而不同，正线的单开道岔转辙时间小于 15 s，而车辆段五开道岔从最左端到最右端的转辙时间小于 45 s。

信号系统控制道岔模式有 3 种：联锁系统进路控制、车站值班员手动控制及现场人工控制。信号设备正常时，道岔控制模式手柄在“进路”位，车站及中心均不能单独操纵道岔，道岔只能通过进路控制命令控制道岔（包括自动办理和手动办理的进路）。车站人员单独操纵道岔时，需要将道岔模式控制手柄置于“转换”位，此时道岔仅能由车站值班员控制，车站值班员通过道岔控制手柄可以转换道岔到相应的位置。现场人员控制转换道岔，经请求车站值班员同意授权后将道岔控制模式手柄设置在“现场”位，此时道岔仅能由现场人员操纵。

由于跨座式单轨与地铁信号设备职责分工和线路特征上的不同，导致道岔的应急方式有所不同。在地铁系统中，信号和转辙机均由信号系统提供，从建设和运维上均属于信号系统范畴，转辙机接收信号系统控制；在跨座式单轨系统中，道岔和信号不在一个系统内，建设和维护属于不同专业。因此，在应急情况下，地铁通过一定的确认手续可以集中操作道岔，而跨座式单轨在此中情况下禁止集中操作道岔，只能把操作权下放到现场，由现场人员确认后，根据调度命令进行操作。

（二）信号道岔控制电路

信号道岔控制电路如图 17.7 所示。

道岔电路中继电器名称及作用见表 17.2。

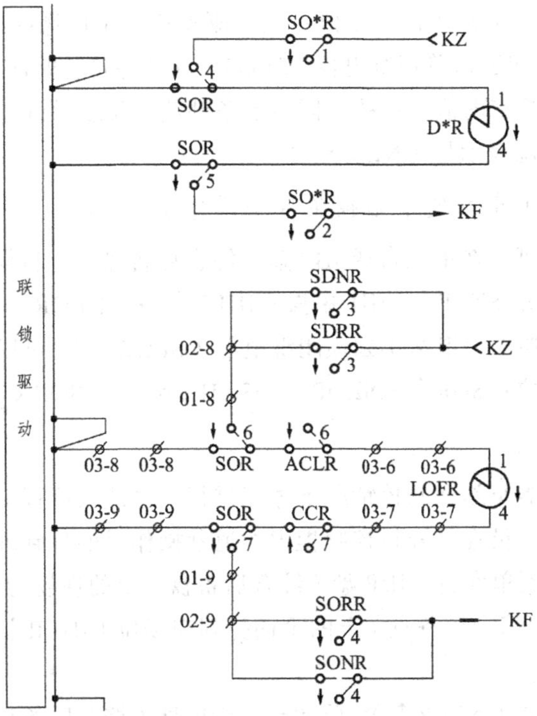

图 17.7　道岔电路（局部）

表 17.2　继电器名称缩写表

继电器	继电器名称或作用	继电器名称	继电器作用
STCR	站控继电器	CCR	道岔集中位控制继电器
TSPBR	道岔应急继电器	**TPR	**T 轨道继电器（吸起空闲）
TSPB	道岔应急按钮	IHLR	室内手柄现场位继电器
LHLR	现场手柄现场位继电器	ACLR	授权现场继电器
LHCR	现场手柄集中位继电器	SOR	单独操纵继电器
SLOB	道岔单锁按钮	SLOR	道岔单独锁闭继电器
ONR	定位操纵继电器	ORR	反位操纵继电器
LOFR	允许道岔动作（锁闭防护）继电器	NR	定位表示继电器
MNTR	道岔故障继电器	RR	反位表示继电器
SLOL	道岔单锁表示灯	NL	定位表示灯
RL	反位表示灯	LHLL	现场请求表示灯
ACLL	授权现场表示灯	MNTL	道岔故障表示灯
**TLOR	道岔区段锁闭继电器（吸起表示道岔区段未锁闭）	SONR	单操定位继电器
SORR	单操反位继电器	ROUR	道岔进路控制继电器

1. 道岔进路控制

道岔处于进路控制状态：现场手柄集中位继电器（LHCR↑）→道岔集中位继电器（CCR↑）→道岔进路控制继电器（ROUR↑），联锁排列进路。

排列道岔直向进路时道岔操作到定位：联锁驱动道岔定位操纵继电器（ONR↑）、锁闭防护继电器（LOFR↑）和道岔单锁继电器（SLOR↑）条件符合时向室外输出道岔转换信号，道岔转动到位后，道岔给室内信号系统送回表示条件使定位表示继电器（NR）→联锁采集到表示信息后控制道岔定位表示灯（NL）点亮。

2. 道岔单独操作（车站处于站控条件下操作）

道岔单独操作：值班员在单元台或 IBP 盘（综合后备盘）上将操作手柄打到单操位，单独操纵继电器（SOR↑）：STCR↑→IH 单操→IHLR↓→**T-LOR↑（区段锁闭继电器）→SOR↑（单独操纵继电器）→道岔单独锁闭继电器（SLOR↑），可以单操道岔。

例，单操道岔到定位：SOR↑→SLOR↑→SOH（N）→SORR↓→SONR↑。

3. 道岔放（收）权

道岔放（收）权道需车站在站控情况下才能进行，岔放权流程：

（1）室外道岔专业人员在室外将控制柜内的道岔操作手柄打到现场位（LHLR↑）。

（2）车站值班员看到单元台、IBP 盘（综合后备盘）上的现场为位表示灯（LHLL）亮黄灯后将单元台、IBP 盘（综合后备盘）上的手柄打到现场位（IHLR↑），同时 IHLR 接通自闭电路。

（3）授权现场继电器（ACLR↑），单元台、IBP 盘（综合后备盘）上的现场为位表示灯（ACLL）亮黄灯，车站将道岔操作权限放到现场，现场道岔专业人员操作道岔检修道。

（4）IHLR↑→LHLR↑→LOFR↓→ONR↓→ORR↓→**T-LOR↑→SLOR↑→ACLR↑（并自闭）。

道岔收权的过程与道岔放权过程类似，车站值班员和道岔专业人员的操作与放权相同。

（三）信号故障时的道岔应急处置

当道岔在发生道岔区段红光带或者联锁机器失效的情况下，道岔的放（收）权与正常情况下的放（收）权有所不同，需要车站值班员在单元台、IBP 盘（综合后备盘）上按压道岔应急（TSPB）使道岔应急继电器（TSPBR↑）从而使 ACLR 继电器的励磁电路自闭，将道岔权限下放到现场有道岔专业人员现场控制道岔。

道岔应急按钮：按压 TSPB 按钮→TSPBR↑→IHLR↑→LHLR↑→LOFR↓→ONR↓→ORR↓→TSPBR↑→ACLR↑（并自闭）。

二、ATP/ATO 系统设备维护

ATP 地面设备能够向车载设备发送限速、距离、线路和停车点条件等信息，车载设备确定列车运行的最大安全速度，提供列车间隔及超速防护，在列车超速时提供最大常用制动和紧急制动，保护列车运营安全。

ATO 系统根据 ATP 提供的速度信息、目标速度、目标距离、列车位置信息等，实现区间的列车停车后的自动启动及自动运行、车载定点停车，在司机的监督下，依照时刻表或调度的命令自动驾驶，列车在车站精确停车后自动打开车门。

（一）地面室内设备维护

（1）检查各部螺丝紧固，插接件安装牢固，接触良好。
（2）检查机柜内部清洁，防尘良好，风扇工作良好。
（3）检查配线无破损，排列整齐。
（4）检查各模块、防松装置到位。
（5）检查各个电源开关功能检测和 LED 显示检查。
（6）检查各架报警功能正常，有无异常。

（二）地面室外设备维护

（1）检查天线机柱无裂痕、无损伤。
（2）AP 箱内部清扫。
（3）各配线及配件连接情况。
（4）各指示灯检查（红蓝网）各系指示灯工作一致，可两网进行对比。
（5）天线安装检查，发现松动及时使用扳手紧固。
（6）AP 箱电源测试（见图 17.8），测试方法：使用万用表交流挡（若有挡位，则使用超过 220 V 的挡位）测试，测试值为 AC 220 V 左右。

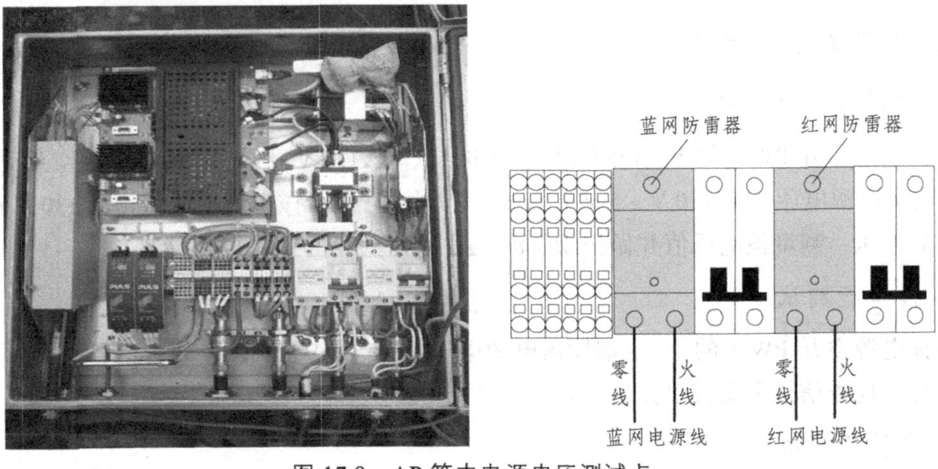

图 17.8　AP 箱内电源电压测试点

三、ATP/TD 系统设备维护

ATP/TD 系统维护的主要内容包括巡检、测试和设备检修。巡检的主要内容是在不影响设备正常运行的前提下查看设备外观、各类指示灯、报警、监视器有无异常，检查室内温度有无超标，清洁机柜外部及设备室，询问用户设备使用情况等。测试的主要内容是在不影响信号设备正常使用的前提下，依照设备检修手册测试各项设备技术指标，采集电气特性数据，分析设备的运行情况，发现设备异常，预防设备故障。

（一）地面设备维护

ATP/TD 地面设备主要由以下设备组成：ATP 与位置检测柜、监控柜、接口柜、移动仪表架、老化柜、环路阻抗匹配箱、电缆、电缆环线等。地面信号经过室内 ATP 与位置检测柜发送，经电缆、电缆环线传至车载信号设备，同时车载设备向地面发送 TD 信息，TD 信息经环线发至 ATP 与位置检测柜接收；ATP 与位置检测柜的 CH 发送及 TD 接收设备负责检查环线的完好和列车位置；监控柜负责监控 ATP/TD 地面设备的情况，并将有关故障转至联锁设备，确保运行安全。

（二）ATP/TD 地面设备巡检

ATP/TD 地面设备巡检需要在停运后进行，主要巡检内容包括：室内机柜各单元块状态显示和机柜各电源状态显示有无异常、防松措施是否良好；防雷元件检查；室内各机柜风扇运转是否正常；室内各机柜封堵是否良好；防尘、防水不良处所的整治情况；更换室内外损伤、到期器材情况；模块插接是否良好；各种显示、报警是否正常；铭牌是否齐全、正确；各部螺丝是否紧固，插接件是否良好；各焊点是否良好，配线是否整洁；CH、ATP/TD 及电源等电平调试调整；室内设备清扫。感应环线主要的检修内容包括：匹配变压器和 ATP/TD 环线，外观是否良好无损失；防雷设备是否完好；干燥剂是否达到标准质量；箱盒和端子之间绝缘阻抗是否大于 3 MΩ；MT 箱（含接线盒）安装是否良好、无损伤，防尘防水是否良好；环线保护管和环线是否良好；不允许出现生锈、损坏或其他非正常情况；加锁是否良好。

（三）地面设备测试

1. 位置检测柜测试

测试电源空开 PW-1 的 1、3 端输入电源电压（AC 110 V ± 5 V）、测试电源空开 PW-1 的 2、4 端输出电源电压（AC 110 V ± 5 V）、测试 24 V 电压，测量该电压值并做记录（30 V ± 3 V）、测试 8 V 电压，测量该电压值并做记录（8 V ± 2 V）。

2. 接口柜测试

验证电源空开 PW-1 的 2、4 端输出电源电压（DC 24 V ± 2 V）、检查信号采集板单元电源指示灯、检查信号采集板单元运行指示灯。

3. 监控柜测试

验证电源空开 PW-1 的 2、4 端输出电源电压（AC 220 V ± 10 V）、检查工控机单元电源指示灯点亮、检查工控机单元电源指示灯闪烁。

4. 环线电流测试

室外 ATP/TD 环线及开门环线电流测量步骤：

（1）调整数字万用表测量挡位至交流电压位（mV）。

（2）在室外 MT 箱测试 TEST 两端电流（见图 17.9 和图 17.10）（测试点电压值为 1Ω电阻两端的电压，两端电流值相同，为 100 ~ 130 mA。

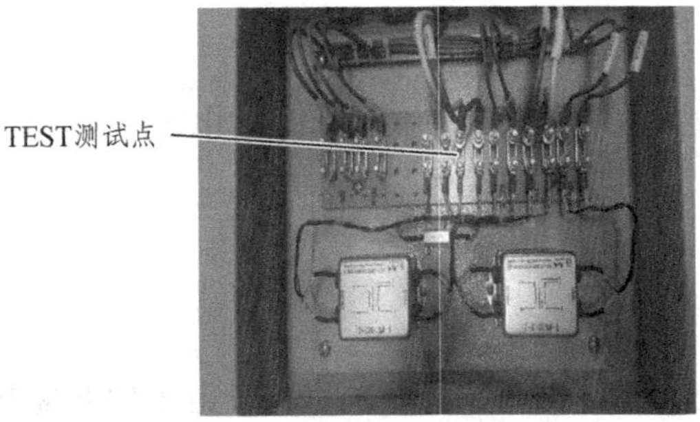

图 17.9　MT 箱

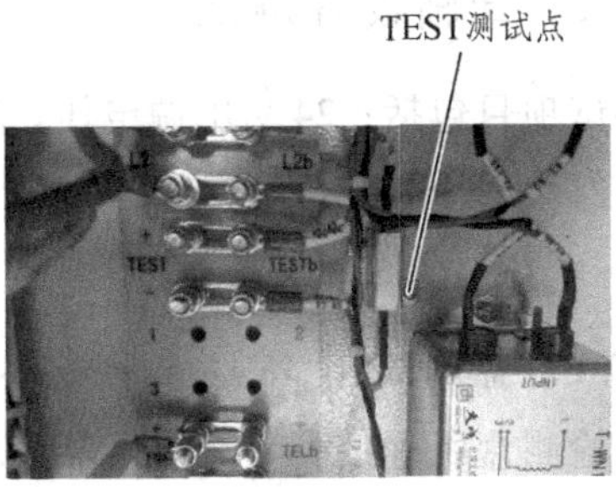

图 17.10　环线电流测试点放大图

四、计轴设备的维护

由于跨座式单轨交通以高强度混泥土梁作为车辆运行的轨道，因此无法按照常规安装电磁传感器，安装方式如图 17.11 所示（以 JZ.GD-1 计轴设备为例）。

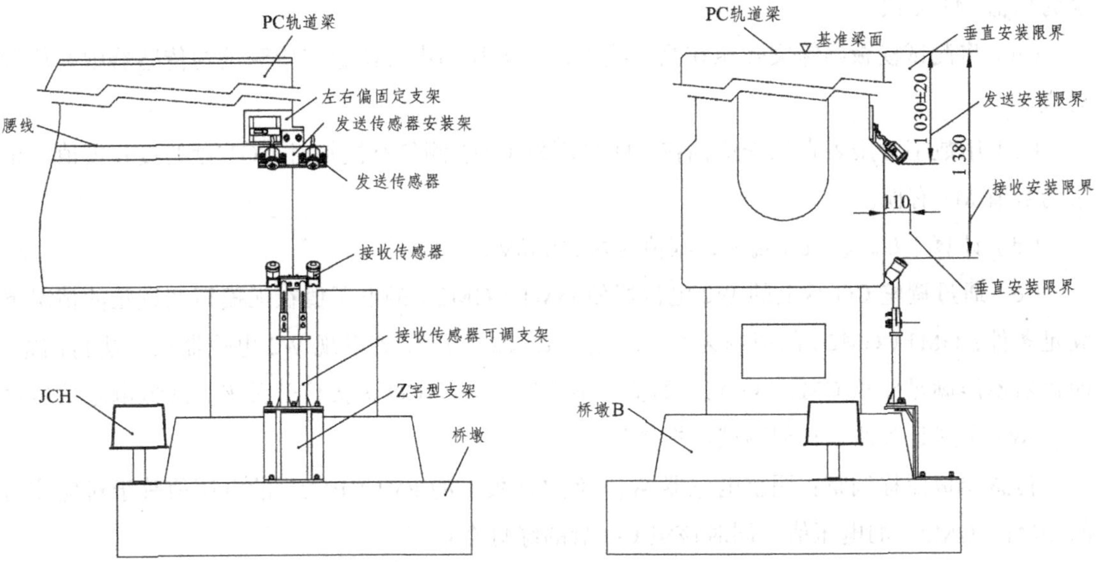

图 17.11　室外传感器和电子检测盒安装示意图

（一）计轴设备巡检

（1）安装螺丝、基础外观检查。

（2）基座、磁头无损伤，螺丝齐全良好。

（3）馈线固定良好、无破损。

（4）电子盒（JCH）完好。

（5）检查系统各模块、接插件、熔断器、电源工作状态，无异常现象。

（6）检查风扇运行状况，保持风箱通风良好。

（7）各部防松装置良好。

（二）计轴设备测试

测试项目包括：24 V 电源电压、JCH 返回信号、静态模值、JCH 的电源电压、通道传输电压、发送电压。

1. 室外设备调试

1）CG 盘调试

当检测盒所有接线都检测无误时，可进行 CG 盘调试。每一个 JCH 电子检测盒内含有 2 块 CG 盘分别对应于 2 对车轮传感器，应该分别调试，调试方法相同。

（1）测量 CG 盘的发送电压及频率。用数字万用表（频响大于 40 kHz）交流挡在 JCH 端子 19、20 以及 21、22 分别测量 CG 盘的发送电压，发送电压值及频率。

（2）接收模值调整及测量：

（a）用数字万用表直流毫伏挡在 TD 盘面板 GM1 测量无模轮时 CG1 盘的接收模值，记录为数值 M1 无模。

（b）将测试模板绝缘突片压在测试线上，且突片的中心位置与所测试的传感器中心位置对应。

（c）用数字万用表直流毫伏挡在 TD 盘面板 GM1 测量有模轮时 CG1 盘的接收模值，记录为数值 M1 有模。

（d）计算 $|U_{有模轮}-U_{无模轮}|$，其值应≥110 mV。

（e）通过调整 CG 盘上的 W2 电位器使 GM1（GM2）的电压值在无模拟测试轮的情况下满足条件：GM1（GM2）的值约为（$|U_{有模轮}-U_{无模轮}|$）/2，若发现 W2 电位器已无法再调整，而仍然不能满足要求 GM1（GM2）的值，则需通过调整 CG 盘拨位开关 K，降低电阻值后再调整 W2 来满足条件，直到测试数据满足。

传感器板漂移调整：调整电位器 W1，使 TD 板上的 PY1（PY2）的电压值等于对应该组的 GM1（GM2）的电压值，同时该组 CG 盘的绿灯会点亮。

备注：传感器板故障更换时，应注意使拨位开关 K 的置位尽量保持与所换下单板相同。

2）TD 板调试

TD 板作为一个频率转换板，在测量时，主要测量其转换功能。

（1）在无车状态下用数字万用表的交流毫伏挡测量 JCH 的 1、3 端子。

（2）用模拟轮模拟有车占用传感器 1，用交流毫伏挡测量 JCH 的 1、3 端子，其电压值应不小于 700 mV，频率为 4 150 Hz。

（3）用模拟轮模拟有车占用传感器 2，用交流毫伏挡测量 JCH 的 1、3 端子，其电压值应不小于 700 mV，频率为 5 060 Hz。

备注：测试（2）（3）项时会造成区段占用，应在设备检修时测试。

2. 室内设备调试

1）电源部分

闭合主机柜 220 V 交流开关、闭合防雷柜交流 110 V 开关和计轴主机 ACDC 板开关。用数字万用表测试电源应满足如下指标：

（1）主机柜输入：AC $220\times(1\pm3\%)$V。测试端：主机柜背面 D4 层端子断路器（220 V 电源输入开关）。

（2）防雷柜输入：AC $110\times(1\pm3\%)$V。测试端：防雷柜背面 D4 层端子断路器（110 V 电源输入开关）。

（3）防雷柜远供电源电压：AC 90～121 V。测试端：防雷柜背面 D4 层端子“JCH 电源输出”。

2）计轴主机部分

室外信息送回室内，对应区段的相关 CJB 板面板上的发光二极管 L1、L2 亮灯。

CJB 板面板上的发光二极管 L1、L2 在正常无车时亮，而当车轴经过传感器时灭。当确认传感器返回信号正常时，可用万用表直流挡测面板测孔 M1、M2 与 GND 的电压值，电压值≥3 V，并调节电位器 W1、W2 可改变其门槛值，一般在 1.5～3 V，使其达到正常值（具体参数见表 17.3）。

表 17.3　标准参数表

测试项目	单位	标准值	测试端子
远供电源电压	AC/V	60～121	防雷柜 D4 层 JCH 输出端子
JCH 返回信号	AC/mV	≥500	主机柜 D0 层端子
静态模值 M1	DC/V	≥3	CJB 面板测孔 M1 与地
静态模值 M2	DC/V	≥3	CJB 面板测孔 M2 与地

注：静态模值是指无车轮压到传感器时的模值

3. 组件更换

（1）在更换已损坏的组件时，只能用同一型号的组件更换。

（2）更换熔断丝时，只能用相同型号的器件更换。

（3）在带电状态下，所有组件均不可插装或者拆卸。

（4）组件更换后或者熔断丝更换后，应及时检查相关轨道区段的功能情况。

五、计算机联锁设备的维护

跨座式单轨信号系统中的联锁系统主要有 EI32-JD 型计算机联锁、TYJL-Ⅱ型计算机联锁和 TYJL-Ⅲ型计算机联锁。

联锁设备的日常维护主要包括巡检、测试、检修。巡检主要检查联锁主备机工作状态，面板指示灯是否良好；查看维修机故障记录，设备是否有异常现象，是否有报警信息；观察联锁系统各部分的工作状态是否正常、有无异常和其他声响等。测试主要是测试联锁机各部的电源电压。检修主要是检查各模块插接状态，接插件是否良好、有无异常；紧固各部落实；配线整理；清扫各部灰尘；各种显示报警是否正常；更换不良配件及不合格表盘。

以 EI32-JD 型计算机联锁为例，巡察工作主要有：检查系统主备机、各模块及接插件、电源、显示器工作状态，是否无异常现象；检查继电器外观是否良好并且各部防松装置良好；检查联锁机柜、综合柜上的各直流电源指示灯是否正常；联锁机柜的表示盘面是否有报警灯点亮；联锁机柜表示盘上的Ⅰ系主用灯和Ⅱ主用灯必须一个亮另外一个熄灭状态；联锁机柜上的所有电路板上无红色报警灯亮；查看终端是否有故障提示信息。

测试项目包括：

（1）测试现地控制工作站倒机单元Ⅰ路/Ⅱ路+24 V 电源。

（2）测试接口电源箱电源 1 路/电源 2 路+24 V 电源。

（3）测试联锁电源箱电源 1 路/电源 2 路+24 V 电源。

（4）测试驱采电源箱Ⅰ系+24 V 电源。

（5）测试联锁机Ⅰ系/Ⅱ系电源板 5 V 电源。

（6）测试驱采机/Ⅱ系电源板 5 V 电源。

（7）检查主备机自动及手动切换是否正常。

（8）检查联锁机采集、驱动信息与实际状态是否一致。

（9）检查维修机站场回放、数据记录功能正常、打印机打印是否正常。

六、跨座式单轨列车自动监控（ATS）系统设备的维护

（一）ATS 控制中心日常维护

ATS 子系统分为控制中心系统、车站系统。控制中心系统由 ATS 控制中心主机、数据库服务器、网络设备、系统接口、维修/管理工作站、模拟培训、调度员台、运行图编辑、控制中心电源设备等构成；车站系统分为设备集中站、非设备集中站和车辆段，其构成不尽相同，主要设备有 ATS 车站分机、发车指示器控制机、发车指示器、ATS 车站车务终端等。网络和数传设备主要为交换机，完成 ATS 子系统内部，以及 ATS 子系统和其他系统之间的信息交换。ATS 系统设备数据流如图 17.12 所示。

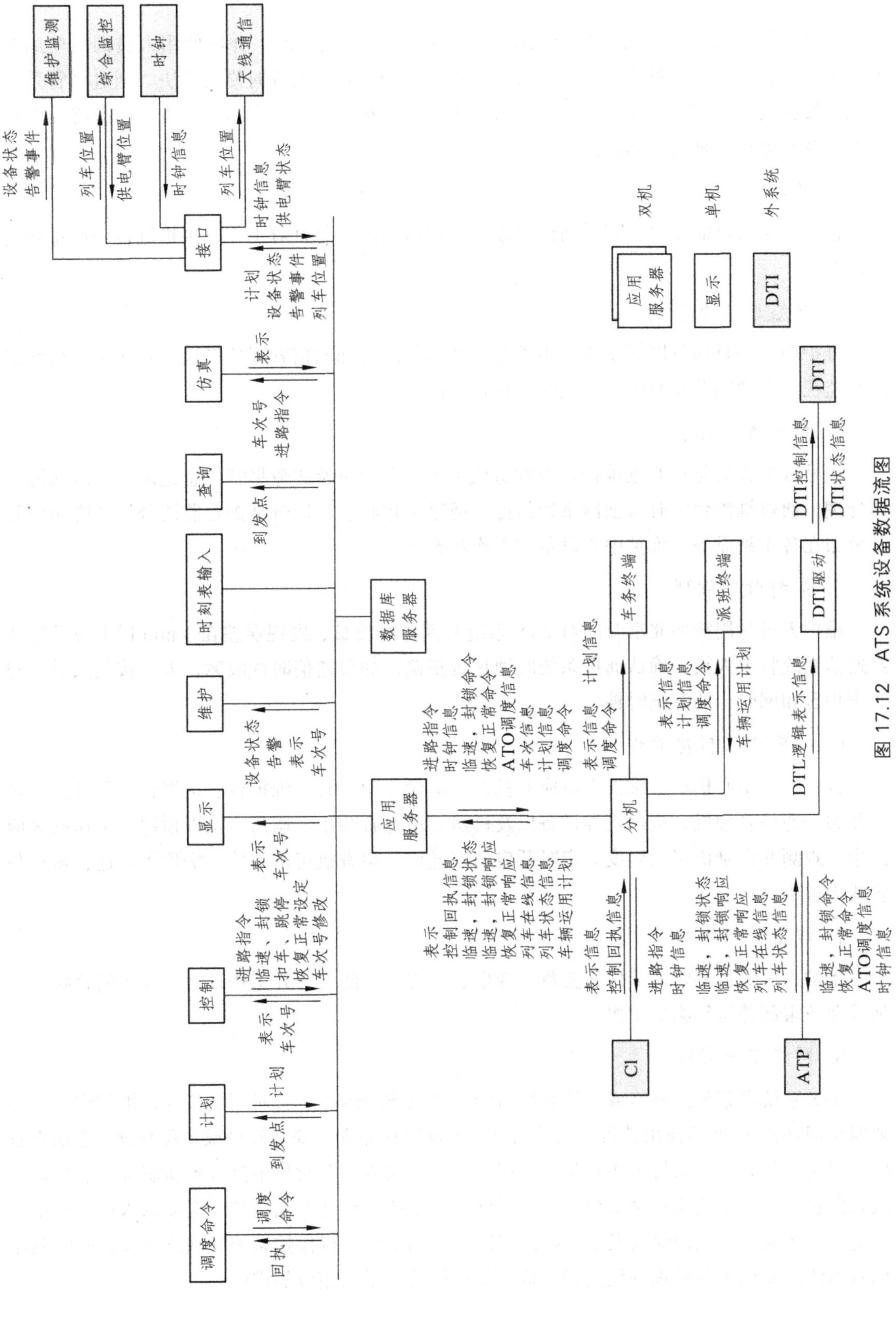

图 17.12 ATS 系统设备数据流图

1. 日常维护基本要求

信号维护人员在巡视时应检查调度中心 ATS 设备运用状况，并向使用人员询问使用情况，做好巡视记录和设备清洁工作，对巡视中发现的设备问题及时修复解决。通过网管系统和系统维护终端实时监督通道、车站分机、车站联锁接口机、发车指示器以及车务终端工作状态，及时处理各种告警和故障。

2. 各功能台维护

信号维护人员需要每日查看访问终端设备运行情况，每月对工作台主机进行一次重新启动试验。

3. 网络通道维护

维护中心每日通过网管系统、维护台、通信管理机和通信管理接口机，对通道运行状况进行监视，发现问题及时告知相关维修管理部门。

4. 系统维护台管理

信号维护人员每日通过维护台查看系统历史信息记录及故障报警信息记录，发现问题立即处理。通过维护台实时监视网络通信传输通道工作状态。通过维护台监测分局调度所中心及分布在各车站设备、维护中心设备的工作状态。

5. 系统时钟管理

维护人员每周按照北京时间对 ATS 系统时间进行校核，发现误差在 3 min 以上应及时联系通信系统相关人员，确认通信系统时钟是否正确。如果通信时钟故障，人工按北京时间修改维护台和网管台的系统时钟。

6. 调度中心机房管理

针对调度中心机房，维护人员应对机柜、电源、网管台、维护台、培训台、服务器、各工作站、通信管理机、接口机等设备以及机房环境每日除尘，墙角、机柜顶部、工作站等应无尘。观测并记录机房温湿度。定时开启门窗通风。检查机房密闭性，房顶无渗透，窗户与管线无进水。

7. 防雷设备维护

维护人员需目测防雷部件无变色、变形、开裂等，防雷空开工作正常，处于闭合状态。地线及防雷部件每年测试 1 次。

8. 网络安全管理

ATS 系统严禁外部网络或终端登陆访问 ATS 系统网络（设备研制单位远程维护中心在必要时访问除外）。严禁使用携带病毒的软盘、光盘等存储介质安装软件或备份数据。定期查看网络系统工作状态，保持工作正常。定期扫描系统病毒，及时集中升级更新服务器、终端的病毒防护软件。定期检查网络操作系统软件，以抵御“黑客”利用其安全漏洞入侵。网络安全遭到破坏时，应立即隔离发生故障的网段或关闭系统，以保护系统和网络资源；同时利用网管系统的安全事务处理进程进行分析，并根据情况采取相应的措施。

（二）ATS 车站日常维护

1. 日常维护基本要求

信号维护人员对车站 ATS 设备需查看访问终端设备运行情况。设备房间的机柜、电源、网管台、维护台、培训台以及机房环境每日除尘，墙角、机柜顶部、工作站等应无尘。观测并记录机房温湿度。检查机房密闭性，房顶无渗透，窗户与管线无进水。

2. 车站站机机房（信号设备室）管理

观测并记录机房温湿度。检查机房密闭性，房顶无渗透，窗户与管线无进水。

第四节 跨座式单轨信号设备故障处理

一、跨座式单轨信号与道岔的接口故障

在跨座式单轨系统中，道岔和信号不在一个系统内，建设及维护均属于不同专业。因此，信号维护人员在处理此类故障时应首先判断故障的范围，确定是信号故障还是道岔故障，以便缩短故障处理时间。跨座式单轨系统中道岔发生故障时，信号系统主要有“道岔挤岔”“道岔无表示”“道岔故障”等报警，需道岔专业一起排查故障。

1. 信号专业排查“道岔挤岔”“道岔无表示”故障的方法

测量分线盘条件电源（例如，图 17.8 道岔电路图二中分线盘：F1-702-6/F1-702-7 的 LZ、LF 电源），送给道岔专业是否有电（DC 24 ~ 28 V）：

（1）条件电源有电→测量分线盘表示电源（道岔专业返回给信号专业的表示电源是否有电（DC 24 ~ 28 V）），表示电源无电→室外道岔故障。

（2）条件电源无电→信号设备自身问题（分线盘到继电器电缆断线或继电器等故障）。

2. 信号专业排查“道岔故障”的故障方法

信号维护人员在接修此类故障时，先到车站控制室（或场调室）查看单元控制台（或 IBP 盘）上的“道岔故障”表示灯是否点亮，在发现道岔故障灯点亮的情况下，测量分线盘条件电源，信号送给道岔专业是否有电（DC 24 ~ 28 V），若测量有电，基本可以确定是室外道岔故障，而非信号设备故障造成，由道岔专业处理。

二、ATP/ATO 系统设备故障

（一）单套设备故障

1. 逻辑部单套故障

双套系统中有 1 套故障时，自动地检测故障，自动地切换，对列车控制不会有影响。发

生故障时，ATP 维护终端上显示报警信息。

2. 一套 AP 设备故障

不论列车在何位置，它都总能和 2 台以上的 AP 进行通信，构成双重冗余的传输通道，这样就不会因电波传输性能的低下而影响系统的正常工作。因而，1 台 AP 故障也不会影响列车控制。

3. 其他设备的单套故障

其他设备（SM、AP 主单元）都为双套结构。AP 主单元 1 套故障时，该 AP 主单元控制的无线网络无法收发信息，但因为系统是双网结构，另一个网络正常工作，不会影响列车控制。故障发生时，ATP 维护终端上显示报警信息。

（二）多套设备故障

1. 逻辑部“宕机”

如果逻辑部双套系统都故障，逻辑部的控制功能将丧失。在其控制范围内的列车将无法收到 ATP 信号，当此情况超过车载 ATP 容许的时间范围后，为了确保安全，列车实施紧急制动。故障设备管辖范围内的所有在线列车将紧急停车。逻辑部的故障无法迅速恢复时，可过渡到后备系统模式。

2. SM/AP 主单元多套故障

SM/AP 主单元多套设备故障时，该 SM/AP 主单元的控制区间内的在线列车无法收到 ATP 报文持续一个允许时间后，紧急停车。SM/AP 主单双套故障无法迅速恢复时，可过渡到后备模式。

3. AP 设备双套故障

相邻的 AP 设备同时故障，出现了某个无法通信的区间时，该区间内的在线列车无法收到 ATP 报文持续一个允许时间后，紧急停车。

（1）地面设备（AP）故障时，区间内的列车由于与地面的通信中断而紧急停车。这时，地面设备保持最后收到的该列车的在线位置。

（2）驾驶员通过无线电话向地面调度员报告列车由于无线通信中断而紧急停车。

（3）地面调度员确认地面设备的故障状态，以及周围的列车状态，将地面设备故障范围设定为防护区间。防护区间解除时，由人确认后，人工解除防护区间。

（4）地面调度员设定防护区间后，对驾驶员发出切换到 SR 模式以及可运行的区间的指令（通常到故障范围的终端）。

（5）对地面逻辑部，实施删除该通信中断的列车（前提是列车在线范围内已被设定为防护区间）。

（6）驾驶员收到地面调度员的命令后，以 SR 模式在指定的区间内通过目视驾驶列车。

（7）通过故障区间后，无线通信恢复正常，自动地恢复到 FS 模式。

（8）防护区间随着列车的移动，根据地面调度员的命令移动。

4. GW 多套故障

GW 多套故障时，禁止越过该 GW 控制的逻辑部边界。这时，该 GW 控制的逻辑部边界被设定为防护点，防止周围的列车通过故障点。想要通过防护点（逻辑部边界）的列车先在防护点前方停车后，将驾驶模式切换到 SR 模式之后，才能通过防护点（逻辑部边界）。进入正常区间通信恢复正常后，则可恢复到 ATP 模式。

5. I/O 控制部双套故障

I/O 控制部双套故障时，无法控制车门与安全门的联动开关，由人工操作开关安全门。

三、ATP/TD 设备故障

ATP/TD 系统室外设备的道岔环线主要安装于轨道梁中，有专用防护管保护，一般情况下不易发生故障，但若轨道感应环线发生故障，在控制台对应区段显示红光带无车占用，信号维修人员应根据显示状态进行故障分析，查找故障点的位置，进一步解决问题。

（1）故障现象：道岔区段在无车时出现红光带。

（2）故障判断分析：信号维护人员在车控室联系登记好后，向车站值班员或场调确认故障道岔区段无车占用，在确认单元控制台和鼠标台有无报警故障，如没有故障报警，在单元台或监控架对该区段进行预置出清，若能出清，便对该区段的 CH 至进行测试，确认值是否在标准范围（标准值：– 28 dB）可以调整 CH 值。

（3）进行预置出清操作后仍不能出清，在位置检测柜对该区段的 CH 进行测试，确认是否已从室内送出并接收回来。测试室内已送出，但未接收回来，可以判断为室外故障。停运后在室外对故障道岔感应环线和 MT 箱进行排查，室外故障处理完毕后，在单元台对故障区段进行预置出清，红光带消失。室外 MT 箱和环线故障主要有箱内接线端子松动和环线断线等。

四、计轴设备的故障

JZ.GD-1 型微机计轴设备为国内独有运用于跨座式单轨的计轴设备。

（一）故障处理的一般流程

（1）信息收集。在处理故障前，一般需要收集必要的故障信息。

（2）故障判断。在获取故障信息后，需要对故障现象有一个大致的定义，以确定故障的范围与种类。

（3）故障定位。故障定位是“从众多可能原因中找出故障原因”的过程。

（4）故障排除。故障排除是指采取适当的措施或步骤清除故障、恢复系统的过程。如检修线路、更换单板、复位系统等。

（二）故障判别

1. 确定故障范围和类别

在获取故障信息以后，需要对故障现象有一个大致的定义，即确定故障的范围和种类。可以将故障范围分为以下几大板块：

（1）室内主机故障（室内各板卡，防雷单元及其他故障）——站内设备。

（2）室内主机故障（室内各板卡，防雷单元及其他故障）——站间设备。

（3）室外信号源故障（室外 JCH、传感器故障）。

（4）线路问题（电缆接续问题及干扰问题等）。

2. 故障处理

1）故障定位

尽管 JZ.GD-1 型计轴设备的构成较多从而故障成因较为复杂，但是实际上，某一时刻多种原因同时导致设备故障的概率是极小的。因此，故障的成因在某一时刻具有一定的单一性。

故障定位就是“从众多可能原因中找出这个单一原因”的过程，它通过一定的方法或手段分析、比较各种可能的故障成因，不断排除非可能因素，最终确定故障发生的具体原因。

准确而快速的定位不仅有利于提高故障处理的效率，而且还可以有效避免因盲目操作设备而导致故障扩大化等人为事故，为采取何种手段或措施排除故障提供指导和参考，是故障处理过程中的重要环节。

故障定位的常用手段包括：查看指示灯和错误提示，CPU 板、CJB 板灯位显示、TXS 板代码显示，仪器、仪表测试分析（数字万用表），对比/互换。

2）故障处理分析方法

为提高效率，实际操作过程中一般先检查室内设备，即先查看及测量各单板指示灯状态、单板指标是否正常，TXS 单板错误代码等，再检查室外设备及线路。

五、计算机联锁设备的故障

不同型号的联锁系统故障处理的具体操作方法有所不同，但联锁系统应急处理故障原则大致相同：当发生影响使用的故障时先采取措施恢复使用，在逐步恢复正常状态。

（一）倒　机

计算机联锁设备都是双套配置，双套之间互为主备。双套设备同时出故障的概率很小，倒机是故障处理最简单有效的应急处理方法，也是判断故障位置的重要方法。当工作及故障影响正常使用时，为缩短故障影响使用时间，应尽快倒机，恢复正常使用后再对联锁故障进行故障处理。联锁机人工倒机时需要信号维护人员和车站值班员共同确认全站没有使用中的进路。联锁系统自动倒机的故障有：联锁程序运行异常、一系计算机掉电、联锁 CPU 和内存等硬件故障、联锁机和驱动通信中断、双系联锁动态信息不一致、网络通信部分故障等。

（二）重　启

重启是处理计算机故障的有效手段之一。在发生故障时，重启联锁机时应注意联锁设备是否处于同步状态。信号维护人员在查找系统故障时，首先从联锁维修终端调看故障信息，根据故障提示信息，能迅速查找排除故障。

六、跨座式单轨列车自动监控（ATS）系统设备的故障

列车自动监控系统（ATS）设备数量多，出现的故障也是多方面的。根据系统本身出现的故障大致可以分为通信类故障、供电类故障、设备类故障以及因行车调度人员操作不正确产生的故障。根据 ATS 故障对行车的影响程度可以分为直接影响行车的故障、可能影响行车的故障和不影响行车的故障。一般 ATS 故障在确认硬件正常情况下，通过检查电源或重启系统后能得到恢复。

（1）通信类故障。在 ATS 系统中，经常会出现数据不能传输，这种故障原因基本是线路或者网络接口部分出现问题。

（2）供电类故障。在 ATS 系统中，使用的电源类型为 220 V、5 V、JZ、JF，如果其中一类电源出现问题，将会影响到 ATS 系统运行。

（3）设备类故障。一般维护人员需要检查设备的接口部分。

（4）操作不正确产生的故障。工作人员在操作 ATS 系统过程中，由于对系统不熟悉导致操作失误也会引起系统故障，这需要加强对工作人员的培训，以避免重复错误操作。

第五节　跨座式单轨信号故障抢修

一、室外信号机故障应急抢修

（一）当信号机不能正常开放时的先期处置

行车调度员确认进路正确锁闭后，信号机不能正常开放时，通知列车司机切除 ATP 通过该信号机防护区段，通过防护区段后恢复 ATP 运行。

（二）故障处理

（1）故障处理组织两人及以上人员，带上万用表、信号机灯板、个人工具一套。

（2）信号抢修人员判断确认为信号机室外故障，确认故障灯位。

（3）处理程序及办法：

（a）向行车调度员说明信号机××灯位故障，需启用信号机故障应急预案。

（b）行车调度员同意后维修人员实施信号机故障应急预案。

（c）将故障灯位的电缆从分线盘甩开，将预备的应急用信号灯板连接在故障灯位的接线端子上。

（d）应急处理完毕后，确认设备试验良好。

（4）行车调度员通知所有车次列车司机，列车通过该信号机不需切除 ATP 运行。此时，该信号机××灯位故障、无效，以车载信号为行车凭证。

（5）运营结束后进行信号机故障修复：

（a）待运营结束后，派工作车行驶至该信号机处查找故障（工作车应带信号机作业平台）。

（b）处理线缆断线或更换故障灯位。

（c）待处理完毕恢复正常试验良好，通知行车调度员。

二、车站紧急停车按钮（设备）故障应急抢修

（一）故障（事故）现象

单个车站或多个车站出现紧急停车按钮（设备）故障时将会出现报警，列车在相应车站和区段紧急制动。

（二）故障处理

（1）故障处理组织两人及以上人员，带上万用表、应急继电器、个人工具一套。

（2）信号抢修人员判断确认为车站紧急停车按钮（设备）故障、电缆故障等短时间内不能恢复。

（3）处理程序及办法：

（a）向行车调度员说明车站紧急停车按钮（设备）故障、电缆故障，需启用紧急停车按钮（设备）故障应急预案。

（b）行车调度员同意后维修人员实施紧急停车按钮（设备）故障应急预案。

（c）将故障车站的继电器从组合架取下，将预备的应急继电器插上。

（d）应急处理完毕后，确认设备试验良好。

（4）行车调度员通知所有车次列车司机，列车通过该信号机不需切除 ATP 运行。此时，该车站的紧急停车按钮（设备）故障、按钮无效，列车按照正常模式运行。

（5）运营结束后进行紧急停车按钮（设备）故障修复：

（a）待运营结束后，派该紧急停车按钮（设备）故障车站处查找故障。

（b）处理线缆断线故障。

（c）待处理完毕恢复正常试验良好，通知行车调度员。

【案例一】 ATP/TD 系统中道岔感应环线断线故障

一、案例经过

2016 年 8 月底，某车站道岔区域 51AT 道岔区段突然非正常占用（红光带），4L 信号非正常关闭，信号机内方发 01 码，上行列车已越过信号机进入该车站上行 53T1 区段，行调下放站控，车站值班员预置出清 51AT 道岔区段后红光带出清，4L 信号机开放，故障恢复。

通过现场检查分析：道岔在经常转动过程中道岔感应环线出现破损，采取对 51AT 区段道岔环线更换的方法，消除故障。

二、案例解析

1. 51AT 非正常占用（红光带）分析

某站 1351A 道岔环线磨损导致 51AT 区段的 CH 信号传输性能降低，使该区段传送回的信号值不稳定，导致该区段 TD 接收部 BLG 板（闭塞逻辑板）判断 51AT 有车占用。

2. 车站上行接车进路 4L 信号机灭灯分析

由联锁表可知，4L 列车进路的信号开放条件中要检查 51AT 区段的锁闭、占用条件，4L 信号机开放后 51AT 出现了非正常占用（红光带）的情况，由于故障导向安全原则，4L 信号机由允许灯光（绿灯）转为禁止灯光（红灯），从而导致 4L 信号机内方出现 01 码。

【案例二】信号与道岔接口故障

一、案例经过

2017 年 6 月 15 日，某车站值班员排列上行发车进路，进路无法锁闭并且单元台报“52#模块已被使用，禁止复选”的报警信息，上行发车进路无法排列，行调下放站控并取消车站所有进路，列车通过切除 ATP 方式出站。

经过排查发现：信号人员发现 0952#道岔 CCR（集中控制继电器）、ROUR（进路控制继电器）、LHCR（现场手柄集中位继电器）均为落下状态，同时查看 0951#、0953#道岔的 CCR（集中控制继电器）、ROUR（进路控制继电器）、LHCR（现场手柄集中位继电器）状态均为吸起。维护人员在分线盘上测量控制手柄集中位条件电源，测量结果为无电压，同时测量了 0951#、0953#道岔控制手柄集中位条件电源，测量结果为都有 27 V 左右的直流电压，确定故障点为室外，需要道岔专业联合查找。道岔专业人员到达现场后将 0952#道岔现场手柄打至请求位，然后又将 0952#道岔现场手柄打至集中位，此时信号人员测量 0952#道岔控制手柄集中位条件电源为直流 27 V，LHCR（现场手柄集中位继电器）、CCR（集中控制继电器）、ROUR（进路控制继电器）吸起，故障恢复。

二、案例解析

根据回放数据分析：故障原因为道岔专业 S2 转换开关支柱连杆磨损，导致开关在转换过程中开关 1-2 脚不能有效接通，信号未采集到 LHCR（道岔集中位手柄）继电器信息。根据道岔电路分析，进行进路模式操作道岔时，须满足 CCR（集中控制）继电器励磁吸起。由于信号未采集到 LHCR（道岔集中位手柄）继电器信息，导致 CCR 无法吸起，最终导致集中控制状态下车站上行 2 L 发车进路无法排列。

备注：CCR（集中控制继电器）通过 LHCR（现场手柄集中位继电器）的吸起而勾通自闭电路（见图 17.13），自闭电路接通后若 LHCR（现场手柄集中位继电器）此时落下，ACLR（现场位）继电器保持落下状态，CCR 电路不受影响。

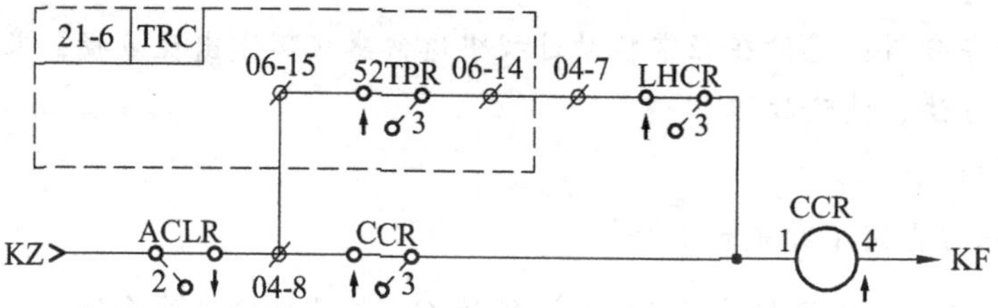

图 17.13　CCR 自闭电路图

【案例三】计轴设备故障

一、案例经过

某车站上行现地控制工作站语音报计轴故障，道岔区段出现红光带且不能正常出清和解锁。碧津上行道岔区段无法正常排列进路，出站信号机不能开放。CBTC 运行模式下，列车收不到速度码，无法正常出站，影响列车运行。

1. 室内处理

（1）某车站上行 P0802 道岔区段、0809G 区段出现红光带，且无法自动出清和解锁（见图 17.14）。经过这两个区段的进路无法正常办理，出站信号 ZX1 无法开放。

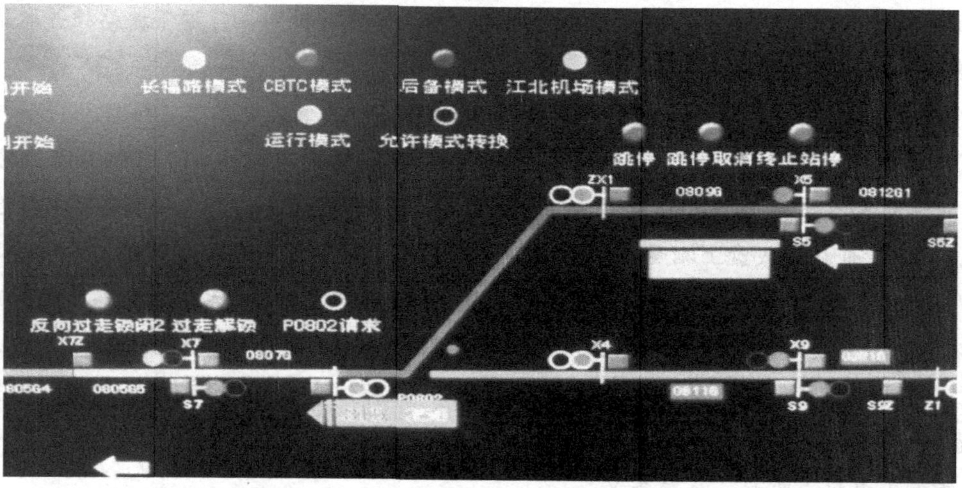

图 17.14　P0802 道岔区段、0809G 区段站场图

（2）在确认故障区段无车后，信号人员要求车站值班员在 IBP 盘上对该区段进行计轴复位。结果显示复位无效，红光带无法消除。

（3）到达信号设备室，观察计轴主机柜，0802DG、0809G 各板卡显示正常。故障区段无车时，在计轴主机柜上对故障区段进行复位，仍然无法消除红光带。

（4）对故障区段计轴单元进行断电重启，待启动完成后确认区段无车再进行复位，红光带消除，故障恢复。

（5）一段时间后，0802DG、0809G 再次出现红光带。观察后发现故障区段 CJB 板 L1 灯、L2 灯、CPU 板 V3 灯时亮时灭（正常为闪亮），CPU 板 V5 灯亮红灯（正常为熄灭）（对比图 17.15）。判断为室内板卡故障或室外故障。

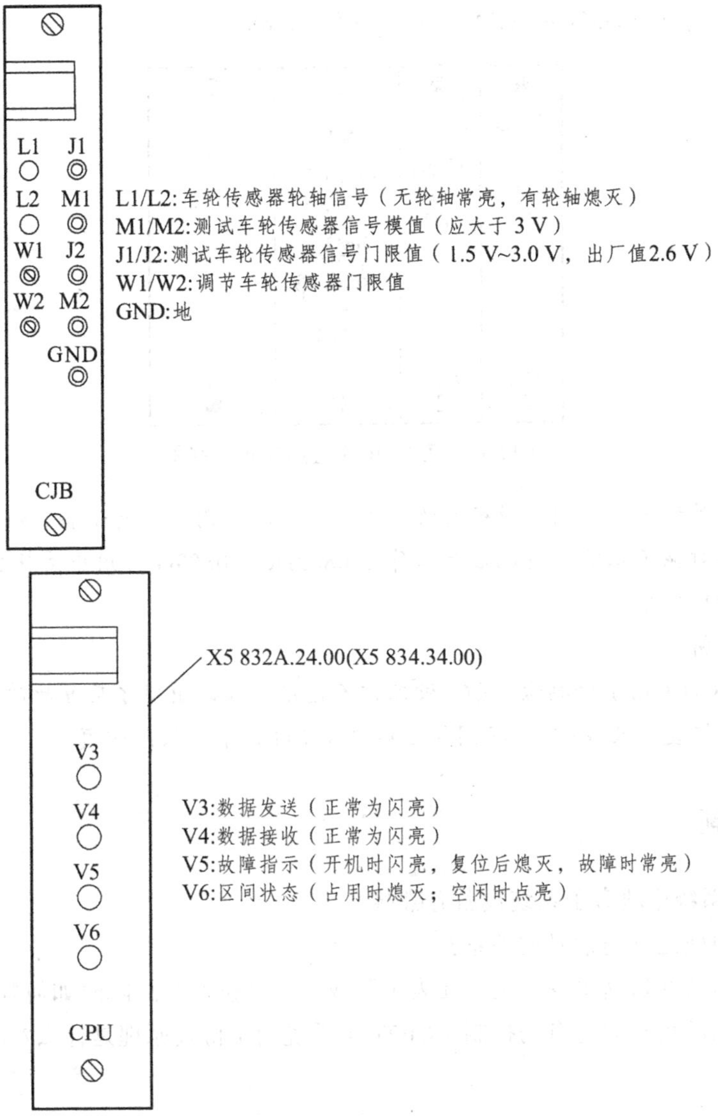

图 17.15　CJB、CPU 板正面指示灯显示意义

（6）用备品将室内 CJB 板、CPU 板进行更换，发现故障依然存在。在分线盘进一步测量发现，故障区段 JCH 返回电压很小（正常值为交流≥500 mV），由此判断为室外设备故障。

（7）由于白天运营期间不能进轨行区，故先采取应急措施处理。将组合架上 0802DG、0809G 区段继电器用应急继电器换下，以恢复正常运行，待晚上运营结束以后去室外查找故障。

2. 室外处理

（1）首先检查磁头是否完好、是否有断线，没有发现异常。

（2）打开 JCH 盒子（见图 17.16），发现第二个 CG 板亮红灯。可以判断为 CG 板卡故障。

（3）断开 JCH 电源，用备用 CG 板将故障 CG 板换下。

（4）调节 CG 盘面板电位器，测试 TD 盘的 PY 测孔，磁头 1 测试 PY1，磁头 2 测试 PY2，使其值尽量等于相应的 GM1 和 GM2。飘零值在 10 mV 以内。

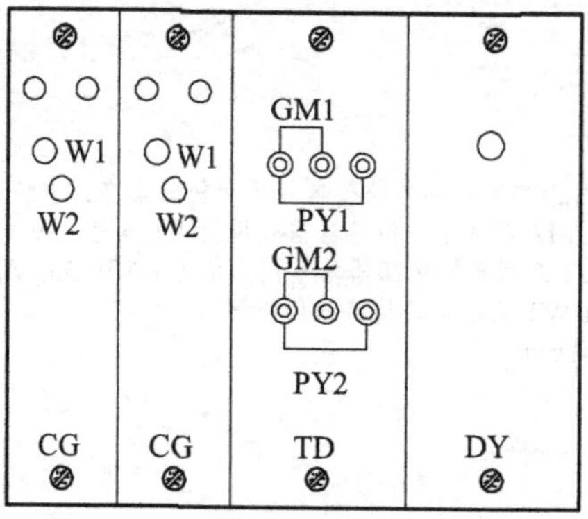

图 17.16　室外 JCH 检测盒正面视图

（5）室内室外配合，用测试模板对故障点进行多次占用、出清试验，测试结果为：计轴主机各板卡指示灯显示正常，现地控制工作站 0802DG、0809G 占用出清状态全部正常。

（6）故障处理完毕。

二、案例解析

计轴室外 JCH（电子检测盒）CG 板工作不稳定，如此出现了反复故障的情况（故障→重启复位→故障恢复→又故障）。夜间停运后更换 CG 板卡，故障恢复

复习思考题

1. ATP/TD 系统中轨旁子系统设备有哪些？
2. 跨座式单轨道岔与信号的关系？
3. 跨座式单轨在道岔出现“道岔无表示”或“道岔挤岔”故障时如何判断？
4. 基于通信的列车运行自动控制（CBTC）系统列车检查原理是什么？

第十八章　有轨电车信号

【学习目标】

1. 熟练掌握有轨电车信号基础知识，掌握有轨电车信号各设备基本参数；
2. 熟记有轨电车信号工操作技能；
3. 熟练掌握有轨电车常见应急处置流程；
4. 学习基本的道路交通信号，熟练掌握有轨电车专有信号；
5. 学习各个规章的应用。

【知识要求与技能要求】

1. 具有阅读各种信号设备工程图纸的能力；
2. 具有维修各种信号设备的能力；
3. 能够合理运用有轨电车信号故障处理思路与技巧；
4. 具有使用常用电工、电子仪表进行测量的能力；
5. 具有排除各种信号设备常见故障的能力；
6. 掌握常见有轨电车运行标识标牌、道路交通灯与有轨电车专用信号灯之间的联系，熟悉有轨电车的专用信号机5种操作方式；
7. 具备计算机常用软件的操作能力。

第一节　有轨电车信号理论基础知识

一、有轨电车信号各系统专业知识

（一）有轨电车信号基础知识概述

信号系统是有轨电车的调度和指挥的核心系统，是保证行车安全和运输效率的重要设备。有轨电车信号系统具体分为7个子系统：正线道岔控制系统、路口优先权系统、车载系统、调度管理系统、车辆段联锁系统、培训系统、维护监测系统。

1. 正线道岔控制系统

有轨电车采用人工驾驶车辆的模式和灵活的运营组织方式，其正线道岔控制系统设备比较简单、实用。地铁轻轨信号系统适用于封闭系统，而有轨电车线路不封闭，存在地面与公共交通的交叉路口，其运行容易受到地面交通状态的影响，运营组织灵活。因此地铁和轻轨的信号系统不能满足有轨电车的要求。有轨电车系统不具备地铁或者轻轨信号系统的追踪控制、安全防护、列车自动驾驶等功能。仅对正线道岔进行联锁控制，并在司机按照运营驾驶的规定前提下保证列车通过道岔，因此不需要地铁或者轻轨中使用的信号完整功能。

2. 路口优先权系统

路口优先权系统根据地面的感应设备，判断列车的预告、接近、占用、出清等信息，通过与道路交通信号的关联协同，采用绿灯延时、红灯缩短、插入相位、智能路网化（多个路口保证一个路口）调整，实现实时、动态、智能路网化路口控制方式。

3. 车载系统

车载系统是安装在车上的信号系统，为电车司机提供操作界面和运营辅助信息。有轨电车车载系统和地铁车载系统有所不同，有轨电车车载系统不具备列车安全防护、列车自动驾驶等功能，而且有轨电车车载系统都安装有 GPS 定位系统。

4. 调度管理系统

调度管理系统不仅包含监督功能，它对各类型轨旁设备的控制是基于和其他系统之间的信息交换。其他系统包括联锁、集中电车控制器、交通调度、乘客信息等。调度管理系统是整个信号系统的中心系统，实现集中的调度管理。

5. 车辆段联锁系统

有轨电车车辆段采用国产联系信号系统，与地铁车辆段基本一样。车辆段设置信号微机监测设备对车辆段集中联锁的基础信号设备运行状态和主要电气性能进行在线监测。车辆段联锁系统实现车辆段区域的行车指挥和运行控制。

6. 培训系统

培训系统具有完整的有轨电车信号系统软件，能对信号系统进行功能演示，用于培训行调人员在日常和紧急情况下如何操作系统，也用于培训信号维修人员。

7. 维护监测系统

维护监测系统是实时监测有轨电车信号设备状态、发现信号设备隐患、分析信号设备故障原因、指导维护设备、反映设备运用质量、提高运维部门维护水平和维护效率的重要维护设备。

（二）有轨电车信号系统设备

1. 信号系统设备架构

信号系统设备架构如图 18.1 所示，其框图如图 18.2 所示。

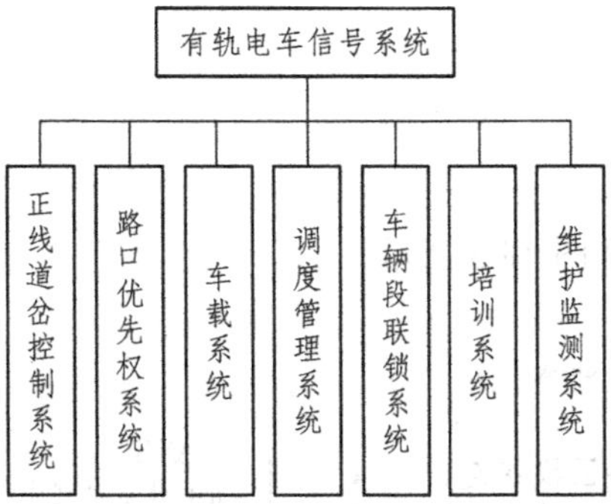

图 18-1

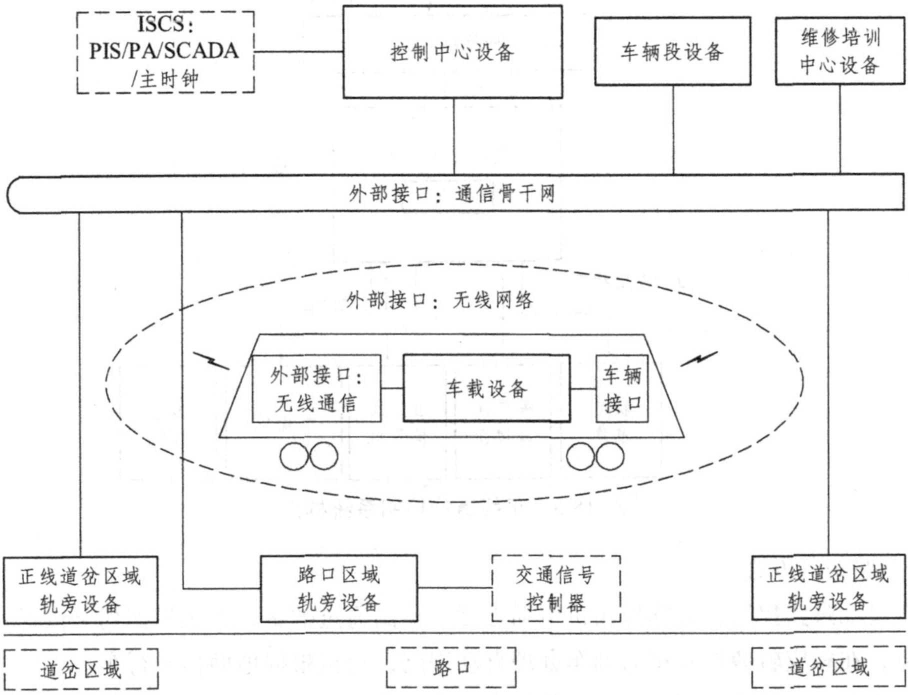

图 18-2　信号系统框图

2. 正线道岔控制系统

1）简　介

正线道岔控制系统实现正线道岔区域的道岔和信号机控制。

2）功　能

（1）进路控制功能。

（2）道岔控制功能。

（3）道岔区有轨电车检测。

（4）道岔区运行方向控制。

（5）车辆段冲突检查。

（6）轨旁设备状态报告。

（7）自诊断和故障报警。

3）正线道岔控制系统

正线道岔控制系统框图如图 18.3 所示。

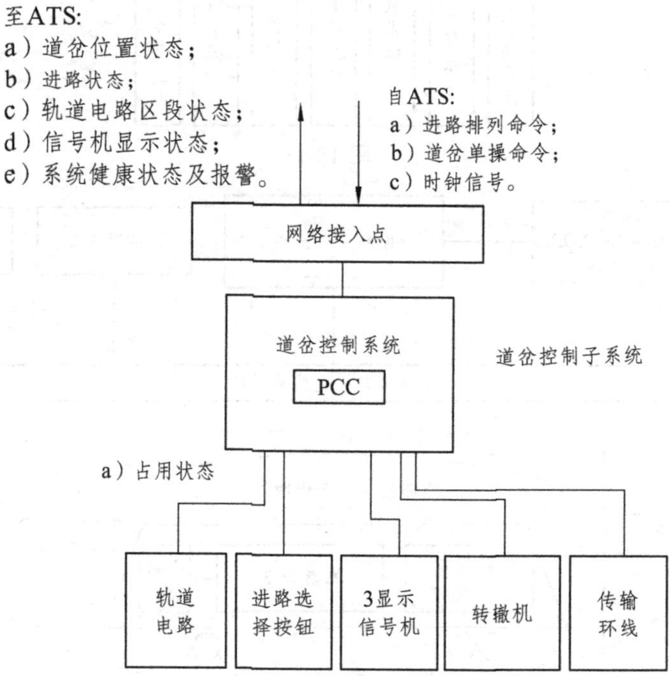

图 18.3　正线道岔控制系统框图

4）进路控制方式

（1）自动进路控制：为降低司机劳动强度，提高通过效率，系统根据列车位置，行车计划等信息，在相应轨旁控制箱为列车办理自动进路，司机根据地面信号行车。

（2）中央手动进路控制：ATS 操作员使用中央操作台手动办理进路。

（3）车载手动进路控制：列车在信号机前停车，由司机通过按钮盘手动下发进路指令（轨旁道岔控制器通过车地点式通信设备接收）。

（4）人工现场进路控制：列车在信号机前停车，由司机通过信号机上按钮盘手动下发进路指令（轨旁道岔控制器通过电缆通信设备接收）。

正常情况下，系统运营控制模式采用自动控制模式；降级采用车载手动控制和人工现场控制；紧急情况下采用撬棍扳动道岔，预留控制中心人工控制道岔、进路功能。

5）列车的检测方式

列车的占压检测是整个道岔控制系统联锁的基础，关系到列车的进路安全，也是整个信号系统的基石。

目前，国内外正线有轨电车列车检测方式主要有 3 种：计轴、信标/感应环线、轨道电路（有轨电车专用）。3 种方式的比较如表 18.1 所示。

表 18.1　列车检测方式比较

分析事项	计轴	信标/感应环线	轨道电路（有轨电路专用）
性能优点	单区段距离较长，不受道床电阻、轨面生锈、气候环境影响，不受车辆磁轨制动影响，可稳定检测小轮径（$\phi \geqslant 260$ mm）	不受道床电阻、轨面生锈、车辆磁轨制动影响	满足故障-安全原则，不需人工确认，不受车辆磁轨制动影响，持续性检测列车占用
性能缺点	当有大面积金属贴近轨面运动时会造成扰轴，需要进行复位操作	清零需人工确认无车占用，故障解锁需要人工干预，不能持续性检测列车。可靠性、稳定性相对较差	满足故障-安全原则，不需人工确认，不受车辆磁轨制动影响，持续性检测列车占用
安装条件	安装简单，现场设备与铁轨完全脱离。只需在传感器安装位置的硬化路面进行开口。整体效果美观	安装灵活、后期改造方面	对道床条件和轨面条件有特殊要求（需要使用非金属材质钢筋）
维修维护	出现故障需要维修时，无须破坏路面即可完成更换或修复	简单	当轨面出现水泡、生锈、结冰、扬沙或是道床电阻过低的情况时，可能造成轨道电路工作不稳定
造价	适中	较低	适中

3. 路口优先权系统

1）简　介

路口信号优先权系统实现列车在平交路口区域的优先通行。路口优先权系统根据地面的感应设备，判断列车的预告、接近、占用、出清等信息，通过与道路交通信号的关联协同，采用绿灯延时、红灯缩短、插入相位、智能路网化（多个路口保证一个路口）调整，实现实时、动态、智能路网化路口控制方式。

2）功　能

（1）优先权模式控制。

（2）优先权预告和请求。

（3）路口占用状态监督和报告。

（4）与交通灯控制系统进行通信。

（5）自诊断和故障报警。

3）路口优先权系统

路口优先权系统框图如图 18.4 所示。

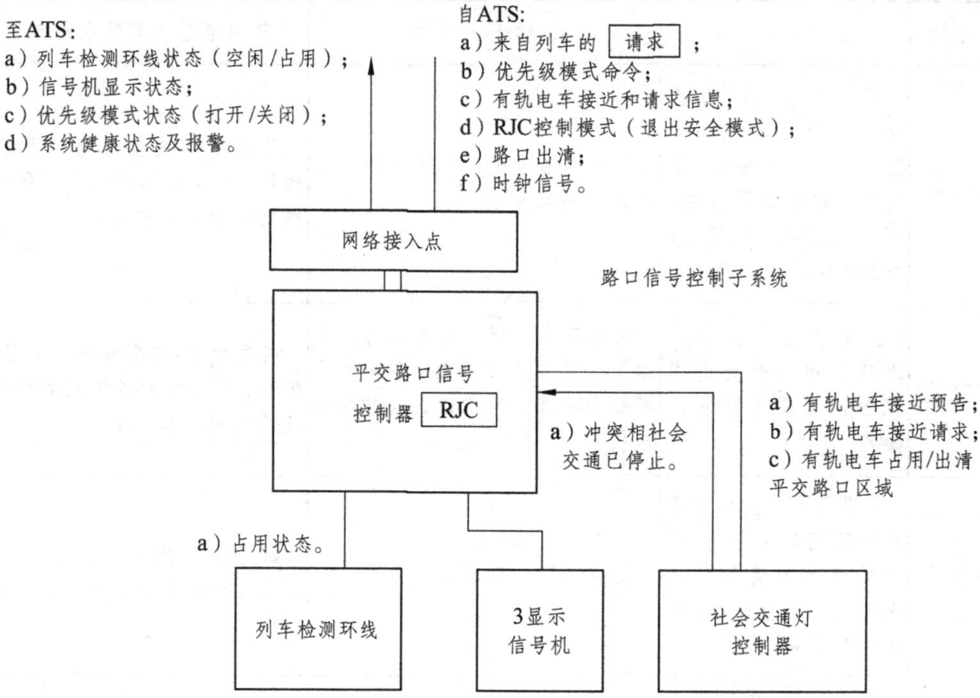

图 18.4 路口优先权系统框图

4. 车载系统

1）简 介

车载系统是安装在车上的信号系统，为电车司机提供操作界面和运营辅助信息。

2）功 能

（1）远程进路选择。

（2）路口优先级模式选择。

（3）准备发车请求。

（4）列车定位和位置报告。

（5）电车速度检测和报告。

（6）接近未锁闭道岔声光报警并在 DMI 上显示距离。

（7）运营辅助信息显示。

（8）车辆接口。

（9）自诊断和故障报警。

3）车载系统

车载系统框图如图 18.5 所示。

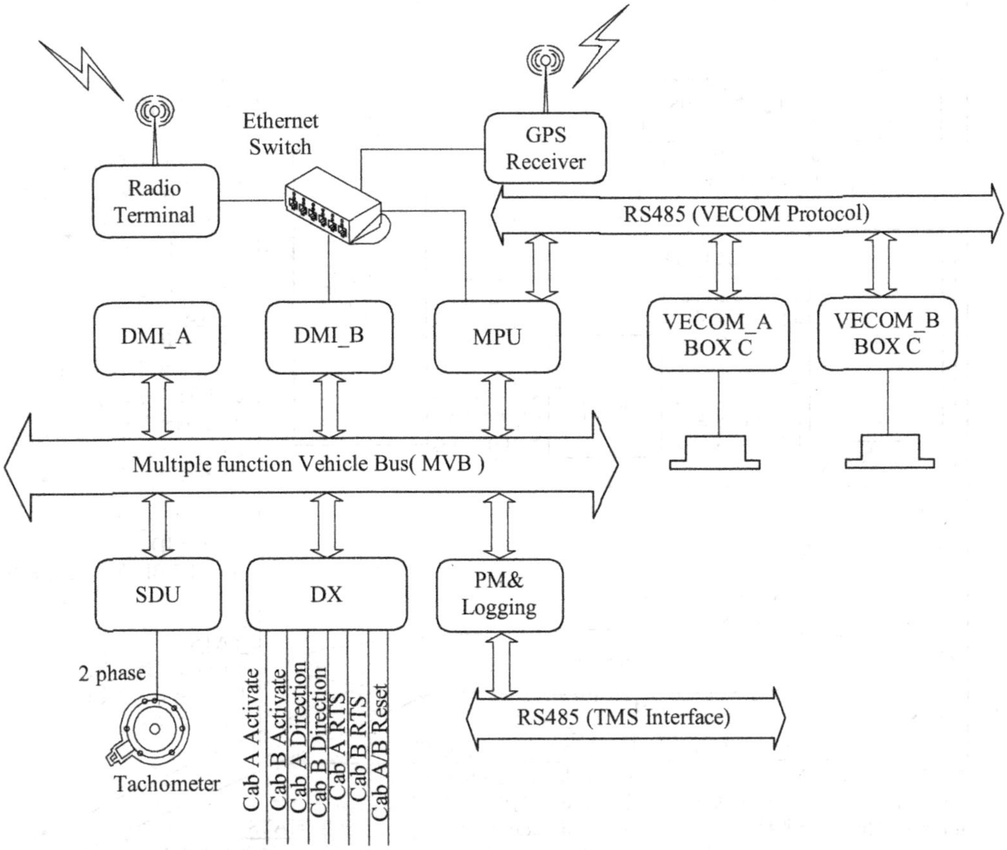

图 18.5 车载系统框图

5. 调度管理系统

1）简 介

调度管理系统是整个信号系统的中心系统，实现集中的调度管理。

2）功 能

（1）列车识别和显示。

（2）时刻表编辑。

（3）自动进路功能。

（4）优先权模式选择。

（5）正线和车辆段设备状态。

（6）权限管理。

（7）准点信息和运营间隔调整。

（8）障碍物距离。

（9）ISCS 接口。

（10）维护和诊断。

3）调度管理系统

调度管理系统框图如图 18.6 所示。

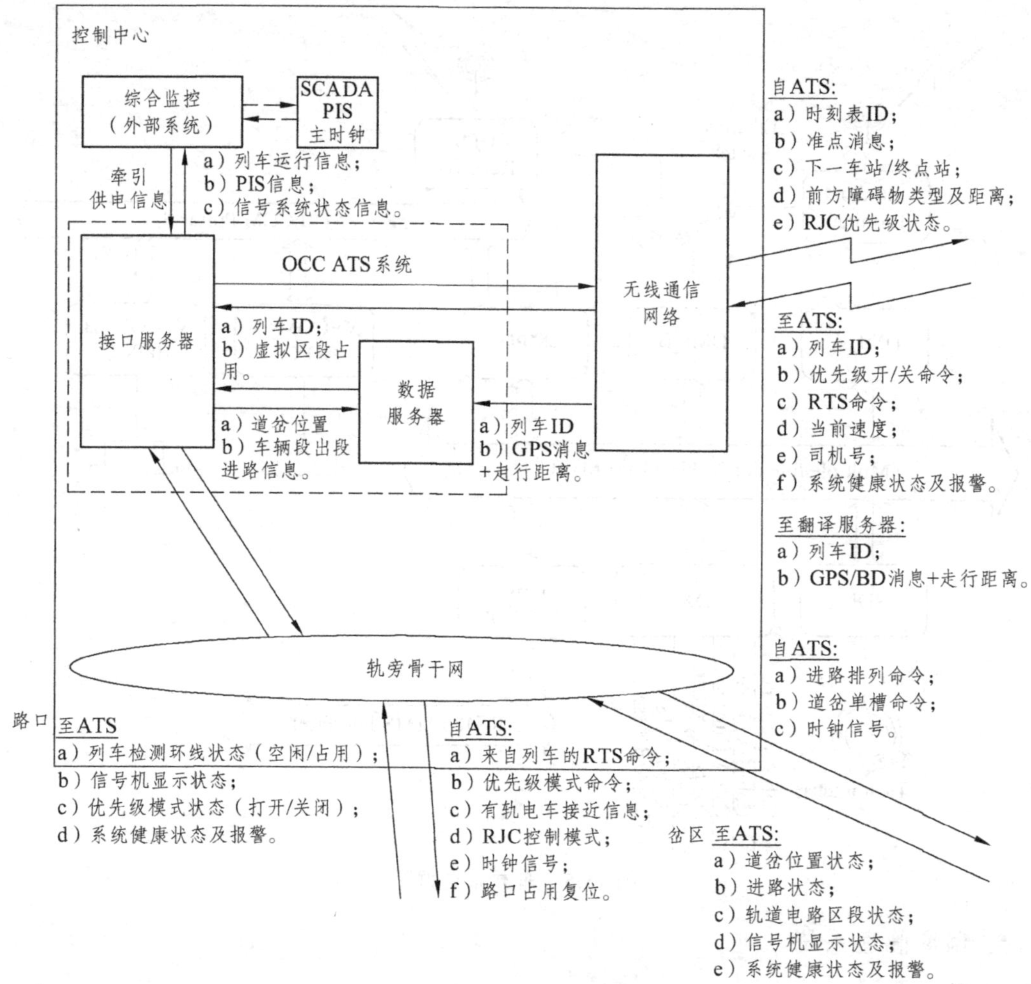

图 18.6　调度管理系统框图

4）控制中心设备室

控制中心设备室框图如图 18.7 所示。

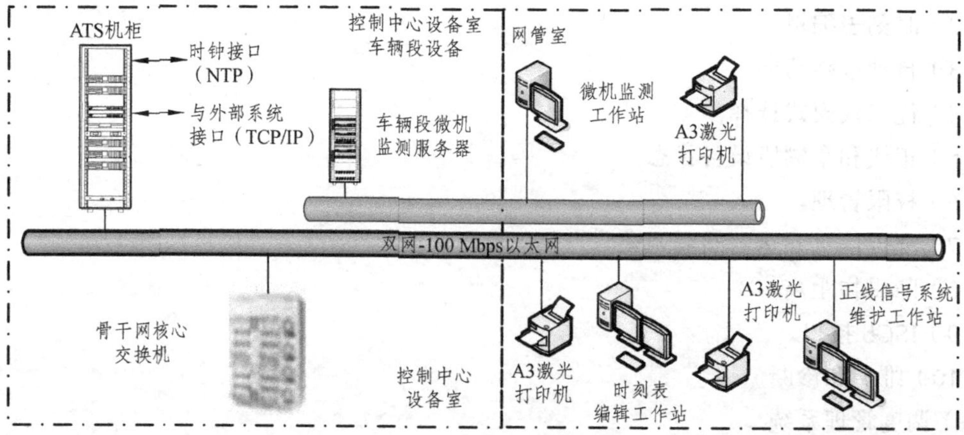

图 18.7　控制中心设备室框图

5）控制中心调度大厅

控制中心调度大厅框图如图 18.8 所示。

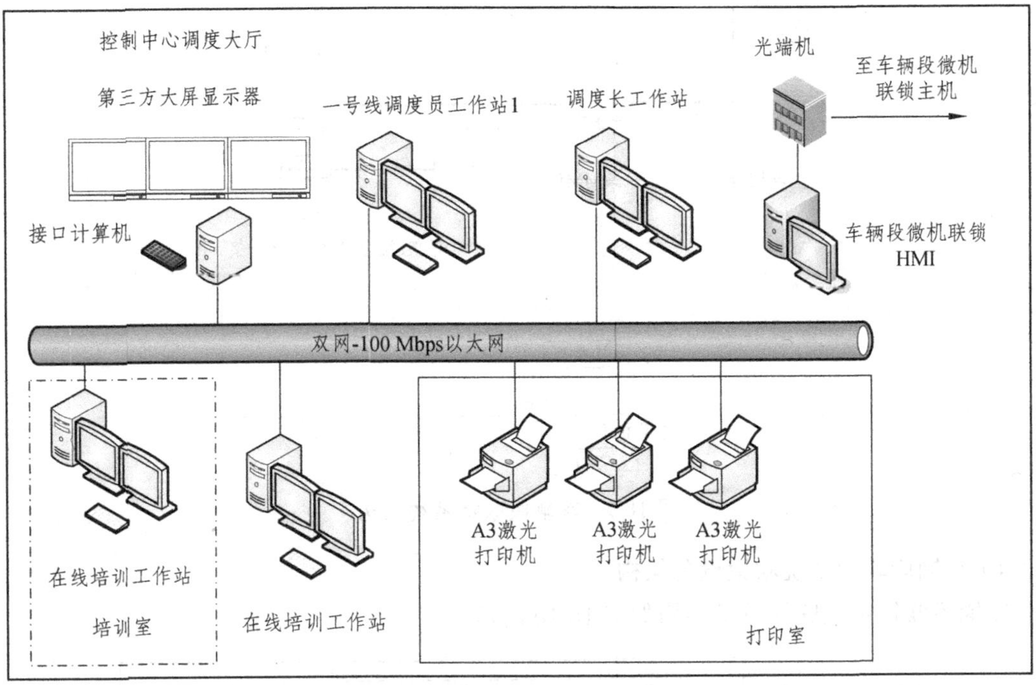

图 18.8　控制中心大厅框图

6. 车辆段联锁系统

1）简　介

车辆段联锁实现车辆段区域的行车指挥和运行控制。

2）功　能

（1）调车进路。

（2）道岔的单独操作和锁闭。

（3）道岔的封锁。

（4）灯丝报警。

（5）挤岔报警。

（6）区段故障解锁。

（7）设置车次。

（8）系统自检。

3）车辆段联锁系统架构

车辆段联锁系统架构如图 18.9 所示。

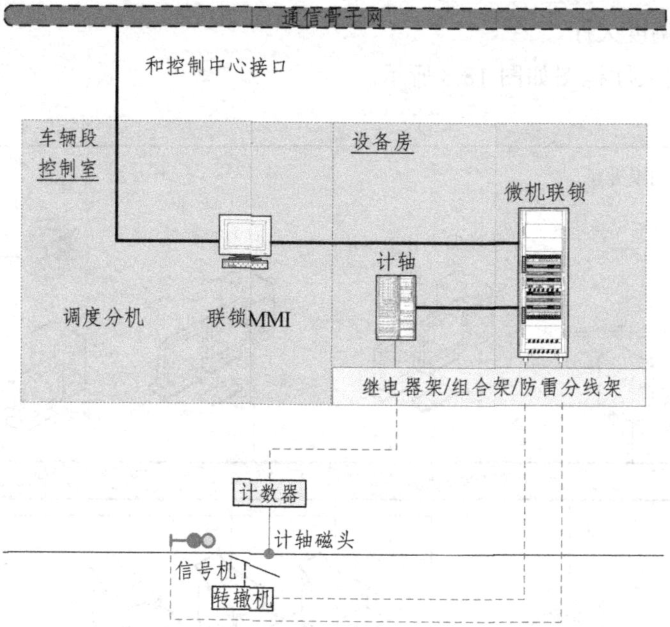

图 18.9　车辆段联锁系统架构

4）车辆段联锁系统联锁设备架构

车辆段联锁系统联锁设备架构如图 18.10 所示。

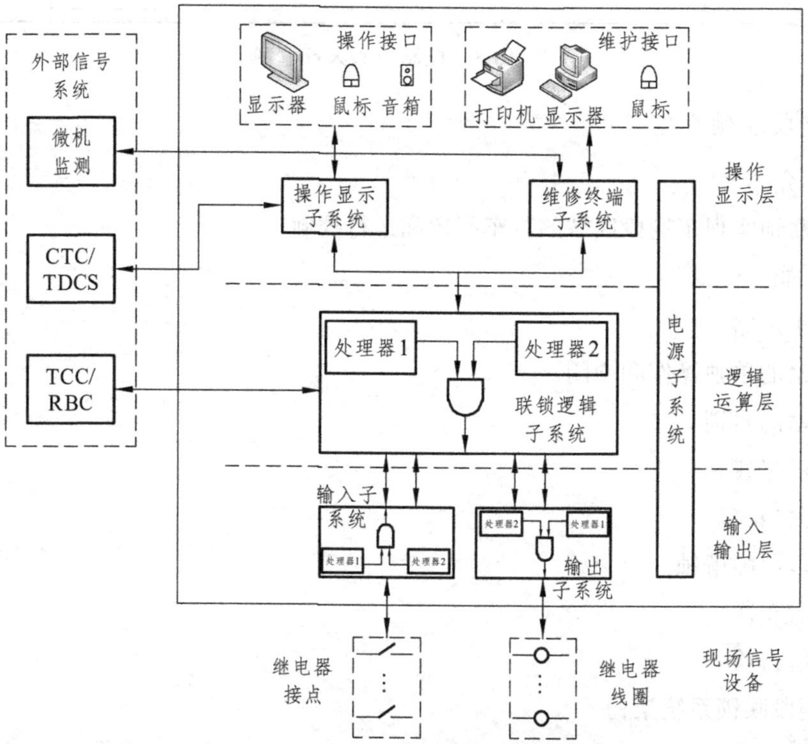

图 18.10　车辆段联锁系统联锁设备架构

5）车辆段联锁系统车辆段控制室

车辆段联锁系统车辆段控制室架构如图 18.11 所示。

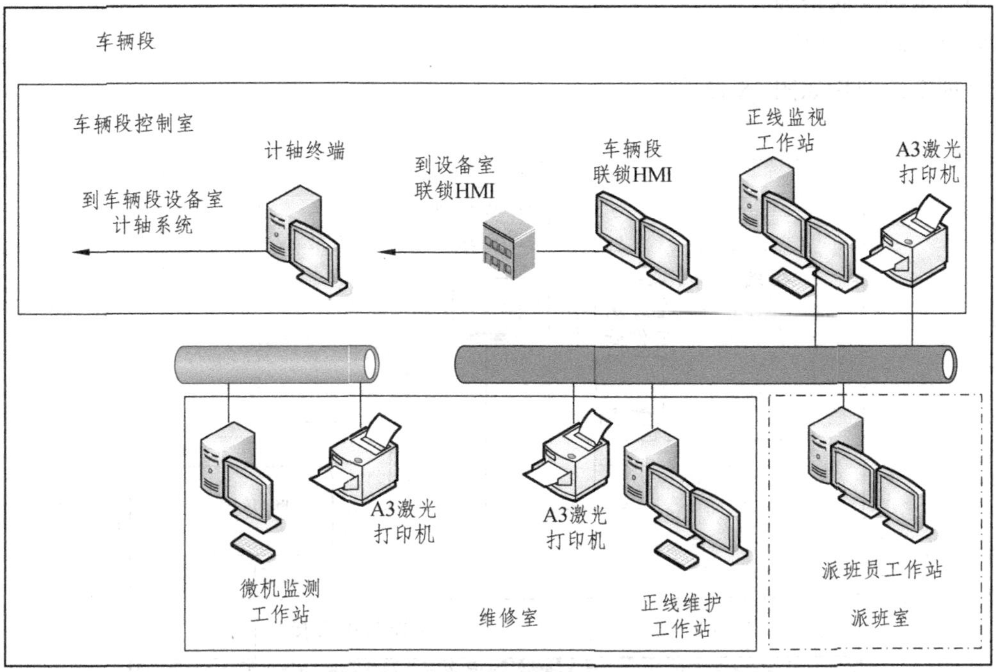

图 18.11　车辆段联锁系统车辆段控制室架构

6）车辆段联锁系统车辆段设备室

车辆段联锁系统车辆段设备室架构如图 18.12 所示。

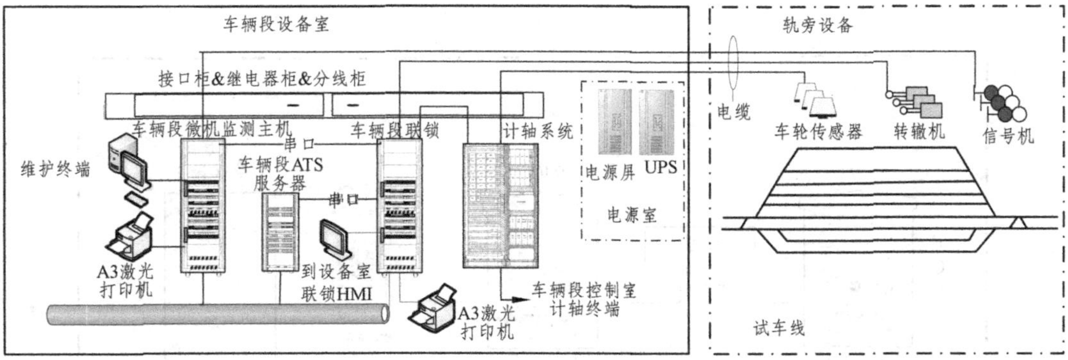

图 18.12　车辆段联锁系统车辆段设备室架构

7. 培训系统

1）简　介

培训系统用于运营维护人员的培训。

2）功　能

（1）系统构成及工作原理展示。

（2）系统功能展示。
（3）故障模拟及诊断培训。
（4）维护维修培训。
3）培训系统架构
培训系统架构如图 18.13 所示。

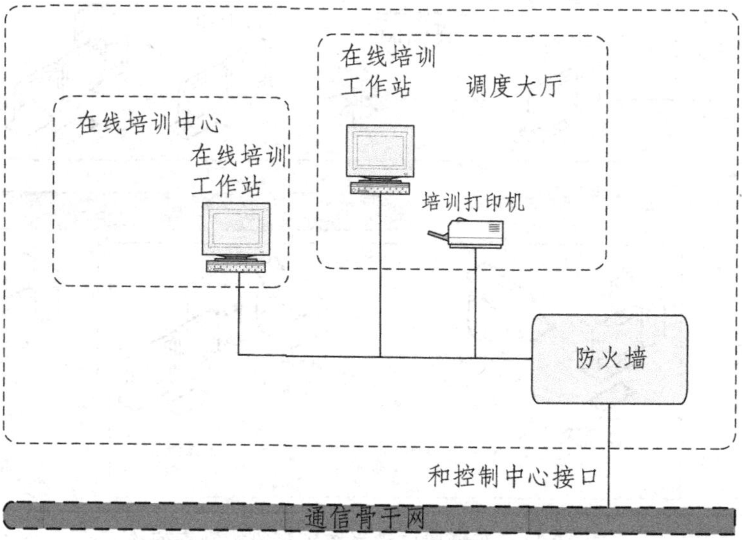

图 18.13　培训系统构架

4）培训系统培训中心架构
培训系统培训中心架构如图 18.14 所示。

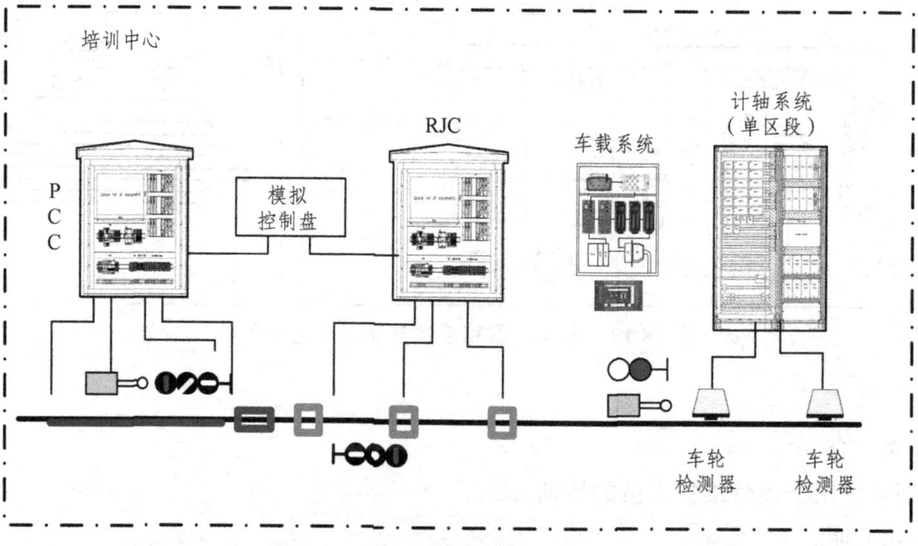

图 18.14　培训系统培训中心架构

8. 维护监测系统

1）简　介

维护监测系统用于信号系统的维护监测。

2）功　能

（1）正线和车辆段信号设备的状态监测。

（2）故障和告警的显示、查询、打印。

3）维护监测系统架构

维护监测系统架构如图 18.15 所示。

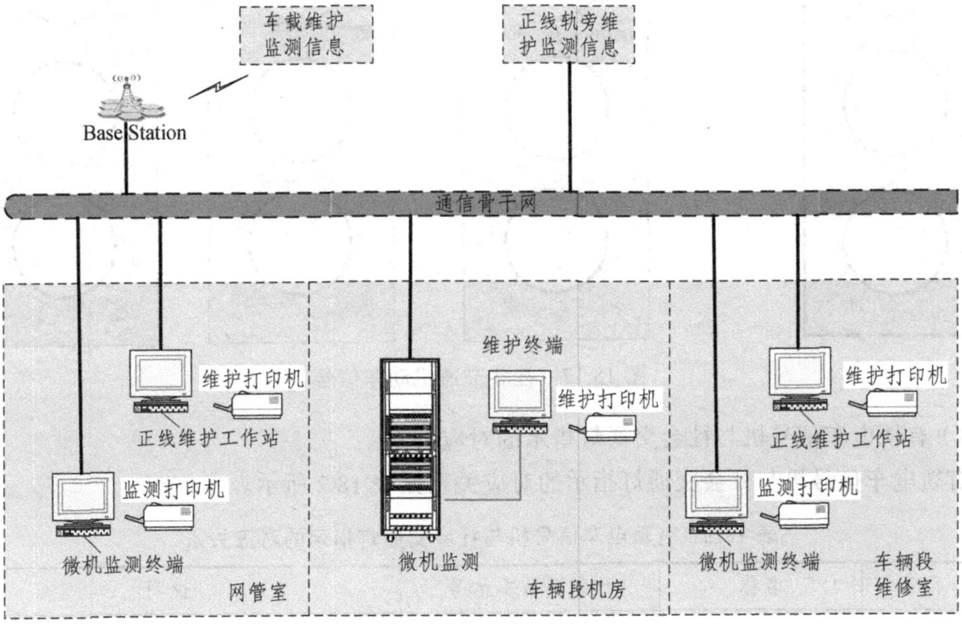

图 18.15　维护监测系统架构

（三）有轨电车道路信号标志

1. 路口信号显示

有轨电车沿线交叉口信号灯有：有轨电车信号机、机动车、非机动车、行人信号灯，其中与有轨电车关系较大的主要是机动车信号，下面具体说明两种信号灯。

1）有轨路口信号机

有轨路口信号机如图 18.16 所示。

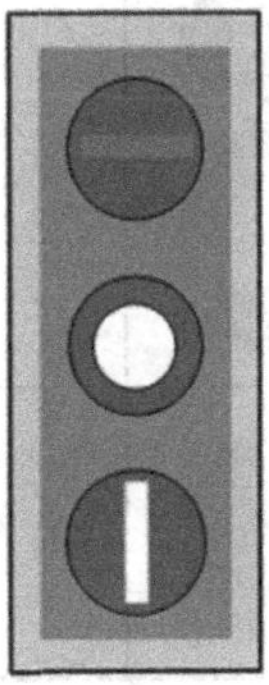

图 18.16　有轨路口信号机

（1）白色竖杠（允许信号，允许列车通过路口）。

（2）白色圆点闪灯+蓝色横杠（提示即将开放允许信号，不允许列车通过路口），当系统判定有轨电车不需要在路口前停车即可通过路口时，有轨信号机给出该显示，如果系统判定电车需要停车后通过路口，那么信号机不点亮白色圆点闪灯显示，在电车停车一段时间后，当有轨路口控制器收到允许信号后将显示直接由蓝色横杠变为白色竖杠。

（3）蓝色横杠（禁止信号，不允许列车通过路口）。

2）社会交通机动车信号

社会交通机动车信号如图 18.17 所示。

图 18.17　社会交通机动车信号

3）有轨电车信号机与社会交通灯指示的对应关系

有轨电车信号机与社会交通灯指示的对应关系如表 18.2 所示。

表 18.2　有轨电车信号机与社会交通灯指示的对应关系

信号图示	名称	对应机动车信号	说明
	禁止通行信号		前方禁止有轨电车通过
	预告信号	无	表示有轨电车“通行信号”即将开启，当有轨电车通过请求信号点位时（距离路口停车线 70～130 m），或通过车载设备发送 RTS 请求信号后，如果“通行信号”即将开启，即给出该信号
	允许通行信号		表示有轨电车可以通行信号

第二节　有轨电车信号工操作技能

一、检修规程

（一）作业项目及主要内容

信号系统是保障有轨电车安全、准点、可靠运营的重要行车设备之一。为使维修作业制度化、规范化、标准化，确保设备按周期检修，杜绝漏检漏修，保证设备正常运行，特制订下列重点设备检修规程。

1. 信号机设备检修周期与工作内容

信号机设备检修周期与工作内容如表 18.3 所示。

表 18.3　信号机检修周期与工作内容

序号	设备名称	修程	检修工作内容	地点	周期
1	正线-LED 信号机	日常保养	信号机工作状态检查	OCC	日
			检查信号机是否有告警等异常信息		
2		二级保养	机构外观检查完整，发光二极管开路损坏比例，机柱稳固良好	现场	季
			箱盒、机构内部检查、清扫，防尘、防水是否良好		
			各部螺栓检查、紧固，活动部位注油		
			检查、调整信号显示（登乘检查）		
3		小修	检查外观机构、支架（支柱）、箱盒外观	现场	年
			各部螺栓检查		
			透镜玻璃检查		
			机构内部检查、电压测试		
			箱盒内部检查		
			限界检查		
4	正线-轨旁信号机按钮盒	二级保养	检查铅封是否有异常	现场	季
		小修	检查道岔防护信号机灯柱上提供进路按钮各项进路操作是否正常	现场	年
			检查进路按钮取消进路后，轨旁控制按钮能否正常对道岔进行解锁		
			根据临时生产计划和设备运行状态		

续表

序号	设备名称	修程	检修工作内容	地点	周期
1	色灯信号机	日常保养	信号机工作状态检查	OCC	日
			检查信号机是否有告警等异常信息		
2		二级保养	箱盒、机构外观检查完整，基础或支架稳固良好	现场	季
			箱盒、机构内部检查、清扫，防尘、防水是否良好		
			各部螺栓、端子检查、紧固，活动部位注油		
			线缆检查、防护、绝缘是否良好		
			检查、调整信号显示（登乘检查）		
			主副丝转换试验		
3		小修	机柱、机构清扫、油饰、书写代号	现场	年
			机构、箱盒防尘防水整治		
			设备、线绝缘测试、整治		
			测量设备限界		
			更换灯泡、测试		
			检查外观机构、支架、箱盒外观		

2. 正线转辙机设备检修周期与工作内容

正线转辙机设备检修周期与工作内容如表 18.4 所示。

表 18.4 正线转辙机检修周期与工作内容

序号	设备名称	修程	检修工作内容	地点	周期
1	正线转辙机	二级保养	设备无外界干扰和异状，尖轨和基本轨之间无异状，各部绝缘无破损（有轨道电路）	现场	月
			道岔密切状态良好，尖轨、基本轨、心轨、翼轨的竖边部分无肥边，与滑床板接触良好，无吊板现象		
			转换设备及安装装置的紧固件、锁闭条、表示杆紧固良好，无脱落松动，各滑动面和连接销处应油润		

续表

序号	设备名称	修程	检修工作内容	地点	周期
1	正线转辙机	二级保养	油路系统各密封部无渗油现象，机内清洁，观察整机在转换过程中无异声，检查锁闭杆、表示杆缺口符合要求，道岔开口准确、无反弹、卡阻、表示良好		
			道岔开口检查		
			检查外部油管接头是否泄漏，油管防护良好		
			密切、表示调整合适		
			2 mm 锁闭、4 mm 不锁闭检查		
			检查尖轨是否有外界影响道岔正常转换的可能，转换系统安装良好		
			按测试表上的内容，逐项测试，并按要求填写测试表		
2		小修	测试道岔整机绝缘		年
			除锈、油饰		
			设备鉴定		
			工电联合整治道岔		

3. 轨道电路、路口环线、环线设备检修周期与工作内容

轨道电路、路口环线、环线设备检修周期与工作内容如表 18.5 所示。

表 18.5　轨道电路、路口环线、环线检修周期与工作内容

序号	设备名称	修程	检修工作内容	地点	周期
1	轨道电路	日常巡视	查看设备运行状态	OCC	日
2		二级保养	接地盒 1 中，电容盒 C1 外观完整	现场	年
			电容盒 C1 中，电缆和电容连接外观完整（如已经灌胶，确认密封胶外观完整）		
			接地盒 2 中，电容盒 C2 外观完整		
			电容盒 C1 中，电缆和电容连接外观完整（如已经灌胶，确认密封胶外观完整）		
			机柜中，机笼和板卡外观完整		
			机笼的输入电压为 24 V DC（+－20%）		
			轨道区段没有被列车占用，板卡显示区段出清		
			列车占用轨道区段，或模拟列车占用轨道区段，板卡显示区段占用		
			列车出清轨道区段，或模拟列车出清轨道区段，板卡显示区段出清		

续表

序号	设备名称	修程	检修工作内容	地点	周期
3	轨道电路	小修	用锤子敲击轨道电路各个胀钉处（共十个胀钉）的轨道，通过测试仪观察轨道电路各个检测通道的数值，无明显跳变	现场	年
4	路口环线（包含社会交通灯接口）	日常巡视	查看设备运行状态	OCC	日
5		小修	环线接线盒检查	现场	年
			确认密封胶外观完好，清洁、无积水		
			线缆绝缘及电阻测试		
			请求环线、入路口环线、出路口环线占用测试		
			模拟电车通过路口优先权系统与社会交通灯接口测试		
			查看发送、接收社会交通灯数据		
6	环线	日常巡视	查看设备运行状态	OCC	日
		小修	确认密封胶外观完好，清洁、无积水	现场	年
			线缆绝缘及电阻测试		
			进路办理功能测试		
			协同车载功能测试		

4. 车载设备检修周期与工作内容

车载设备检修周期与工作内容如表 18.6 所示。

表 18.6　车载设备检修周期与工作内容

序号	设备名称	修程	检修工作内容	地点	周期
1	车载 DMI	日常巡视	外观检查，表面清洁	车库	日
			检查各模块显示状态		
		二级保养	断电清洁 DMI 屏幕，检查表面固定螺丝无松动		季
		小修	断电拆机检查内部线缆、清洁		年
			车载功能测试		
2	DMI-GPS	日常巡视	检查 DMI 屏上面 GPS 模块是否显示绿色		日
		二级保养	断电检查 GPS 内部线缆是否松动		季
		小修	配合车辆专业对电车顶部的 GPS 外部线缆与固定螺丝清洁检查是否松动		年
3	DMI-车载进路传感器	日常巡视	检查 DMI 屏上面车载进路模块是否显示绿色		日
		二级保养	车载进路传感器位置确认		季

续表

序号	设备名称	修程	检修工作内容	地点	周期
3	DMI-车载进路传感器	小修	清洁车载进路传感器检查外部线缆与螺丝是否松动	车库	年
			车载办理进路功能试验		
		日常巡视	检查 DMI 屏上面 Onboard 模块是否显示绿色		日
4	DMI-Onboard SW（车载软件）	二级保养	收集车载日志		季
			确认车载软件版本		
			检查车载 IP 地址是否正确		
5	车载-外部接口	日常巡视	检查车上时钟是否同步		日
		二级保养	完成日检内容		年
			清洁内部接口线缆		
			检查与其他专业接口线缆与螺丝是否松动		
			车辆 EB 按钮		

5. ZD6 型电动转辙机检修周期与工作内容

ZD6 型电动转辙机检修周期与工作内容如表 18.7 所示。

表 18.7 ZD6 型电动转辙机检修周期与工作内容

序号	设备名称	修程	检修工作内容	地点	周期
1	ZD6 型电动转辙机	日常保养	检查转辙机定、反位动作电流曲线	信号控制室	日
2		二级保养	外观检查，扳动实验，检查动作电流曲线	现场	月
			机内、外螺栓紧固，各部件清扫注油（含角钢螺栓）		
			移位接触器动作检查、挤切削检查		
			电动换向器检查、清扫		
			接插件及自动开闭器检查		
			启动箱内螺栓紧固、检查、清扫		
			配线、防尘、防水检查		
			电气特性测试，2 mm、4 mm 实验		
3		小修	电气特性测试	现场	年
			道岔安装装置及绝缘分解或更换		
			按周期更换挤切削		
			除锈、油饰（含箱盒），书写代号		
			基础政治，箱盒防尘、防水政治		
4		临修	根据临时生产计划和设备运行状态	现场	

6. 计轴设备检修周期与工作内容

计轴设备检修周期与工作内容如表 18.8 所示。

表 18.8　计轴设备检修周期与工作内容

<table>
<tr><th>序号</th><th>设备名称</th><th>修程</th><th colspan="2">检修工作内容</th><th>地点</th><th>周期</th></tr>
<tr><td rowspan="2">1</td><td rowspan="16">计轴设备（室内）</td><td rowspan="2">日常保养</td><td colspan="2">观察运算单元各板面指示灯是否正常</td><td rowspan="16">信号控制室</td><td rowspan="2">日</td></tr>
<tr><td colspan="2">检查散热风扇</td></tr>
<tr><td rowspan="8">2</td><td rowspan="8">二级保养</td><td colspan="2">设备外部清洁</td><td rowspan="8">季</td></tr>
<tr><td colspan="2">检查各保险、阻容元件、防雷元件无过热现象</td></tr>
<tr><td colspan="2">目视检查配线与端子无异状</td></tr>
<tr><td colspan="2">日志收集</td></tr>
<tr><td colspan="2">室内架盘清扫，端子螺丝紧固</td></tr>
<tr><td colspan="2">各元器件检查及接插件紧固检查</td></tr>
<tr><td colspan="2">检查元器件，内部无异状，接点状态良好</td></tr>
<tr><td colspan="2">电气测试、分析</td></tr>
<tr><td rowspan="6">3</td><td rowspan="6">小修</td><td colspan="2">内部各部螺丝紧固、检查、清扫</td><td rowspan="6">年</td></tr>
<tr><td colspan="2">室内防尘、降温设施检查、整治、消除鼠患，检查防火设</td></tr>
<tr><td colspan="2">设备除锈、油漆</td></tr>
<tr><td colspan="2">维护、测试设备清扫、检查、调整</td></tr>
<tr><td colspan="2">联锁关系确认、功能试验</td></tr>
<tr><td colspan="2">各名牌核对</td></tr>
<tr><td rowspan="6">4</td><td rowspan="11">计轴设备（室外）</td><td rowspan="6">二级保养</td><td colspan="2">计轴传感器连接电缆不应有机械损伤</td><td rowspan="6">现场</td><td rowspan="6">季</td></tr>
<tr><td colspan="2">计轴传感器电缆护套与轨道箱接头紧固螺丝不应有松动</td></tr>
<tr><td colspan="2">计轴传感器安装紧固螺丝不应有松动</td></tr>
<tr><td colspan="2">计轴传感器底座与碎石之间应留有空隙</td></tr>
<tr><td colspan="2">轨旁轨道箱内计数单元板面指示灯是否正常</td></tr>
<tr><td colspan="2">计轴传感器上面不应有杂物（如石块，金属物品）</td></tr>
<tr><td rowspan="5">5</td><td rowspan="5">小修</td><td colspan="2">电气测试</td><td rowspan="5">现场</td><td rowspan="5">年</td></tr>
<tr><td rowspan="4">测试</td><td>硬件设备应装设牢固，布线整齐，合理</td></tr>
<tr><td>检查连接良好，绝缘良好，接地等良好，有效。引入绝缘测试，整治</td></tr>
<tr><td>箱盒防尘、防水整治，清扫，进行检查进线端电压检查，2 路工作电压检查元器件板的工作状态螺栓紧固</td></tr>
<tr><td>各保险端子正常有效，连接线对地线间绝缘完好，各元件板工作正常，指示完整</td></tr>
</table>

7. 信号电源屏检修周期与工作内容

信号电源屏检修周期与工作内容如表 18.9 所示。

表 18.9　信号电源屏检修周期与工作内容

序号	设备名称	修程	检修工作内容	地点	周期
1	信号电源屏	日常保养	各仪表、表示灯及元器件外观检查，无过热噪声、异味、进行报警检查	信号机械室	日
2		二级保养	检查设备表示灯显示是否正常		月
			检查两路输入电源及各路输出电源是否正常		
			检查监控器、显示器是否正常		
			检查备用模块是否正常		
			检查主备间转换是否正常		
			检查防雷器件有否完好		
			检查室内环境温度、湿度是否在允许范围内		
			清扫设备上的浮尘		
3		小修	输入/输出电气参数测试数据是否达标		年
			检查测试显示值与屏内表显值误差，以保证其精度		
			检查各部件电气连接是否导电良好，紧固件有无松动及脱落		
			测量对地漏电流或绝缘电阻是否超标		
			检查两路切换是否正常		
			检查备用模块是否正常		
			检查主备间转换是否正常		
			检查监控器、显示器是否正常		
			检查告警功能是否正常		
			检查防雷器件是否正常		
			检查接地电阻是否超标		
			检查接地电阻是否超标		

8. 信号 UPS 检修周期与工作内容

信号 UPS 检修周期与工作内容如表 18.10 所示。

表 18.10　信号 UPS 检修周期与工作内容

序号	设备名称	修程	检修工作内容	地点	周期
1	UPS 电源柜	日常养护	检查 UPS 机柜的各项指示灯显示正常	机械室	日
			检查 UPS 机柜散热风扇工作正常无异味		
			检查 UPS 机房内部温湿度正常，无过热		
2	蓄电池组	二级保养	电池组清洁		月
			电池组外观检查		
			电池组连接线缆检查、紧固		
			电池组状态检查（电压、电流、温度，网管侧）		
3	UPS 电源柜		历史告警检查		
			系统状态检查及记录		
			检查线缆标识及配线连接情况		
4	蓄电池组	小修	电池组放电维护		年
			容量试验及核对		
			更换老化线缆		
5	UPS 电源柜		逆变及旁路转换试验		
			风扇及滤网清洁		
			防雷防护单元检查及更换		
			告警试验		
			台账核对		
			老化线缆及配件更换（如需）		
			测试各机柜地线并整治不良地线		
6	接地系统		地阻测试		
			测试地线排并整治不良地线（如需）		
			测试各机柜地线并整治不良地线		

9. 信号机械室检修周期与工作内容

信号机械室检修周期与工作内容如表 18.11 所示。

表 18.11　信号机械室检修周期与工作内容

序号	设备名称	修程	检修工作内容	地点	周期
1	信号机械室	日常养护	机械室巡视，环境卫生清扫	机械室	日
2		二级保养	室内防尘、降温设施检查、整治，消除鼠患。检查防火设备		月
			设备模块检查清扫		
			设备铭牌核对、整治		
3		小修	室内防尘、降温设施检查、整治，消除鼠患。检查防火设备		年
			设备模块检查清扫		
			设备铭牌核对		

10. 控制中心终端检修周期与工作内容

控制中心终端检修周期与工作内容如表 18.12 所示。

表 18.12 控制中心终端检修周期与工作内容

序号	设备名称	修程	检修工作内容	地点	周期
1	数据服务器	日常保养	服务器外观检查（显示屏、键盘、风扇工作状态）	OCC	日
			服务器表面除尘		
			查看服务器主备状态		
			用户访问		
			查看服务器运行状态		
			查看服务器是否与时钟服务器同步		
2	应用服务器		服务器外观检查（显示屏、键盘、风扇工作状态）		
			服务器表面除尘		
			查看服务器主备状态		
			用户访问		
			查看服务器运行状态		
			查看服务器是否与时钟服务器同步		
3	ATS 工作站维护		工作站外观检查（显示屏、键盘、风扇工作状态）		
			工作站表面除尘		
			查看工作站状态		
			用户访问		
			查看工作站是否与时钟同步		
			查看工作站报警信息		
4	数据服务器	二级保养	散热风扇功能检查，风扇散热片灰尘清理		月
			服务器重启（数据备份）		
			系统运行状态检查		
5	应用服务器		散热风扇功能检查，风扇散热片灰尘清理		
			服务器重启（数据备份）		
			系统运行状态检查		
6	ATS 工作站维护		散热风扇功能检查，风扇散热片灰尘清理		
			工作站重启		
			运行状态检查		
			工作站内部除尘		
7	数据服务器	小修	主备服务器切换试验		年
	应用服务器		内部部件紧固（电源、硬盘、内存条、主板），服务器内部除尘		
	ATS 工作站维护				

第三节　有轨电车信号专业故障案例

一、地埋式电动转辙机故障处理

（一）地埋式电动转辙机简介

地埋式电动转辙机是一种采用电动液压传动的埋入式转辙机。它通过了 SIL3 的第三方独立安全评估，采用水密外壳和额外的防水设计，几乎不需维护，是一种安全、可靠的转辙机产品。它在欧洲的很多国家有轨电车项目上成熟运行了 20 多年，性能和安全稳定性得到了充分的验证，设备安装维护非常方便，IP 防护等级达到 IP67，转辙机外部的地箱具有坚固的钢铁保护壳和底部雨水导流孔的设计，地面壳承重的压力达到 10 吨以上。地埋式电动转辙机由壳体、动作杆、表示杆、弹簧结构、电动液压装置、位置传感器及地箱等组成。

地埋式电动转辙机采用电子液压系统驱动道岔工作。电子液压系统使得岔尖的移动缓慢而平滑，道岔移动产生的噪声明显减弱，对道岔损伤的风险降低。由于动作缓慢平滑，转辙机的生命周期也得到了延长，可享受更长的质保期。同时，移动道岔的最大电流变小，低功耗，节省成本。转辙机内部集成有电动液压系统，用于推动转辙机自动转动，相对于传统的电动转辙机，其优势在于：

（1）转辙机移动速度较慢并且十分平滑，产生的噪声水平更低，寿命更长。

（2）转辙机移动所需的最大电流更小，从而节省电源方面的投资。

（3）电机型号一般可独立替换，转辙机可以采用 600 ~ 750 V DC 供电，也可以适配 220 V AC、110 V AC 或者 3 × 380 V AC。

转辙机在设计上采用电机部分和机械部分独立隔离的方式，这种功能模块独立化的设计理念，方便电气仓和机械仓设备的维护和替换。在正常运行过程中，两种功能组件不会相互影响。

（二）使用过程中常见故障

1. 道岔失表

转辙机失表故障在有轨电车项目偶有发生，导致此问题的原因有以下几类：

1）尖轨与基本轨之间卡异物

由于有轨电车现场环境的特殊性，道岔暴露在室外的环境中，与地铁隧道环境有较大区别。经常会有大风天气，会将一些城市垃圾吹入轨行区，一旦垃圾吹到尖轨与基本轨之间操作道岔的时候就会卡住失表。

2）表示传感器调整不当

传感器用于检测位置的密贴等情况的工具，精密度要求极高，电车通过道岔振动较大，偶尔会失表现象。

3）表示杆未与尖轨卡紧

道岔动作及振动频繁，会出现表示杆与尖轨未卡紧松动现场，此现场发生后会出现偶然过车振动，表示杆活动导致失表现象。

2. 道岔操作不动

道岔操作不动故障在有轨电车项目偶有发生，导致此问题的原因有以下几类：

1）电气仓内电机动作线回流

此问题偶然有发生，例如，当中央电操道岔到定位，现场转辙机定位动作收到电压后电机转动，此时如果动作线回流较大反位动作节点也会得电，此时就会发生转辙机不动的现象。

2）电磁阀及电磁阀接头损坏

电磁阀及电磁阀接头损坏在有轨电车发生过几次，电磁阀接头处发热量较高，再加上潮湿的天气，转辙机电气仓内湿度较高，容易发生电磁阀接头烧坏变形或者短路，一旦接头损坏就容易造成电磁阀的损坏。

3. 撬棍检测传感器损坏

撬棍检测传感器是安装在转辙机机壳外的设备，经常会受到雨水泥土的侵蚀，损坏更换较多。

（三）转辙机维护解决方案

有轨电车正线转辙机检修周期设置为月检，关键道岔设置为双周检，设备正常维护保证了设备安全运行并能延长设备的使用寿命，现针对上面的问题提出相应的维护解决方案。

1. 道岔失表

1）尖轨与基本轨之间卡异物

由于现场环境的特殊性，此问题很难真正避免，但是可以通过加强轨行区的清扫，尽量保证轨行区内无异物，并且随着市民素质的提高随地乱丢垃圾的现象越来越少，随之卡异物的问题会越来越少。

2）表示传感器调整不当

传感器用于检测位置的密贴等情况的工具，精密度要求极高，通过长期维护经验总结传感器调整的经验，调整时需要给一点余量，这样可以很好地解决此问题。

3）表示杆未与尖轨卡紧

此现象在有轨项目发生多次，因道岔频繁动作导致，建议更换防松螺帽，并要求维护人员在检修过程中注意表示杆与尖轨的连接是否松动，如遇松动及时紧固。

2. 道岔操作不动

1）电气仓内电机动作线回流

此现象最早在频繁动作岔区暴露出来，经过排查发现电气仓内电机动作线有回流，必须增加防回流设备。通过选型制作完成后，现场测试已经杜绝了此问题。

2）电磁阀及电磁阀接头损坏

电磁阀接头处发热量较高，再加上潮湿的天气，转辙机电气仓内湿度较高，容易发生电磁阀接头烧坏变形或者短路，一旦接头损坏就容易造成电磁阀的损坏。必要措施是要做好转辙机防水工作，在各电缆孔做防水处理，电磁阀接头需要单独做防水处理。电磁阀接头需重新选型，要求是要防水好且发热量低。这样才能彻底避免此类问题发生。

二、有轨电车轨道电路故障处理

（一）有轨电车轨道电路简介

轨道电路基本原理：通过室内设备将电送至室外设备，室外通过引接线将电送给轨道区段，通过轨道区段的两根钢轨和受电端设备电流返回室内，室内受电端连接继电器，从而使继电器吸起，表示该轨道区段空闲。当有车占用时，送电端的电流一部分被车的轮对分走，从而受电端继电器所接收到的电流不足以使继电器吸起，此时该轨道区段显示占用（红光带）。轨道电路的作用就是反应区段是占用还是空闲。

有轨电车正线轨道电路是一个通用的轨道电路系统，安装在轨道的特定部分，通过不同的配置方式实现故障-安全的电车检测功能。轨道电路是一个检测系统，用来检测是否有某些部分（如道岔区域）被电车占用。轨道电路的输出是一组简单的安全继电器触点，能够通过任一种类型的信号或其他控制系统简单地操作。轨道电路的主要优点是它的高安全性（根据CENELEC EN 50129 and EN 61508 高达 SIL3 安全完整性等级），并且能够检测任何铁路车辆，而不需要安装任何车载设备。

（二）轨道电路常见故障及排除

轨道电路常见故障及排除如表 18.13 所示。

表 18.13　轨道电路常见故障及排除

序号	故障现象	可能原因分析	排除方法
1	列车通过轨道区段后轨道电路未出清	轨道电路出清参数设置不符合列车出清要求	通过按压轨道电路板卡上的占用测试按钮，手动出清轨道电路，观察列车再次通过该区段；若再次发生，需检查调整故障轨道区段的出清参数
2	列车占用轨道区段时，轨道电路未占用	轨道电路分路不良	检查钢轨表面是否已经锈蚀，如锈蚀，需人工去除锈蚀；轨道锈蚀去除后，重新配置故障区段的轨道电路
		轨道电路占用参数设置不符合列车占用要求	检查调整故障轨道电路区段的占用参数

续表

序号	故障现象	可能原因分析	排除方法
3	无车情况下，轨道电路无故占用或故障	轨道电路部件连接器件接触不良	使用锤子敲击钢轨，判定紧固胀钉是否连接良好； 检查电容盒内的电容，电阻是否连接良好； 检查柜内轨道电路板卡连接线缆的插头是否拧紧接触良好； 检查轨道电路板卡板载电阻的连接是否良好； 检查完成后，重新配置故障区段的轨道电路
		轨道电路室外部分至室内的线缆损坏	检查线缆的导通性和绝缘性；检查完成后，重新配置故障区段的轨道电路
		轨道电路 BRC 板卡故障	断开机笼电源，更换 BRC 板卡；更换完成后，重新配置故障区段的轨道电路

【案例一】地埋式电动转辙机反位间歇性失表

一、案例经过

2017 年 5 月 3 日下午 15:34 接到调度报警 W14 转辙机反位间歇性失表，要求现场查看、抢修，当天值班人员在调度同意的情况下进入轨行区查看设备。白天查看尖轨无异物，尖轨紧固部分紧固后反位没有恢复，反位失表，接到调度命令，现场留值守人员进行保驾，晚上进行抢修。

夜间检查情况如下：打开转辙机盖检查各部件紧固、线缆无氧化等情况；按照检修流程进行 3 mm、4 mm 实验，定反位正常。调整表示杆、尖轨连接处并紧固到位。调试结束后，进行多次定位反位操作实验，未发生失表现象。

2017 年 5 月 6 日 11:58 调度报 W14 反位失表，12:20 到达现场，将道岔解锁后单操了几个来回，未出故障，让行调按正常方式进行折返操作，观察 3 辆车过后均未出故障，12:52 回复调度，故障已恢复，原因晚上待查。

晚上排查情况如下：排查过程中发现固定传感器的螺丝松动，用手可以晃动此传感器，晃动过程中发现反位会出现偶发性失表（见图 18.18）。发现此传感器螺丝滑丝，无法固定，更换新的传感器后故障恢复。

二、案例解析

经历了两次大规模故障排查，发现故障原因为 W14 转辙机固定传感器的螺丝滑丝，过车时振动造成偶发性失表。故障排查时要根据故障现象对症排查，找到所有的影响因素就能快速的发现故障点。

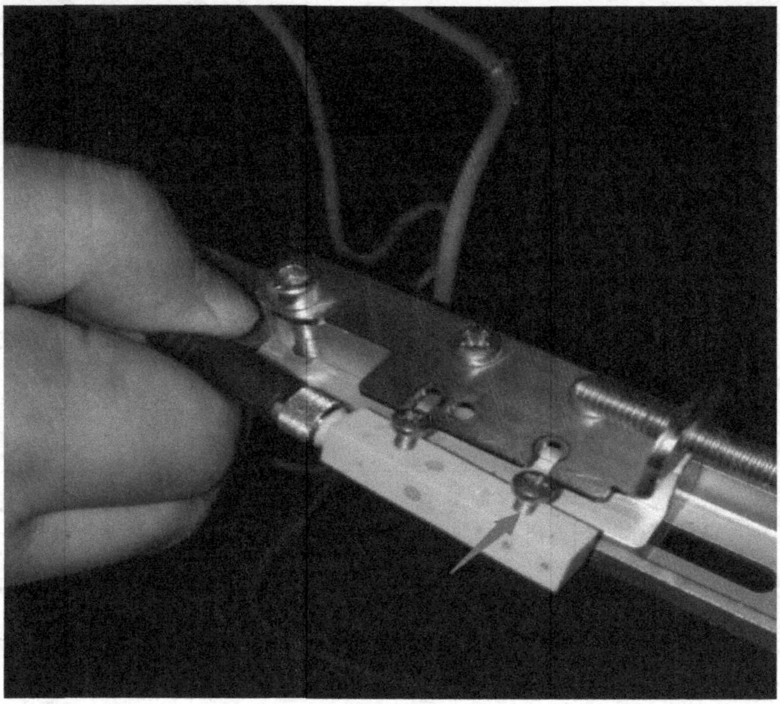

图 18.18　故障点

整个故障处理中排查的因素如下：

（1）线缆是否存在氧化虚接等现象。

（2）现场是否卡异物。

（3）表示杆与尖轨是否未固定紧。

（4）机械部分是否存在卡阻。

（5）位置传感器是否调整不当或松动。

【案例二】轨道电路未能正常出清故障

一、案例经过

2017 年 10 月 17 日 9:28 调度报某岔区轨道电路 GD84 占用未出清，道岔无法操作，抢修人员到达现场，在调度的命令下用撬棍扳道岔保障运营，并利用运行间隙利用板卡出清按钮出清轨道电路，轨道电路 GD84 占用故障临时恢复。

夜间利用检修点进行深度排查：轨道电路各类参数正常，板卡无故障，发现轨面锈迹严重，调查发现此段轨道电路基本不过车，钢轨表面锈迹严重轨道电路分路不良。经过工务专业配合除锈完成之后，过车轨道电路占用出清恢复正常。

二、案例解析

此故障原因是此段轨道电路基本不过车，钢轨表面生锈严重，导致轨道电路分路不良（见图 18.19）。

图 18.18　故障点

轨道电路故障种类多样，影响因素也较多，排查故障需仔细排查各个疑点，有时还得对轨道电路占用出清参数进行调整，根据不同设备的不同安装方式进行调整。

复习思考题

1. 有轨电车信号系统由哪几个系统组成？
2. 正线道岔控制系统的功能有哪些？
3. 路口优先系统的功能有哪些？
4. 有轨电车的进路控制方式由哪几种？

复习思考题答案

第一章　信号系统概述

1. 计算机联锁子系统（CI）、列车自动监控子系统（ATS）、列车自动防护子系统（ATP）、列车自动运行子系统（ATO）。

2. 控制中心设备、地面设备及车载设备。

3. 信号的作用主要包括：统一调度指挥列车运行、保证行车安全、提高运输效率、改善劳动强度。

第二章　信号机和信号表示器

1. 红色：停车；黄色：注意或减低速度；绿色：按规定速度运行；月白色："引导信号"或"准许调车信号"。

2. 由灯泡、灯座、透镜组、遮檐和背板等组成。

3. 轻便、耐腐蚀；显示清晰可辨；使用寿命长；故障低，免维护。

4. 信号机的作用是供地铁车站、车辆段、区间作为进站、出站、进路、防护、预告、调车、复示、通过及引导等地面灯光信号之用，并保障行车安全。

5. 表示所防护的道岔开通侧向线路，准许列车按规定速度通过道岔区段向侧向线路运行。

6. 设两排进路表示器，第一排三个白灯，第二排一个白灯，以两个灯光组成直线或斜线表示开通方向。

第三章　道岔转换装置（转辙机）

1. 转换道岔的位置，根据需要转换至定位或反位；道岔转至所需位置而且密贴后，实现锁闭，防止外力转换道岔；正确地反映道岔的实际位置，道岔的尖轨密贴于基本轨后，给出相应的表示；道岔被挤或因故处于"四开"（两侧尖轨均不密贴）位置时，及时断开表示，给出报警。

2. 由电动机、减速器、摩擦连接器、主轴、动作杆、表示杆、移位接触器、外壳组成。

3. 滚珠丝杠。

4. 380 V 交流电动机。

5. 动力机构、转换和锁闭机构、锁闭表示机构等组成。

6. ZY（J）7 型转辙机油路系统为闭式系统，当电机带油泵逆时针旋转时，油泵从油缸右侧腔吸入油，泵出的油使油缸左腔体积膨胀，油缸（主、副）向左侧移动。当油缸到位停止动作时，接点系统断开启动电源，接通新的表示电路。当因故不能到位时，泵从油箱经右边单向阀吸入油，泵出的油经左侧的滤油器和溢流阀回到油箱。反之，电机顺时针旋转时，动作情况与上述相反。为改善交流电机的启动特性，油缸并联了启动缸。另外，主机、副机进出油缸之处加装了流量调节阀，用于调节主机和副机在转换道岔时实现近似同步动作。

第四章　信号继电器

1. 电磁继电器和感应继电器。

2. 快动继电器，正常动作继电器，缓动继电器。

3. 释放值是指继电器从规定值降低到前接点断开时的电压或电流值。

4. 接点接触形式包括有面接触，线接触和点接触 3 种。

第五章　计算机联锁控制系统

1. 根据道岔的不同位置而组成不同的进路，进路用信号机来防护。为了保证安全，就必须使信号机、进路和道岔，三者之间有着一定相互制约关系，这种关系称为联锁。

2. 列车进路和调车进路；基本进路和变更进路；短进路和长进路；平行进路和八字进路。

3. 联锁图表是联锁设备间联锁关系的说明，采用图和表的形式来表示。它由信号平面布置图和联锁表两部分组成。联锁图表说明车站信号设备之间的联锁关系，显示了进路、道岔、信号机以及轨道电路区段之间的基本联锁内容。

4. 三种：双机热备制式、三取二制式和二乘二取二制式。

第六章　轨道电路设备

1. ① 当轨道电路无列车占用时，轨道继电器应可靠吸起，保持正常工作。② 轨道电路在任何一点被列车占用时，即使只有一根车轴进入轨道电路，轨道继电器应可靠落下。③ 当轨道电路设备发生故障（如钢轨折断、绝缘破损等）时，轨道继电器应立即失磁。

2. 主要受道床电阻、钢轨阻抗和电源电压的影响。

3. 一类是电气隔离式，又称谐振式，它在轨道电路的分界处，采用电容和一部分钢轨的电感构成谐振回路，另外相邻轨道电路采用不同频率的信号电流，使轨道电路电气隔离。另一类是自然衰耗式，又称叠加式，它利用轨道电路的自然衰耗，相邻轨道电路 采用不同频率的信号电流，利用在轨面外进行滤波的原理使相邻轨道电路的工作互不影响。

第七章　计轴设备

1. 计轴设备通过车辆进出区段的轮轴数，分析计算区段是否有车占用或空闲。

第十一章　数据通信系统

1. 是基于无线通信的列车自动控制系统。

2. 在各设备之间通过有线网络和无线网络两种不同的网络实现双向通信，用以提供各设备子系统之间的有线信息传输以及地面设备与车载设备之间的无线信息传输。

3. 有线网络系统、车-地无线系统和 DCS 管理系统组成。

第十二章　微机监测系统

1. 保证行车安全、加强信号设备管理、监测信号设备状态、发现信号设备隐患、分析信号设备故障原因、辅助故障处理、指导现场维修、反映设备运用质量、提高维护部门的维护水平和维护效率。

2. 包括监测工作站、监测机柜、各种采集器、绝缘组合等。

3. 综合采集机通过开关量输出板驱动安全型继电器，由继电器接点组成多级选路网络和互切电路，将所测电缆芯线通过选路网络逐条接入综合采集机电缆绝缘监测电路板，采用 500 V 直流高压在线测试方法，将电缆全程对地绝缘电阻转换成相应的 0 ~ 5 V 标准直流电压，送入 CPU 进行 A/D 转换和数据处理。

第十三章　维修支持系统

1. 正线信号系统（包括 ATS、ATP、ATO、联锁、DCS 等各子系统设备、配套电源设备、计轴设备、室外信号设备、微机监测设备、道岔缺口监测设备等）和车辆段/停车场信号系统（包括联锁系统设备、配套电源设备、微机监测设备、室外信号设备、道岔缺口监测设备等）。

2. 维护监测服务器、维护监测系统工作站（又名：维护管理工作站或维护工作站）、数据存储设备、数据中心、移动终端，以及构成维护网络的网络设备等组成。

第十四章　信号电源系统

1. 智能电源屏可以分为四种工作模式：正常工作模式、输入断电工作模式、旁路稳压工作模式和维修工作模式。

2. 信号系统电源设备由智能电源屏、旁路稳压器、UPS 电源、蓄电池组等组成。

3. UPS 连接在输入电源和负载之间，为重要负载提供不受电网干扰、稳压、稳频的电力供应的电源设备，在市电掉电后，UPS 可继续给负载提供一段时间的供电。

第十五章　信号设备雷电防护

1. 信号设备往往是与电线路或钢轨连接在一起，雷电通过电线路或钢轨袭击信号设备，因此必须对雷电电磁脉冲进行防护，防止和减少雷害，进一步提高设备的可靠性，目前信号设备越来越普遍地采用电子器件，它们承受雷害的能力更小，必须有完善的防雷措施。

2. 雷电有直接雷和感应雷两种。直接雷是直接侵入设备或与设备相关联的传输线上的雷电，其电压可高达几十万伏，但袭击信号设备的概率很小。感应雷是由于电磁感应作用，在电气设备上感应出的雷电压，在设备中流过感应电流。

3. 信号设备应设防雷地线、安全地线、屏蔽地线。信号设备的防雷装置应设防雷地线。

信号机房内的组合架（柜）、计算机联锁机柜、电源屏、控制台，以及电气化区段的继电器箱、信号机梯子等应设安全地线。电气化区段的电缆金属护套应设屏蔽地线。

第十六章　信号光电缆及配线

1. 信号缆线是满足室外轨旁设备与室内设备通信的渠道，实现信号系统有关信号控制装置及设备之间传输控制信息、监测信息和电能的传输通道。

第十七章　跨座式单轨信号

1. 道岔的控制是保证跨座式单轨道岔系统安全性和可靠性的关键，保证道岔按照信号系统要求在规定时间内完成解锁、转辙和锁闭工作并将道岔位置信号反馈至信号显示系统，同时还应该能在信号的显示系统中反应出道岔的缺陷及故障，信号系统在单轨系统中负责发送道岔转至道岔指令，室外单轨道岔的解锁、转辙和锁闭由道岔专业完成并送回信号系统，信号系统根据送回的道岔位置条件进行联锁运算保证安全运行。

信号系统控制道岔模式有 3 种：联锁系统进路控制、车站值班员手动控制及现场人工控制。由于跨座式单轨与地铁信号设备职责分工和线路特征上的不同，导致道岔的应急方式有所不同。在地铁系统中，信号和转辙机均由信号系统提供，从建设和运维上均属于信号系统范畴，转辙机接收信号系统控制；在跨座式单轨系统中，道岔和信号不在一个系统内，建设和维护属于不同专业。因此，在应急情况下，地铁通过一定的确认手续可以集中操作道岔，而跨座式单轨在此中情况下禁止集中操作道岔，只能把操作权下放到现场，由现场人员确认后，根据调度命令进行操作。

2. 环路阻抗匹配箱（MT 箱和 J 箱）和环线电缆。

3. 信号维护人员在接到此类故障时应首先确定故障的大致范围，确定是信号故障还是道岔故障，以便缩短故障处理时间。跨座式单轨系统中道岔发生故障时，信号系统主要有“道岔挤岔”“道岔无表示”“道岔故障”等报警，需道岔专业一起排查故障。

信号专业排查“道岔挤岔”“道岔无表示”故障的方法：测量分线盘条件电源，送给道岔专业是否有电（DC 24 ~ 28 V）：

（1）条件电源有电→测量分线盘表示电源（道岔专业返回给信号专业的表示电源是否有电（DC 24 ~ 28 V）），表示电源无电→室外道岔专业故障。

（2）条件电源无电→信号设备自身问题（分线盘到继电器电缆断线或继电器等故障）。

信号专业排查“道岔故障”的故障方法：信号维护人员在接修此类故障时，先到车站控制室（或场调室）查看单元控制台（或 IBP 盘）上的“道岔故障”表示灯是否点亮，在发现点亮的情况下，测量分线盘条件电源，信号送给道岔专业是否有电（DC 24 ~ 28 V），测量有电，基本可以确定是室外道岔故障，而非信号设备故障造成，由道岔专业处理。

4. 列车利用车载查询器，经过地面应答器时，从地面应答器接收绝对位置信息，根据此位置信息修正自身位置。然后，用速度发电机，通过累计行车距离进行连续的位置检测。地面逻辑部根据车载传来的位置信息知道列车位置。地面将停车点信息（LMA）发送给列车，车载控制器根据当前的列车位置和停车点，参照车载线路信息，计算得出运行路径，完成位置检测。根据每列车的车载控制器向地面发送的列车位置而随时更新的信息，地面设备完成列车跟踪。列车的停车点信息是在列车的运行方向上，根据前方障碍条件，再加上一个安全保护距离后，由地面设备生成的。

第十八章　有轨电车信号

1. 正线道岔控制系统、路口优先权系统、车载系统、调度管理系统、车辆段联锁系统、培训系统、维护监测系统。

2.（1）进路控制功能。

（2）道岔控制功能。

（3）道岔区有轨电车检测。

（4）道岔区运行方向控制。

（5）车辆段冲突检查。

（6）轨旁设备状态报告。

（7）自诊断和故障报警。

3.（1）优先权模式控制。

（2）优先权预告和请求。

（3）路口占用状态监督和报告。

（4）与交通灯控制系统 TSC 进行通信。

（5）自诊断和故障报警。

4.（1）自动进路控制。

（2）中央手动进路控制。

（3）车载手动进路控制。

（4）人工现场进路控制。

参考文献

[1] 林瑜筠. 城市轨道交通信号[M]. 北京：中国铁道出版社，2008.

[2] 林瑜筠. 铁路信号基础[M]. 北京：中国铁道出版社，2006.

[3] 林瑜筠. 城市轨道交通联锁系统[M]. 北京：中国铁道出版社，2013.

[4] 林瑜筠，朱宏，王伟，等. 城市轨道交通信号[M]. 上海：同济大学出版社，2004.

[5] 林瑜筠，朱宏，王伟，等.城市轨道交通信号[M]. 上海：同济大学出版社，2004.

[6] 朱济龙.城市轨道交通信号基础[M]. 成都：西南交通大学出版社，2016.

[7] 高嵘华，吴广荣. 城市轨道交通信号基础设备运行与维护[M]. 成都：西南交通大学出版社，2017.

[8] 宋保卫，王燕梅.城市轨道交通通信与信号控制[M]. 北京：北京交通大学出版社，2015.

[10] 杜中彦. 信号工作业指导[M]. 成都：西南交通大学出版社，2017.

[11] 吴汶麒，城市轨道交通信号与通信系统[M]. 北京：中国铁道出版社，2003.

[12] 张玮，吴昕慧.城市轨道交通列车运行自动控制[M]. 成都：西南交通大学出版社，2016.

[13] 孙有望，李云清.城市轨道交通概论[M]. 北京：中国铁道出版社，2003.

[14] 黄浩勇.城市轨道交通信号联锁与 ATS 系统[M]. 成都：西南交通大学出版社，2016.

[15] 铁路职工岗位培训教材编写委员会. 信号工（联锁、列控与区间信号设备维修）[M]. 北京：中国铁道出版社，2010.

[16] 李家庆，信号联锁故障分析与处理[M]. 北京：中国铁道出版社，2009.

[17] 刘晓娟，张雁鹏，汤自安. 城市轨道交通智能控制系统[M]. 北京：中国铁道出版社，2008.

[18] 胡耀华. 信号继电器及检修[M]. 北京：中国铁道出版社，2002.

[19] 中华人民共和国铁道部. 铁路信号维护规则[S]. 北京：中国铁道出版社，2008.

[20] 中华人民共和国铁道部. 铁路信号技术规范[S]. 北京：中国铁道出版社，2006.

[21] 中华人民共和国铁道部. 信号维修规则技术标准[S]. 北京：中国铁道出版社，2006.

[22] 中华人民共和国铁道部. 铁路技术管理规程[S]. 北京：中国铁道出版社，2006.

[23] 中华人民共和国住房和城乡建设部.地铁设计规范（GB 50157—2013）[S]. 北京：中国建筑工业出版社，2014.

[24] 中华人民共和国建设部. GB/T 12758—2004 城市轨道交通信号系统通用技术条件[S]. 北京：中国标准出版社，2004.

附录 专业术语表

附表 专业术语表

序号	专业术语语	解释
1	AM	Automatict rain driving Mode,alsocalled Auto Mode，自动列车驾驶模式，也叫自动模式
2	AR	Automatic Reversal operation，自动折返
3	ARS	Automatic Route Setting，进路自动排列
4	ATC	Automatic Train Control，列车自动控制
5	ATO	Automatic Train Operation，列车自动驾驶
6	ATP	Automatic Train Protection，列车自动防护
7	ATR	Automatic Train Regulation，列车自动调整
8	ATS	Automatic Train Supervision，自动列车监控
9	BA	Balise Antenna，应答器天线
10	ITC	ITCk based Train Control，点式级别
11	CAD	Computer Aided Dispatch，计算机辅助列车调度
12	CATS	Central Automatic Train Supervision，中心自动列车监控
13	CBTC	Communication Based Train Control，基于通信的列车控制
14	CCOV	Communication Controllor On Vechile，车载通信控制器
15	CC	Carborne Controller，车载控制器
16	CI	Computer Interlocking，计算机联锁子系统
17	CM	Code train operation Mode，人工驾驶模式
18	CRU	Carborne Radio Unit，车载无线单元
19	CRC	Cyclic Redundant Code，循环冗余码
20	CT	Communicationed Train，通信列车
21	DCS	Data Communication System，数据通信系统

续表

序号	专业术语语	解释
22	DSU	Data Storage Unit，数据存储单元
23	DTI	Depature Time Indication，发车表示器
24	EB	Emergency Brake，紧急制动
25	EOA	End Of Authority，移动授权终点
26	EMC	Electro Magnetic Compatibility，电磁兼容
27	ESB	Emergency Stop Butten，紧急停车按钮
28	EUM	EmergencyUnrestricted train operating Mode，非限制人工驾驶模式
29	FAL	Fire Alarm System，火灾告警系统
30	FEP	Front End Processor，通信前置机
31	FTSM	Fault Tolerance and Safety Management，容错和安全管理单元
32	GAMA	Geographical Automatic Mode Authorization，区域自动驾驶模式授权
33	HMI	Human Machine Interface，人机操作界面
34	I/O	Input/Output，输入/输出
35	IL	Inter Locking，联锁控制级别
36	ISCS	Integrated Supervisory Control System，综合监控系统
37	LAN	Local Area Network，局域网
38	LATS	Local Automatic Train Supervision，本地（车站）自动列车监控
39	LC	Line Controller，线路控制器
40	LEU	Lineside Electronic Unit，轨旁电子单元
41	LRU	Line Replaceable Unit，现场可替换单元
42	MA	Movement Authority，移动授权
43	MB	Moving Block，移动闭塞
44	MSS	Maintenance Support System，维护支持系统
45	MMS	Microprocessor Maintenance System，微机监测系统
46	UT	Uncommunication Train，非通信列车
47	OCC	Operation Control Centre，调度控制中心
48	OPG	Odometer Pulse Generator，测速电机
49	PA	Public Address，广播系统（列车进站轨道广播）

续表

序号	专业术语语	解释
50	PL	Performance Level，运行等级
51	PIS	Passenger Information System，旅客信息系统
52	PSD	Platform Screen Door，站台屏蔽门
53	RAMS	Reliability, Availability, Maintainability, Safety，可靠性、有效性、可维护性、安全性
54	RM	Restricted Manual mode，限制人工驾驶模式
55	RTU	Remote Traffic Unit，非联锁集中站的车站 ATS 分机
56	SCADA	Supervisory Control And Data Acquisition，监督控制与数据获取
57	SDM	System Diagnostics Maintenance，联锁维护工作站
58	TDT	Train Departure Timer，发车计时器
59	TCB	Trackside Connection Box，轨旁接线箱
60	TCC	Train Control Center，轨道交通指挥中心
61	TDT	Train Depart Timer，列车发车计时器
62	TLE	Track Layout Editor，站场图编辑器
63	UPS	Uninterrupted Power Supply，不间断电源
64	VOBC	Vechile On-Board Controller，车载控制器
65	WAN	Wide Area Network，广域网
66	ZC	Zone Control，区域逻辑控制器（轨旁自动列车控制）
67	ZLC	Zone Logic Control，区域逻辑控制器（联锁子系统）
68	FB	Fixed Bailse，无源应答器
69	VB	Variable Bailse，可变应答器
70	IB	Infill Balise，填充应答器